# 跨越：

## 从公办到民办的教育守望

### ——一个民办大学校长的365天

刘明贵　著

**图书在版编目(CIP)数据**

跨越：从公办到民办的教育守望：一个民办大学校长的 365 天 / 刘明贵著. -- 武汉 ：武汉大学出版社,2025.6. -- ISBN 978-7-307-25091-8

Ⅰ. G718.5-53

中国国家版本馆 CIP 数据核字第 2025A0M277 号

责任编辑:聂勇军　　　责任校对:汪欣怡　　　版式设计:马　佳

出版发行:**武汉大学出版社**　　(430072　武昌　珞珈山)

(电子邮箱：cbs22@ whu.edu.cn　网址：www.wdp.com.cn)

印刷:湖北恒泰印务有限公司

开本:720×1000　1/16　印张:20　字数:321 千字　插页:6

版次:2025 年 6 月第 1 版　　2025 年 6 月第 1 次印刷

ISBN 978-7-307-25091-8　　定价:108. 00 元

2023年6月8日，正式接受聘书，就任广东文理职业学院校长

广东文理职业学院全景图

2023年7月9日，在2023届
毕业典礼上发言

2023年10月9日，在2023级
新生开学典礼上发言

校图书馆

2023年9月10日，主持第39个教师节表彰大会

2024年1月17日，主持"湛江市绿色精细化工工程技术研究中心"揭牌仪式

校实训楼

2024年4月10日，拜访田家炳基金会，与基金会总干事戴大为先生合影

2024年3月8日，带领学校相关人员考察产学研基地

自强不息
永遠蓋世
　　　張岱年
　　87.4.4.

张岱年先生题字

扫除赋粉呈风骨，
退却红衣学澹妆。
　　——吕本中

　　　　叶朗
　　　87.4.28

叶朗先生题字

祝愿你在思持和发展马克思主义方面
做出贡献。

　　　　　黄枬森
　　　1987.4.28

黄枬森先生题字

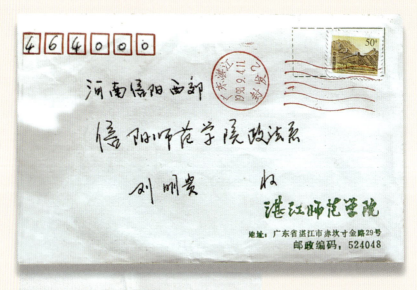

1998年9月4日，湛江师范学院寄出的商调信

作者简介

# 刘明贵

1962年生，河南信阳人，中共党员，博士、教授。先后在信阳师范学院、华中科技大学、武汉理工大学获得学士、硕士、博士学位。

历任信阳师范学院校长办公室主任，固原师专（今宁夏师范大学）副校长，仲恺农业工程学院教务处长，嘉应学院副校长，岭南师范学院校长、党委书记。现任广东文理职业学院校长。

多年来从事哲学、管理学研究。发表论文近百篇，出版学术专著多部。

# 序

刘明贵校长的新书《跨越：从公办到民办的教育守望——一个民办大学校长的365天》即将出版，他让我为本书作序，我自然是很乐意的。我们是相识多年的老朋友，如今又是事业伙伴，为推动广东文理职业学院的变革与发展携手向前。

刘明贵校长是从2023年6月8日正式就任广东文理职业学院校长的。在此之前，他长期从事高等教育管理工作，曾任信阳师范学院院长办公室副主任、主任，宁夏固原师专（今宁夏师范大学）副校长，仲恺农业工程学院教务处长，嘉应学院副校长，岭南师范学院党委书记、校长，曾兼任广东省哲学学会副会长、广东省企业社会责任研究会副会长等，政治上成熟坚定，组织观念和大局观念强，熟悉高校教学科研和党务工作，非常了解高等教育的发展规律。2022年4月，他从岭南师范学院党委书记岗位上正式退休，成为众多企业组织及民办教育机构"争抢"的专家型领导人才。在多年相互了解的基础上，又经过多次深入交流，他终于接受我及学校董事会的盛情邀请，来到广东文理职业学院担任校长。

1995年，我回到家乡湛江廉江市投身教育，从创立包含幼儿园及中小学阶段教育的锦华学校开始，坚持公益办学初心，立足服务地方发展，2006年正式创办湛江现代科技职业学院，2012年经广东省人民政府批准更名为广东文理职业学院，为面向全国招生的全日制普通高等院校。建校以来，已为社会培养了数万名社会急需的高层次技术技能人才。

党的二十大以来，国家对职业教育改革发展提出了新的更高要求。广东文理职业学院作为粤西地区唯一的一所民办高职院校，肩负着为区域经济社会发展需要培养高素质技术技能型人才、推动粤东西北振兴的时代使命。新时代，新征程，如何紧跟湛江大力发展海洋新质生产力，推动海洋经济高质量发展和现代海洋城市建设？如何提升学校的关键办学能力和办学水平，把学校打造成为粤西职业教育的标杆和高地？这些都是我们所面对的时代考题。

校长是一所大学的管理者与领路人，直接影响着学校发展和人才培养的目标走向。刘明贵校长具有40年公办大学教育管理经验，学识渊博、视野开阔、兼容并蓄、勇于创新、善于驾驭全局、善于处理复杂问题，工作有思路、有方法、有魄力。在国家大力发展职业教育、学校"升本"任务最关键的历史时期，刘校长的到来让广东文理职业学院董事会及全体教职员工都倍感振奋。

一年多来，刘明贵校长带领学校行政领导班子，科学管理，锐意改革，敢于担当，从聚焦办学定位、强化办学特色、整合办学资源等方面，进一步加强了学校发展的顶层设计，提升学校教学科研及内涵建设，推动了学校的改革与发展，取得了很好的成效。

在这本书中，刘校长以日记体的形式，全景式详细记录了他正式就任广东文理职业学院校长一年来的工作与生活，以"规范与发展"为主要角度，阐述了他在广东文理职业学院的实践与思考。书中，既荟萃了一位民办大学校长的人才观、教育观及人文情怀，也彰显了一所民办大学教育管理理念的特色与创新。

因此，本书的出版亦为民办高职院校的管理、建设与发展提供了参考样本，对社会各界了解民办高职院校人才培养和日常运行具有积极作用。

是为序。

广东文理职业学院董事长　宣承志

2024 年 10 月

# 目　录

## 2023年

# 2024年

# 2023年

# 任职广东文理职业学院

今天，广东文理职业学院董事会正式聘任我担任广东文理职业学院校长职务。

广东文理职业学院位于广东省廉江市开发区九洲江大道上，是一所民办高职院校，学校举办人是宣承志先生。

去年2月，我就年满60周岁了。我一再向组织要求，要按时退下来。去年4月，组织上答应我的要求免去了我的实职，可是仍然保留了我省政协委员的职务。去年底，恰逢省政协换届，我顺利退出，彻底成了自由人。

公办高校领导退下来后，到民办学校任职，既发挥余热，也是民办学校管理干部的重要来源。在我即将到任职年限的这两年，有一些民办教育机构的负责人主动联系我，邀请我去任职，但由于各种原因，始终未能下定决心。

我与广东文理职业学院（后文有时简称"文理学院"）的举办人宣承志先生是老朋友了。2016年初，我来湛江高校任校长，就通过我的大学同学认识了他。无论是公办民办学校，还是本科专科学校，因为都在湛江就一定有很多的交流和联系。他年龄不大，可是，他当过公务员，搞过建筑，种过药材经过商，深耕农林经济开发，为人正直厚道，社会责任感强，深具教育情怀，聪明机警又敢想敢干，社会阅历丰富，心胸开阔，能凝聚一群人做事。他从创办锦华学校入手，从无到有、从小到大，于2006年正式创办湛江现代科技职业学院，2012年初，学院经广东省人民政府批准更名为广东文理职业学院。为创办这所高校，他投入巨资，倾注全部心血。我很欣赏这样的企业家。他曾多次表达要我帮忙之意，我因从2008年就离开广州到外地工作，退下来后拟回广州全家团圆，所以迟迟未能给他肯定的答复。

去年底，因新冠疫情严重，我滞留湛江。其间与宣总多次沟通交流，他的好朋友张剑伟、史帅也竭力动员我到广东文理职业学院助宣董事长一臂之力。我为他的教育情怀及诚意所感动，遂答应春节过后过来体验一下。

2月底，组织上与我谈话，基于我的一再申请，决定为我办理退休手续。4月，组织上发了正式通知，为我办理退休手续，把关系转回广州。可是，办理退休的过程却是一波三折，直到5月才办好。

这时，我在广东文理职业学院也已体验了两个月。我没有在职业院校工作过，与职业教育虽然有过接触，但的确没有深入的了解和认识，更谈不上具体管理过一所职业院校。所以，我利用这两个月的时间"恶补"这方面的知识以弥补缺陷。这两个多月，我系统学习了中共中央、国务院、教育部、广东省关于职业教育的系列政策文件，深入了解职业教育的定位、性质、内涵要求，明确职业教育的过往、特点，也深入学习了针对民办教育的有关法律法规和相关的政策规定。同时，我也借这个机会了解广东文理职业学院的情况，包括办学历史、办学定位、办学条件、师资队伍、学生情况、优势特色、面临的形势及困难和挑战、主要任务、发展前景等。

5月，组织上为我办好了退休手续，实际上我的退休时间是从4月算起的。办好了退休手续，我到民办学校任职就没有了制度政策障碍。我和学校都严格按照相关管理规定，履行报批、备案手续，省教育工委、省教育厅最终批复同意我任广东文理职业学院校长。

宣承志董事长非常重视我的任职，一定要搞一个隆重的聘任仪式。6月8日，阳光普照，微风和煦，学校在图书馆大楼七楼会议室举行新任校长聘任仪式。会议由董事会办公室主任毕德勇同志主持，全校各职能部门、各二级学院主要负责人均参加会议。主持人首先宣读了董事会会议纪要，然后由学校党委书记、省教育督导专员陈健同志宣读董事会聘任决定，宣承志董事长为我颁发了校长聘书。会上，陈健书记和宣承志董事长都讲了话，我作了表态发言。

我首先复述了2月底初来学校与大家见面时的发言。我说：我感谢董事会、感谢大家的信任，让我有机会来到广东文理职业学院与大家一起合作共事。在今后的工作中，我一定努力做到：

第一，坚持以习近平新时代中国特色社会主义思想为指导，坚持社会主义办学方向，全面贯彻党的教育方针，落实立德树人根本任务，深化产教融合、校企合作，推动学校高质量发展，办好人民满意的教育。

第二，虚心学习。向董事长学习，向在座的同志们学习，尽快熟悉了解学校的情况，尽快掌握职业教育、民办教育的特点和规律，从学校实际出发按教育规律办事，努力增强学校的办学实力，提升学校的办学水平。

第三，坚决贯彻好落实好董事会的决定，坚决贯彻好落实好以党委为政治核心的董事会领导下的校长负责制，认真履行岗位职责，做到尽心尽力、尽职尽责，全身心投入学校工作，团结带领全校教职员工，心往一处想，劲往一处使，努力打造广东文理职业学院的新特色、新品牌、新形象，推动学校工作再上新的台阶。

第四，严格要求自己，做廉洁自律的模范。要求同志们做到的，我自己首先做到；要求同志们不做的，我自己坚决不能做，请大家监督我。坚持民主集中制，坚持集体领导，虚心听取大家的意见和建议，绝不辜负董事会的信任和期待，绝不辜负同志们的信任和期待。要真正以校为家，真正把文理学院的事业当成自己的事业，在文理学院这个大的平台上，体现新担当，展现新作为，努力实现学校工作的新突破。

在校长聘任仪式上，我只简要地复述了上面的观点，重点是讲我来到学校这两个多月的体会及今后工作的设想。

我主要讲了三个方面的问题。

一是，关于学校发展面临的形势。

广东文理职业学院是2006年宣承志董事长一手创办的，经过近20年的发展，学校已粗具规模，目前在校生1.5万多人，高等院校的框架已基本成形，并形成了以下的办学优势：

其一，千亩生态园林学府，环境优美，是读书学习的理想场所。

（注：学校位于广东省湛江市下属的县级廉江市经济开发区，这个开发区是我国小家电的重要产区，为产教融合、校企合作提供了很好的条件，我国30%以上的电饭锅是这里生产的。开发区紧临九洲江。九洲江发源于广西陆川县大化顶，全长162千米，在廉江市境内89千米，是廉江最长和支流最多的河流，经安铺、营仔注入北部湾。九洲江河水清澈透明，河道弯曲盘旋，两岸植被茂密，

风景秀丽怡人，是廉江也是湛江的一道美丽风景。广东文理职业学院就坐落在九洲江南岸的经济开发区内。学校占地面积 1590 亩。将军山是学校的制高点，在苍松翠柏的掩映中显得格外威武壮丽；镶嵌在将军山下的日月湖南北呼应，像两颗明亮的宝石璀璨夺目，相互辉映。微风荡漾，湖面涌起阵阵涟漪，把校园装扮得分外妖娆。校园内绿树成荫，花开四季，争奇斗艳，绚丽多姿，撩人心魄。更加难得的是，校园内果树林立，种类繁多，荔枝、龙眼、油桃等异态纷呈，四季飘香，令人垂涎欲滴。将军山下、日月湖边，鸟语花香、书声琅琅，实乃读书学习之胜景，修身养性之佳地。）

其二，有比较完备的教学设施，为人才培养提供了有力支持。

（注：广东文理职业学院建筑面积近 50 万平方米，拥有现代化的教学大楼、实训中心大楼、图书馆、行政大楼、高标准的学生公寓、高校示范性餐饮中心、艺术馆、网球场、乒乓球馆、排球场、健身房等。学校实训中心大楼建筑面积 10.2 万平方米，具备教学、培训、科学研究、社会服务、实习生产五位一体的功能。在校外建有实习实训基地 200 多家，覆盖所开设的全部专业。）

其三，学科门类齐全，综合性强，形成了以理工为主、文管医体艺多学科协调发展的专业格局，人才培养能更好地满足经济社会发展需求。

（注：学校已形成了五大专业群：一是智能制造专业群，主要专业有工业机器人技术、机电一体化技术、新能源汽车技术、电子信息工程技术、电气自动化技术、汽车制造与试验技术、汽车电子技术、汽车技术服务与营销、数控技术等；二是建筑设计专业群，主要专业有建筑设计、建筑工程管理、建筑工程技术、建筑工程设计、建筑造价等；三是计算机类专业群，主要专业有软件技术、大数据技术、物联网应用技术、现代移动通信技术、计算机网络技术等；四是大健康类专业群，主要专业有中医康复技术、医学检验技术、护理、康复治疗技术、中药学、生物产品检验检疫、口腔医学技术、药学、药品经营与管理等；五是经济管理类专业群，主要专业有电子商务、市场营销、工商企业管理、现代物流管理、人力资源管理、大数据与财务管理、大数据与会计、金融服务与管理等。

这些专业群都与区域经济发展有着十分密切的联系，直接服务区域经济发展，特别是服务湛江廉江高新技术产业开发区。这个开发区位于廉江市区以西的九洲江一带，创办于1992年，是经省人民政府批准设立的省级高新区，与广东廉江经济开发区(省级)佛山顺德(廉江)产业转移工业园(省级)融合发展，总规划面积13.42平方千米(约20132.84亩)。廉江市是中国最早生产电饭锅的地区之一。廉江市共有小家电生产制造企业1100多家，其中，电饭锅生产企业220多家；电水壶生产企业90多家；家电配件生产企业(含个体工商户)800多家；规模以上家电企业70家；高新技术企业59家、科技型中小企业50家；建成省级工程中心4个，省级企业技术中心1个，市级工程中心8个，市级企业技术中心9个。主导产业是家电(电饭锅、电热水壶)、钢琴和电子音视频，已建成省小家电智能制造区域创新中心和廉江市家电产业公共服务平台。年产电饭锅4000多万台，电热水壶1.5亿多台，总产值220多亿元，全国每10台电饭锅和电热水壶中就有3台来自廉江，7台带有廉江产零部件，也是我国主要的小家电出口基地。2021年12月被授予首批"广东省特色产业园"，成为全省唯一一家小家电特色产业园。)

其四，上级部门和领导高度重视学校的建设和发展，从各个方面关心支持学校的建设和发展，为学校的发展注入了强大的动力。

(注：中共中央政治局委员、时任广东省委书记张德江及胡春华都曾莅临学校考察指导工作，对学校的建设和发展给予充分肯定，认为学校的办学定位和发展方向正确，学校建设上档次、很大气，勉励学校提高教学质量，为区域经济发展培养高质量人才。省教育厅对学校高度关注，在学校组织建设、规范办学、专项资金、专业审批、招生就业等方面都给予了大力支持。湛江市委市政府、廉江市委市政府更是对学校倍加呵护，从征地拆迁、校园建设、周边环境治理到各类项目、政策支持等，都对学校给予了最大的支持。)

其五，品牌效应凸显，有一定的认可度、知名度。

(注：2006年以来，学校获得"全国文明单位""全国军民共建社会主义精神文明先进单位""全省爱国拥军模范单位""广东省文明单位""广东省军民共建先进单位""安全文明校园""园林式单位"等荣誉。各级领导和教育界专家多次来校视察，对学校的立体育人环境和人才培养特色非常赞赏。大批德才兼备的毕业生受到社会广泛赞誉，学生、家长、社会给予学校高度的评价。)

其六，民办学校的性质赋予了我们体制机制的灵活性，工作效率更加高效快捷。

（注：民办职业院校最大的优势，就是体制机制灵活，少有公办学校条条框框的束缚，办事环节少，高效快捷，机制运转灵活，工作效率高。）

这些成绩和优势是全校上下近 20 年的努力付出创造的，更是宣承志董事长呕心沥血、孜孜以求的结果！走进广东文理职业学院，优美的环境熏陶人、感染人、鼓舞人、教育人，学校的一房一舍、一砖一瓦、一草一木，都浸润着董事长的心血和汗水，饱含着董事长浓浓的教育情怀。正是由于有这种教育情怀，才有十几年矢志不渝一年接续一年的几十亿大手笔投入校园建设和办学条件建设的壮举，培养了数以万计的优秀人才，为粤西高等职业教育、为广东老百姓的幸福生活做出了名垂青史的贡献！

当然，广东文理职业学院还在建设发展的过程中，师资力量还需要进一步加强，学科专业结构需要进一步调整优化，产教融合、校企合作需要进一步深化，办学质量需要进一步提高等，这些正是我们下一步需要努力的地方。

我们完全相信，在党中央、广东省委省政府大力支持职业教育、大力扶持民办教育发展的大背景下，广东文理职业学院一定会越办越好！

二是，关于学校发展面临的主要任务。

我经过两个多月的了解，也与董事会成员进行了沟通交流，就今后一个时期学校发展面临的主要任务作以下的阐述。

学校发展的目标定位：建设特色鲜明的高水平高职院校，为区域经济社会发展提供智力支持和人才支撑。人才培养的目标定位：培养满足行业企业需求的高素质的技术技能型人才。

1. 学校面临的主要任务

学校面临的主要任务，简要地讲，就是扩容、提质、建高地。

所谓扩容，就是在学校办学条件许可的情况下，继续扩大办学规模。从学校办学条件的容量看，是按照在校生 2 万人的规模设定的，现有在校生 1.5 万人，造成部分办学资源闲置或者浪费；从广东省高等教育毛入学率来看，2021 年广东省才达到全国平均水平，这与广东人口大省、经济强省的地位极不相称，也与办好人民满意的教育的要求相差甚远。因此，扩容，既是社会需要，也是广东文理职业学院自身发展的必然选择。

所谓提质，就是努力提高人才培养质量。如果说，扩容是追求学校办学规模效应的话，那么提质就是在增加量的同时注重质，就是办学的质量，落脚到人才培养的质量上。如果没有一定的学生数量，作为民办学校，就没有生存的基础，就必然有眼前之忧，更谈不上长远发展。但是，如果只讲量没有质，人才培养的质量上不去，从长远来看，量也是保不住的。从学校发展的长远大计来看，重视人才培养质量，也就是抓内涵建设才是根本。没有质量的职业院校在今后的发展中就没有立足之地，也必然会被淘汰。因此，必须高度重视提高学校人才培养质量。

所谓建高地，就是打造粤西职业教育高地。广东是全国职业教育的排头兵，珠三角地区以其产业优势和资金优势，职业教育风生水起，发展势头强劲。可是，在粤东西北，由于区域产业发展落后，办学资金困难，职业教育发展与珠三角地区相比相对滞后。近年来，广东省委、省政府高度重视广东区域发展不平衡的问题，振兴粤东西北成为广东协调发展的当务之急。职业教育在粤东西北振兴中一定大有可为，民办职业教育也将迎来广阔的发展空间。广东文理职业学院不仅是湛江地区也是粤西地区唯一一所民办高职院校，前期发展已经有较好的基础，要紧紧抓住国家大力发展职业教育的良机，在推动粤东西北振兴中努力提升学校的办学实力和办学水平，实现由高职到职业本科的转变，把学校打造成为粤西职业教育的标杆和高地。

2. 学校的价值追求

学校的价值追求，就是质量、特色。

质量，首先表现在理念层面上，要追求高质量。办学理念层面，立意要高远，目标要远大，就是要追求办高水平、高质量的职业院校。工作理念层面，追求有质量的工作，高标准、严要求、高水平、高质量。

质量，集中体现在人才培养质量上，要培养高质量的学生。学校的初心和使命就是为党育人、为国育才，根本任务就是立德树人，立德树人的质量就是人才培养的质量。人才培养质量的标准是什么呢？就是德、智、体、美、劳全面发展。因此，学校从顶层设计的制度安排，到培养过程、培养环节的设置，再到质量评估、质量控制的实施，都严格遵循质量标准、严把质量关，确保人才培养的高质量。

质量，还体现在学校工作的综合水平上。很难想象，学校其他方面的工作水平不高而能够培养出高质量的学生。人才培养的高质量一定要有高质量的教学质量保障体系，比如，高质量的教学条件设施、高质量的教职工队伍、高质量的能高效运转的组织体系等。

特色，就是学校的办学特色，就是办有特色的职业院校。

特色，集中体现在人才培养特色上。学校的专业设置，要紧紧围绕区域产业发展的密切需求，找准自己的长处，有所不为而有所为，办好有特色、有质量的专业。准确定位人才培养目标，培养有自身特色的高素质技术技能人才。突出培养过程、培养环节的特色，增强学生的应用能力、动手能力，体现一专多能的特色。注重建设有自身特色的校园文化，形成有特色的优良的校风、教风和学风，养成有特色的大学文化品格。

质量与特色，二者相辅相成、不可偏废。没有绝对的质量，任何质量都与学校自身的特点密切相关，从这个意义上说，没有特色就没有质量，换一句话说，没有特色的质量一定是空洞的质量。同样的道理，也没有离开质量的特色。特色就是人无我有、人有我新、人新我优，"优"字贯穿其中。不优而特，只能是缺点、缺陷，不能称之为特色。

质量、特色，作为我们的价值追求，一定要在我们的思想深处深深扎根，在我们办学行为的各个方面予以体现。

3. 学校高质量发展的路径

学校高质量发展的路径，就是产教融合、校企合作。

产教融合，就是要在教育教学过程中，努力实现"三个对接"：（1）专业设置与行业、产业需求对接；（2）课程内容与职业标准对接；（3）教学过程与生产过程对接。这每一个"对接"都具有非常丰富的内涵，都有大量的工作要做。

校企合作，就是推行校企协同育人，学校新专业的设置、人才培养方案的制定修订都要有企业的深度参与，努力实现学校招生与企业招工相衔接，校企育人双重主体、学生学徒双重身份；就是在人才培养过程中，推行面向企业真实生产环境的任务式培养模式、教学模式，为行业、企业培养用得上、用得好、留得住的高素质技术技能型人才。

三是，关于学校今后的工作要求。

1. 增强主人翁责任感

每一位干部、老师都是这个学校的主人，都要以主人翁的态度认真负责地对待自己的工作。董事长作为学校的举办者，为学校的建设和发展倾注了全部心血。我们在座的同志们不是学校的"打工者"，而是建设学校、发展学校的"加盟者"。由于政策上的原因，前两年招生受限，再加上学校正加大基础设施建设，投入大幅增加，学校发展正处于爬坡过坎的吃紧阶段。越是在这关键时期，我们越是要在董事会的带领下，心往一处想、劲往一处使，全校上下拧成一股绳、勒紧裤腰带，与董事长一起战胜一切艰难险阻，共同把学校建设好、发展好。我们每一个人都希望过上幸福美好的生活，而幸福美好的生活要靠我们自己来创造。我们每一个人都是学校的主人，"学校兴亡，人人有责""学校发展，我有责任"。每一天大家都要想一想：今天我履行了岗位职责吗？今天我为学校做了什么？如果没有这种主人翁精神，工作就没有主动性、积极性，就没有主观能动性，也就不会有责任心，在职业生涯中就找不到归属感、成就感！

2. 增强工作的计划性

高校工作的一个最大特点就是时间性强、周期性强。一学年有两个学期，每一个学期做什么，每个月做什么，周期性很强。我来校两个月，发现有许多工作我们是在疲于应付、勉强应付，许多工作做得匆匆忙忙，敷衍了事，这就是工作缺乏计划性，被动应付。被动应付，也就不可能有工作的高质量。近几年来，广东文理职业学院的各项事业虽然有长足的进步，但是，毋庸讳言，与先进学校相比，我们很多方面都还有一定的差距，特别是我们各方面的资源有限，我们的师资力量相对薄弱，各方面的基础还比较差。这就更加要求我们做任何工作必须"笨鸟先飞"提前谋划，早谋划早策划，下好先手棋，打好主动仗。

3. 增强效率意识

任何工作成效与质量都离不开一定的时间节点，离开时间节点就失去了意义。无论是学校工作的运行还是上级部门对我们工作的要求都有非常明确的时间规定，在规定的时间内完成的工作才有意义，在规定的时间内达到的质量才是有意义的质量。这就要求我们在日常工作中，一定要增强效率意识。工作拖拖拉拉、磨磨蹭蹭，既无端地消耗了资源，浪费了时间，也使我们的工作失去了应有的意义。从这个意义上讲，低效就是无效。为了提高工作效率，必须区分工作的轻重缓急，动员有效资源，再造工作流程，实现有效工作。

4. 加强沟通与协调

现代大学管理制度的核心是按照学校章程来管理学校。学校章程规定，学校的管理体制是以党委为政治核心的董事会领导下的校长负责制。董事会的决策权、校长的行政权、党委的监督保证权，三者必须高度协调、形成合力。学校的各部门是学校内部分工不同的部门，各部门有各自的职责分工，有自己的独立性。但是，我们也要清楚，各部门的职责分工是相对的而不是固定的，各部门间的工作存在着多方面的联系。因此，各部门之间要互通有无、密切配合，为实现学校的统一目标而汇聚力量、形成合力。各部门之间不能互不通气、各自为是、自立为王，搞独立王国。要严格请示报告制度，按规定该提交董事会、党委会、校长办公会的事项必须提交；重大事项的进展情况、中层正职干部离校等必须向学校主要领导报告；非经授权，不能随意以学校名义发布通知、公告。要严格执行学校各项规章制度，做到令行禁止。

以上我的发言，是根据我两个多月的调查研究有感而发的，具有很强的针对性，特别是最后一部分工作要求方面，我提出来的，都是我发现的问题所在，是需要在今后的工作中密切注意的。

宣承志董事长在讲话中，对我作了充分的肯定。他说，刘明贵校长政治上成熟坚定，组织观念和大局观念强，熟悉高校教学科研和党务工作，领导经验丰富，善于驾驭全局，善于抓班子、带队伍，善于处理复杂问题，工作有思路、有办法、有魄力，长期从事高等教育管理工作，非常了解职业院校发展规律，是担任广东文理职业学院校长的合适人选。他强调董事会将严格遵照《民办教育促进法》《广东文理职业学院章程》及相关的政策法规，支持校长独立行使行政管理的职权。他希望我带领行政领导班子，科学管理、锐意改革，敢于担当、坚持原则，进一步加强顶层设计、强化办学特色、聚焦办学定位、整合办学资源，带领全体教职员工加快提升学校内涵，打造文理品牌，在学校"升本"工作最关键的历史时期，做出新的更大的成绩。

宣承志董事长希望全体教职员工要竭力服务发展大局，以事业为重，把思想和行动统一到党的二十大精神和董事会的决定上来，全力支持校长的工作，共同破解学校发展过程中出现的难题，朝着早日把文理学院"建成高水平职业院校"

的奋斗目标迈进，在队伍建设、专业发展、教学质量、招生就业、制度建设等方面下功夫，把立德树人的根本任务落到实处，共同开创学校发展的新局面。

学校党委书记陈健同志代表党委班子讲话，表示坚决拥护和支持董事会的决议，将与校长一起共同担负使命，共同履职尽责，共同为学校发展做出贡献。

今天，我正式就任广东文理职业学院校长，感觉重任在肩，必须负重前行。

回顾走过的路，我一辈子只做过一件事：教育。

1984 年 7 月我大学毕业即任教。本科生教本科生，我深知自己水平有限、能力不足，学习依然是摆在我面前的首要任务。系里让我教授马克思主义哲学原理课，这在思想政治教育专业是专业课，且是核心课程，也就是说，这门课程是这个专业的学生以后安身立命的主要课程之一。这门课程的主要教材如中国人民大学李秀林、李淮春、汪永祥主编的《辩证唯物主义和历史唯物主义原理》，还有《辩证唯物主义》《历史唯物主义》，北大本、南开本、吉大本等，我都普遍涉猎，认真研读。围绕这门课程，我又认真学习了《欧洲哲学史》《西方哲学史》《中国哲学史》《马克思主义哲学史》，并研读了马克思主义哲学的部分原著。

1986 年 5 月，系里收到北京大学哲学系的一个通知：选派一名老师到北京大学哲学系参加马克思主义哲学原理进修班的学习。系里当时准备让另一位年龄稍长的老师参加，征求他本人意见，他表示有困难不想去。我得知消息后，积极争取参加。1986 年 9 月至 1987 年 7 月，我得以在北京大学哲学系系统学习哲学课程。当时，北京大学哲学系非常重视我们这个班，系里几乎所有的知名教授都给我们上过课，比如，张岱年先生、汤一介先生、黄楠森先生、朱德生先生、叶朗先生、杨辛先生、甘霖先生、王太庆先生、李清昆先生、赵光武先生、赵稼祥先生等。这里，我记述一下几位先生的讲课内容，现回忆起来感觉仍然沉浸在哲学的殿堂里。

1986 年 10 月 31 日上午，朱德生教授为我们作了一天的专题报告。

朱德生先生是江苏省武进人，他当时任哲学系党总支书记（1987 年上半年接黄楠森教授任哲学系主任），兼任中华外国哲学史学会理事长、北京市哲学学会副会长。尽管他的普通话不好，但是，他的课大家非常喜欢听。他讲的题目是

《哲学基本问题和辩证法》。

在报告中他讲到，相对论也许会遇到和牛顿力学相同的命运，哲学的研究内容也许会发生颠覆性的变化。预测理论变化的主要方法就是总结以往的教训，摸清楚当前所遇到的困难。他说，哲学的发展目前都是在哲学家的控制范围内进行的。哲学家们往往把自然科学的概念引进哲学，但是自然科学家却没有这么干。现在我们的哲学原理有一个混乱之处，就是没有弄清楚哲学到底是研究什么的。抽象来说，任何一门科学都是研究"存在"的，但是"存在"和"存在"之间差别甚大，内涵不一。比如，说"张三是人"，这就有三个不同层次的"存在"。"张三"是经验对象，只可意会，不可言传；"人"是科学研究的对象，是科学从诸多个别中总结出来的，即"existence"；"是"是哲学研究的对象，即"being"。"存在"在德文里是"sein"，在英文里面是"being"。哲学以外的科学研究的是"something"或"existence"，哲学研究的是"being"。现在所造成的哲学和科学的对立，是没有注意到"being"和"existence"的差别。有些人解释思维和存在，不是按照恩格斯的"thinking and being"来解释，而是用"existence"来解释。二者的差别之处在于"existence"是指有限的，"being"是指无限的，"being"并不是直接的实存。因此列宁讲过，物质和意识的对立只有在认识论的范围内才有绝对的意义。但是我们现在讲哲学原理，举了许多的例子，是用直接的"实存"来代替"being"，是用有限来证明无限。我们知道所有的归纳都是不完全的归纳，只能总结以往的事，不能说明将来的事，所以它的结论不是必然的。要克服这种混乱，必须弄清楚哲学是研究什么的。

朱先生认为，特定的有限物必须是确定的，否则就无法进行研究。既存在又不存在，是对无限物说的。在哲学里面，如果大量地引进自然科学的范畴，这会降低哲学的研究水平。哲学范畴应该有它自己特定的规定性。哲学是研究"being"的，但并不是超现实的，是从"existence"中总结出来的，这就是本体论和认识论的一致性。那么如何一致呢？这二者不是直接的关系，哲学的结论不能用来直接反驳科学结论，科学结论也不能直接用来反驳哲学结论。科学研究的是有限物，是在特定的坐标系内，允许多公理存在的，而哲学研究的是坐标系以外的"存在"。与之相反，科学不能研究坐标系本身，哲学研究的东西不是"给定的"。科学提供的是关于外部世界的直接认识，哲学则是对这种认识的再认识。

哲学和科学的认识方法也不同，因此不能搬用科学的结论和方法，由科学到哲学，是认识上的一次再升华，是把科学的有限方法提升为哲学的无限方法。哲学思维不是科学认识的简单补充或延续。

科学研究的方法有两种：综合的方法和分析的方法，但这两种方法都有其缺陷，克服这两种方法的缺陷的方法就是采用辩证法，辩证法既是分析的又是综合的。自然科学领域的巨大突破，只有从全新的世界图景出发才有可能实现，这就是划时代的科学家都非常重视哲学的缘故，哲学是自然科学研究的背景。

哲学只提供方法，它不提供绝对真理。辩证法有无规定性？如果有这种规定性它又是什么？人类如何能直接把握住辩证思维方法？为什么经历了几千年才掌握这种方法呢？为什么有的科学家不接受辩证法，却获得了科学上的成就呢？几十年来，为什么我们大讲辩证法却最终犯了形而上学的错误呢？我们对辩证法的理解是把它当作一个公理系统，就是它本身是不能证明的，这样我们就把有限和无限的方法等同混淆了。

因此，应当研究人的辩证思维方式是怎样形成的。在黑格尔之前形而上学不是指一种思维方式，不是思维方法，而是作为本体论来使用的，在康德的著作里指的就是超经验的学说。但在这里有一种错误的方法被黑格尔总结出来了，成为现在说的错误的思维方法。它的特点一是对象是"给定"的，二是知识概念是自满自足的，是能够完全表达对象的，三是非此即彼的。

形而上学的内容是亚里士多德赋予的。在那个时代人们的认识还没有脱离朴素的直观的范围，是用经验来观察事物认识问题。后来，各学科开始分化，一些学科理论体系已基本形成，比如逻辑学、物理学等，分析综合的方法开始系统化起来，在这种情况下，亚里士多德提出了形而上学的思维方法，他认为思维的最基本的规律就是同一律。

朱德生先生认为，形而上学研究的对象是无限，而无限是不能直接给定的。15—16世纪近代实验科学发展起来，强化了经验主义的思想。凡是在思想中的必须首先是在感觉之中，感觉经验能把握到了的才是真实的，一般性的命题是经验的缩写，这就产生了泛形而上学，否认无限的无法把握的东西，要求哲学去研究自然、研究有限物。比方说，霍布斯就认为哲学的研究对象是物体，哲学是关于物体的原因和结果的知识……

所以近代哲学家把形而上学发展到极端。但是如果说经验是知识的唯一来源，那必然要产生怀疑论。休谟就是这样的人。比如，要问经验之外还有什么，那就只有请教经验，经验在这里只能沉默，既不能作肯定的回答，也不能作否定的回答。这样人类知识的可靠性都是值得怀疑的，这也说明旧的形而上学的思维方法已经走进了死胡同。

到了 18 世纪下半叶，科学的进展迫使哲学家们探讨新的思维方法。这个开创人就是康德。他看出了休谟提出的难题意味着什么，他提出了"哥白尼式的革命"和"先天综合判断"来解决这一问题。他认为休谟的怀疑论表明以往的认识理论有一个无法解决的困难：人的认识和对象是怎样一致起来的？以往的认识是建立在对象是"给定"的基础上的，休谟的怀疑论表明此路不通。康德把前一个命题翻过来，即对象符合认识，是客体符合主体，这就解决了对象和认识的一致性问题。他把它叫做"哥白尼式的革命"。实现这个"革命"有许多困难，甚至与常识不符，他便又提出了"先天综合判断"。他认为认识之所以得以成立的条件就是对象得以成立的条件，这就是后来辩证思维的出发点。康德认为人的知识来源于经验，但并不是经验主义所说的经验，也就是直接给予的经验，因为给予的都是有限的，超出有限的、经验的东西的是主体形式。因此康德认为认识有两个源泉：一是"给予"，这就是"自在之物"，在还没有认识之前这是无法表述的东西。二是人自身提供的关于认识的形式。这是因为他看到了经验论的缺陷，看到了两种传统的认识方法(综合的、分析的)的优缺点。综合的方法也就是演绎的方法的优点在于它的结论必然是正确的，缺点是这种结论不提供任何新的知识，结论已经包括在前提之中。分析的方法，也就是归纳的方法的优点是能够提供新知识，但是不能保证结论是普遍的必然的。康德要除去它们的缺点，包容它们的优点，就提出了"先天综合判断"，用综合的办法得出的是"分析判断"，用分析的方法得出的是"综合判断"，两者结合起来构成"先天综合判断"。人的认识对象不是"给予的"(自在之物)，而是依靠认识所建立起来的东西即现象，因此认识得以成立的条件就是对象得以成立的条件。由此他提出了什么叫客观？他认为客观是获得普遍必然性的对象，而普遍必然性是人给予的，也就是知性范畴完全是空洞的，纯形式的。他在此并未得出辩证法代替形而上学的结论，相反他认为辩证思维方法是谬误的，因为其对形而上学的改变并不彻底。他也认为在认识活动之前对象是"给定的"，即从主客体对立这一事实出发的，而只要把主客体的对立当作"给定的"对象，人的认识就只能局限在有限的范围内。无限的不能给予，他又提出科学的形而上学是不是可能？如果可能必须符合先天综合判断，这又陷入了所谓的二律背反之中。

黑格尔正是在这一点上有所突破，完成了从形而上学到辩证法的转变。他认为，第一，关于物自体的假定不能成立。在认识以前就有一个对象存在着，这就等于说在没认识之前就已存在着一个认识，这在逻辑上是不能成立的。第二，他把康德的纯形式加以扩张进而取消，他认为纯形式就是内容（纯形式的），没有内容的纯形式是不成立的。他认为哲学就是思维对被思维着的事物的考察，哲学的研究对象是自身提供的，认识就是思想的思想。他认为人类认识的发展过程必须经过"正、反、合"三个阶段，这就形成了下面三个观点，一是认识对象和认识者都不是给定的，都是在发展过程中建立起来的；二是认识经历了一个矛盾发展的过程，即"正、反、合"过程；三是认识构成了一个没有开端也没有终点的过程，这个过程是无止境的。

朱先生认为，辩证法是关于认识论和本体论的学说，是关于二者统一的理论和方法。现在对辩证法的理解是本体论上的理解，不是从本体论和认识论的统一上来理解。辩证的思维方法，对各门具体科学的指导作用，不是说要让具体科学都按照辩证的思维方法来思考，只是说具体科学方法是在特定的范围内使用的，具体的科学方法并不是绝对的辩证思维方法，它为具体的科学方法指明了发展方向。

朱德生先生给我们讲过一个学期的西方哲学史研究课程。他对西方哲学名著非常熟悉，上课带的教案和原著从未打开，讲到哪里直接引用原著从无差错，我们很是佩服。他的课，思辨性很强，条分缕析，逻辑严密，引人入胜。如果说，后来我做学问有一点思辨性的话，从他那里受益最多。

1986年11月14日，北大哲学系主任黄枬森教授为我们作了一天的专题报告。

黄枬森先生，又名黄楠森，我国当代著名哲学家、哲学史家、哲学教育家、中国马克思主义哲学史学科和人学学科的开创者、北京大学资深教授、北大哲学系哲学教育终身成就奖获得者。他当时兼任中国马哲史学会会长、中国人学学会会长、中国恩格斯学会会长、北京市社科联副主席、中国人权研究会常务理事。他在我国哲学界德高望重，是马克思主义哲学史研究的泰斗级人物。他作为系主任，亲自来给我们上课，是对我们这个进修班的高度重视，大家非常高兴。

他讲的题目是《体制改革和马克思主义哲学》。当时，中国的经济体制改革正风起云涌。在体制改革中，如何坚持和发展马克思主义哲学是哲学界面对的重要课题。

黄先生主要讲了四个问题。

第一个问题，马克思主义哲学是我国体制改革的指导思想。他说哲学的指导不等于哲学家的指导。作为一个公民可以对改革发表意见，作为哲学家不能也不必指导体制改革。过去把许多做错了的事情归罪于哲学家，这是不对的。既不能归罪于哲学家，也不能归罪于哲学，而应该归罪于用行政命令来指导学术讨论的人。哲学家的任务是普及和提高哲学，发展和建设哲学。要使马克思主义哲学成为科学，必须密切联系实际，紧密结合现实。我们的教科书使用的基本是 1930 年代的东西，虽然有一些变化，但是变化不大，哲学原理的基本思想没有多少变化，不能够反映时代精神。现在有许多同志对哲学原理有意见，这是一个好现象，马克思主义哲学作为科学还没有真正地建立起来。马克思、恩格斯在著作当中没有一本能够对哲学的整个内容进行完整的论述，没有一本书能够像《资本论》那样严密完整。哲学的教科书是从经典作家那里来的，但是经典作家有许多人。就是在同龄人那里，对哲学原理的表述也是不一致的，在写教科书时往往就会很含糊。比如对哲学的基本问题，思维与存在、物质和意识、精神和自然界等，定义不严密不精确，因此把马克思主义哲学建设成为科学的任务还很艰巨。

具体来说，哲学对体制改革有着巨大的指导作用。首先体制改革的提出与马克思主义哲学的指导是分不开的。党的十一届三中全会提出了体制改革的任务，全党把经济工作的重心转移到经济建设上来。在党的十一届三中全会之前，邓小平同志作了一个报告，叫做《解放思想，实事求是，团结一致向前看》。在这之前之所以没有提出体制改革，是因为认识路线即实事求是、实践是检验真理的唯一标准的路线问题没有解决。1978 年 5 月开始的实践标准的讨论，为党的十一届三中全会召开作了思想准备，这才提出了体制改革的问题，由此可见马克思主义哲学的指导作用。改革的实践也影响着哲学的内容，促使一些同志对马克思主义哲学原理提出不同的看法。马克思主义哲学欲发展就要听取实践的呼声。

第二个问题，是矛盾学说与体制改革。他说，党的十一届三中全会以来对矛盾学说提出了许多看法，对矛盾学说有两个主要观点，即要改造或者说取消矛盾学说。一是"一分为三"的观点，认为任何时候都有第三方面，也就是中间的状态，一分为二是不确切的、不正确的；二是把一个事物仅看做对立面的统一、矛盾的统一体是不确切的，认为应该是一个系统，是由多方面构成的统一体，"一分为多"。上述这两个主要的观点都是否定把矛盾学说作为辩证法的核心，其根据是自然科学和体制改革的发展。

黄先生认为，过去对矛盾学说太过于强调。用矛盾学说来代替辩证法，夸大了矛盾斗争的一面，这是不正确的，但也不能因此而抛弃矛盾学说。从体制改革来看，它就是要解决各种矛盾，矛盾学说对体制改革有充分的指导作用。改革是一个系统工程，但只有把各种矛盾解决好，才能发挥系统功能。比方说有宏观与微观的矛盾，把宏观控制与微观搞活统一起来，就统而不死活而不乱；有普遍与特殊的矛盾，如何把二者统一起来，也是改革中需要注意解决的问题。建设有中国特色的社会主义就是二者统一的问题，深圳特区就特在以外资为主，以国家资本主义为主，以计划指导下的市场调节为主，以外销为主。这种"特"，还是社会主义范围以内的"特"，政权是共产党领导，上层建筑是社会主义的，经济是受国家控制的。还有长远利益和眼前利益的矛盾，长远利益是由各时期的眼前利益构成的，眼前利益是长远利益的一部分，应把二者结合起来，不能够片面强调。还有"破"与"立"的矛盾，对于"破字当头"要作具体分析，在革命时期是正确的，在建设时期就应该先立后破，边立边破。所以说体制改革当中有许多矛盾需要解决，对立统一学说仍然是辩证法的核心问题。矛盾也是一个系统，应对系统的各方面的矛盾及其关系进行研究，因此不能抛弃矛盾学说，应把它看成是一个系统的矛盾学说。

因此，不能够用"一分为三"来取代"一分为二"，但是"一分为三"的思想值得重视。过去往往忽视了这一点，辩证法也有这种思想。恩格斯就反对非此即彼，承认事物的中间过渡阶段。

第三个问题，是社会基本矛盾与体制改革。他说为什么要改革？有两种观点，一种是用社会基本矛盾来解释，另一种是用人道主义来解释，也就是说为了人的全面发展，要克服种种异化现象等。具体分析发现，这两种观点也没有什么对立，但如何解释历史事实？是用历史唯物主义还是用人道主义？当然是应该遵循历史唯物主义的原则。但是也不能忘记建设两个文明的问题，两个文明必须一起抓，因为人不仅有物质需要还有精神需要，没有精神文明，物质文明也难以建立，这是来源于唯物史观的。管理体制改革问题，这是属于生产关系和上层建筑的问题，进行体制改革就是为了发挥人和物的作用，调动人的积极性，创造性地使物尽其用。其根据是生产关系要适合生产力的状况，上层建筑应该适应经济基础的状况。所有这些改革虽然也可以用为了人的自由全面发展来解释，但不直接、太抽象。个人为了社会的利益要做出一些牺牲，这在共产主义社会也是必要的，因此自我设计虽然不错，但根据什么原则，一定要在一定的历史条件下去设计，不能离开历史的发展阶段。比如，改革过程当中，企业由国营变为个人或集体经营就是为了提高生产效率，不是为了某个人的自由全面发展，也不是说私营就更符合人的本质，私营就更能使人得到自由全面的发展。

第四个问题，是关于体制改革的实践与认识问题。他说，这里有两个公式，一个是列宁的公式，认为认识是从生动直观到抽象思维再到实践，另一个是毛泽东的公式，是由实践到认识再到实践。这两个公式是有区别的。原来认为二者是一致的，只是字面上的不同。比如要建一座大桥，就要先搞调查研究，这是生动的直观，而不是实践。也有另一种情况，比如"干中学"，在战争中学习战争，这就是从实践开始，从认识的总体来说这是实践在先。在体制改革过程中，有的同志认为是摸着石头过河，一切通过试验方可行。有的同志认为这种搞法是科学不发达情况下的搞法，我们的决策应该是科学决策，经过调查研究，做出了正确的决策再来实现这个决策。前一种观点是实践—认识—实践，后一种观点是列宁的观点。这是以实践—认识为原则来指导改革，但不是说没有决策、不要决策的指导。在没有经验的情况下先搞实验，然后进行总结，体制改革的实际过程就是这样的。对社会主义和资本主义的认识是通过实践才深入的，以前只是把苏联模式看成是社会主义，把它当成了一般，实际上社会主义有其丰富的内容，也有其不同的模式，资本主义的东西可以加以改造而变成社会主义的，比如股份公司。过去我们对资本主义的理解是抽象的、简单的。他说，近年来经济学的变化就是建立在实践基础上的，比如"社会主义经济是有计划的商品经济"这个结论，就是在多次反复讨论的基础上得出来的。对社会主义公有制也有新的认识，"苏南模式"的特点是发展乡镇企业，自己开辟原料来源，寻找销售市场。而"温州模式"是以家庭工业和专业市场为特点的，专业市场与全国市场发生联系，有10万个采购和推销员。

黄枬森教授的这个报告反映了学术界对当时我国体制改革的思考，可以说是很有前瞻性的，我们听了之后很受教益和启发。

1986年12月16日，北京大学哲学系汤一介教授给我们作了一场专题报告。

汤一介先生的父亲汤用彤先生是近现代中国哲学界融会中西并精通梵文的学术大师之一，曾任北京大学副校长。汤一介先生子承父业，是中国当代著名哲学家、国学大师、哲学史家、哲学教育家。

他报告的题目是《从世界文化发展趋势看中国文化问题》。

他说，当前我们国家兴起了"文化"讨论热。对于"文化"的讨论，既有国内的原因也有国外的原因。1982年开始出现了对中国文化的讨论，上海当时要编一套文化丛书，由此引起关于什么是"文化"的讨论。仅"文化"这两个字的定义，当时专家们罗列了一下，就有160多种。1983年该丛书到北京组稿，在北京引起讨论。1984年在河南召开了近代思想文化讨论会，1984年底到1985年初成立了北京文化书院。汤一介先生说，对"文化"的讨论也有国外的原因。世界文化发展存在着一种互相矛盾的趋势：全球意识和寻根意识。世界成为一个整体，有许多共同问题需要解决。一个国家发生的事情与其他国家有着密切的联系，信息传播速度加快，文化有综合发展的趋势，任何国家文化的发展都要考虑现实世界与人类面临的重大问题，因此必须促进文化的交流。但是另一方面，寻根意识也越来越受到重视。第二次世界大战之后，各民族要发展自己，就寻求自己的文化传统，比如马来西亚为了坚持统一性，就以马来语作为国语；以色列二战之后建立了国家，恢复了只有在宗教中才使用的希伯来文，其现在已成为重要语言，也成为犹太人追索根源的媒介。南美洲对玛雅文化特别注重研究，文学作品也表现了这一趋向。继南美哥伦比亚的马奎斯之后，非洲的索因卡又获得了诺贝尔文学奖。马奎斯在回答记者提问时说，拉美是最富有创造性的地区，文学是最有特色的、最好的文学。带有民族特色的作品才具有生命力，这些都不是偶然的、暂时的现象。

全球意识和寻根意识是一个问题的两个方面。没有全球意识，就不可能站在世界的高度来看待文化的发展，就会游离于世界文化发展的轨道之外；没有寻根意识，就是没有特色的文化，没有特色的文化对世界文化发展的贡献是有限的。

因此，我们要把二者结合起来发展中国文化，欧洲中心论被破除之后，文化呈现多元特征。现在西方正在讨论的话题有：（1）人类文明的起源是一元的还是多元的。由于近年来考古的新发现，越来越多的证据表明文化的起源是多元的，至少有欧、亚之说。如果这种现象能够成立，文化的多元发展和中心的转移都可以找到立论支柱。（2）围绕德国哲学家雅斯伯斯提出的轴心时代进行讨论。有人认为在这一时期，在地球的不同区域出现了大思想家对人类问题进行的反思，由于反思的路子不同，结论也就不同。比如犹太教突出上帝观念，认为上帝是价值的源泉。同时期的希腊哲学，从寻求宇宙的最后根源导出逻各斯、第一因等观念。还有如印度的婆罗门教梵天、佛教涅槃的观念，中国的老子、孔子提出的天命、道等观念。有人认为这些不同的文化都是独立发展的，文化发展的多元化从来如此。（3）关于马克斯·韦伯（德国哲学社会学家）理论的讨论。韦伯在《新教伦理与资本主义精神》中提出以卡尔文教派为主的新教伦理和欧洲近代资本主义的发展有正面的因果关系，这个观点可以弥补唯生产力论的不足。他认为资本主义的兴起可以归之为三个独立的因素：经济基础、政治制度、占统治地位的宗教思想，特别强调宗教思想的因素。他引用富兰克林的话来说明资本主义精神：勤俭、有信用等，重要的是人的一生是以赚钱为目的，而赚钱不是为了个人的享受和达到别的愿望，这是一种超越和非理性，要用理性的方法来实现这个非理性的目的。马克斯·韦伯的另一本书《中国的宗教》指出，中国的儒家思想是阻碍资本主义发展的因素，西方的资本主义是一种特殊的历史经验，是经各种因素组合造成的，其中新教伦理有着决定性作用。西方资本主义是一个特例，只能发生一次。1960 年代许多学者赞同他的观点，但 70 年代以后由于东亚经济的起飞和发展，有些学者对马克斯·韦伯的观点表示怀疑，想用《新教伦理与资本主义精神》来探讨资本主义发展的问题，分析东亚五国儒家伦理和经济发展的联系。有人认为儒家主张节俭、秩序、勤劳等和卡尔文教义有许多相似之处。

　　美籍华人余英时发表了 7 万多字的文章《中国近世宗教伦理和商人精神》，对马克斯·韦伯的理论提出批评，认为今天主张儒家伦理和资本主义的发展有关系的学者，有一个理论上的困难，东亚几国的生产方式都是从西方移植过来的，在西方资本主义还未进入中国之前，中国传统思想对自发的商业活动究竟有无影响？他的结论是，韦伯的理论是不成立的，明清时期中国也有类似的卡尔文教派的新教伦理。这就提出了一个重要的问题，不是只有欧洲才可以发展资本主义，在东方同样也有这个可能性。但是，余英时有两个问题没有解决好，一是如果他的结论是正确的，为什么中国 17—18 世纪没有出现像西方一样的资本主义呢？这还得从其他方面去找原因，比如政治上的。第二是东亚经济发展和儒家伦理有什么关系？如果没有关系，为什么第二次世界大战之后发展如此之快，即使经营方式是西方的，但这背后的精神是东方式的还是西方式的呢？无论如何，从马克斯·韦伯的理论也可以看出文化发展多元化的趋势。

　　汤先生认为，西方对东方尤其是中国文化越来越重视。比如 1983 年在加拿大召开的第 17 次世界哲学大会，专门设有中国哲学圆桌会议。传统的观点认为现代化只有一个模式，随着科技的发展，出现了苏联、东亚的模式。有人认为是不是有一种企业精神在支配着东方企业的发展，东亚的发展向人们显示了坚实的内核，这个内核就是儒家传统精神，重视和谐一致，能增强企业的外部竞争力。

　　当代西方人文主义和中国文化形成思想上的交叉点。科学的发展对基督教的影响越来越大。西方学者认为上帝除应该考虑人本身，更应该考虑从文化学、人类学等领域来研究人的本质、人的价值问题，特别是人的道德问题。这就提出了基督教伦理和儒家伦理有无共同点的问题。

　　西方的危机使得西方学者企图从东方找到良药。随着科学的发展，人类掌握了毁灭自己的武器。心灵的冷落和自我失落感的加重，导致人们对人文主义展开反思，东方文化的和谐色彩无疑具有很大的吸引力。比如国际现象学会会长田缅聂卡认为，西方受惠于东方而不自觉，比如莱布尼茨重普遍和谐的观念等，西方至少有三点可以向东方学习：崇尚自然、体证生生、德性实践。随着科学的发展，西方转变思维方式，注重儒家学说，对佛教、道教特别感兴趣，在西方，研究《老子》《论语》的书越来越多。

　　汤先生认为，西方对东方文化感兴趣，并不是东方文化在西方有很大的影响，只是对一小部分学者有影响。但是，西方学者也许是有识之士看到了西方文明的弊端，希望从东方文明中得到补救。我们也应该看到我们文明的弊病，要看到我们文化的消极影响。在目前和西方的文化交流中，我国的人文学科影响很小，由于限制太多，使得我们的社会科学难以发挥重要的影响。中国文化要走向世界，必须要看到世界文化发展的总趋势，复兴中国文化应该是现代化的、有中国特色的新文化，这就必须解决三个问题：一是面对西方文化的挑战如何做出积极的回应？二是马克思主义如何中国化？三是怎样从整体上对中国文化做出历史反思？

汤先生认为，对西方文化挑战的回应一种是积极的，一种是消极的。相当长的时间我们是消极的回应，影响了国家发展，影响了我们的现代化，此路不通。必须做出积极的回应，我们要正确认识西方文化，西方已实现了现代化，价值观念等某些方面是适应现代化要求的，我们不能拒绝，要引进他们的技术和管理，还要引进与现代化相适应的价值观念和思维方式。如果不这样，仍然搞"中学为体、西学为用"是不行的。此外，还要认识到现代化和西方化是不同的。西方发达国家实现了现代化，某些价值观念是可取的，但是西方化毕竟不等于现代化。五四运动之后有人提出"全盘西化"的口号，有人提出"本位文化"的口号，持续二三十年都没能得到解决。1949 年新中国成立之后，情况发生了很大变化，但是全盘苏化，也影响了中国政治经济的进步。

汤先生认为，要对中国传统文化、对马克思主义有清醒的认识。马克思主义必须发展，马克思主义是一个开放的体系。对于传统文化也要有清醒的认识，了解其对现代化的消极的影响和积极的影响，不能丢失我们本民族的传统。这是积极回应挑战的前提条件，只有这样才能够主动吸收和消化西方的文化。

对马克思主义和中国传统文化的结合问题，汤先生认为，马克思主义在指导中国革命方面起了很大的作用，当时忙于救亡图存，《新民主主义论》提出了建设新文化议题，但是没有解决二者怎样结合的问题。怎么结合？其实有多种途径可以实现，目的都是为了实现中国式社会主义现代化。比如辩证法思想，从中国文化自身发展中可以找到马克思主义的因素，从研究哲学史、文化史中可以找出规律性的东西。

对中国传统文化要作历史的反思。简单的价值判断是不可取的，优缺点其实是结合在一起的。中国文化的特色，一是空想的理想主义，二是道德的人本主义，三是求统一的思维方式，四是直观的理性主义。

首先看空想的理想主义，这在中国传统文化中很浓厚。孔子是如此，儒家世界大同，格物致知，修身齐家治国平天下，小国寡民，都有天下太平的理想。皇帝叫太平皇帝，农民起义都打着太平的旗号，富于理想色彩。中国知识分子对现实抱有积极的态度，企图把理想付诸实施，但是不可能。因为这带有很大的空想成分，没有实现的现实可能性，还是理想化的封建社会。这种理想主义或许对世界文明有所贡献，但是因为脱离实际不得不付出很大的代价。

再看道德的人本主义。这种人本主义不同于西方反对神本主义的人本主义，西方强调独立人格，有个人色彩，而中国认为人在宇宙中有重要的地位，天、地、人三才，如张载的"为天地立心，为生民立命，为往圣继绝学，为万世开太平"，认为人对社会和宇宙有其特殊的使命和责任，强调人的使命和责任，但是忽视了人应享有的权利。有父子君臣夫妻等关系，只尽义务，很少享有作为独立人的权利，人的价值只能体现在他和他相对的关系身上，表面上强调人的主体性、能动性，但这是在"五伦"关系下的主体性，是虚假的主体性。

再看求统一的思维方式。这种思维方式有其合理的一面，有丰富的辩证法因素，有利于社会的稳定和社会的发展。但是在科技发展上，人们对事物的观察总是总体上的、笼统的，甚至认为元气论接近于量子力学等，这是不对的。正因为对事物认识的混沌，造成了自然科学的落后。认识论和道德不分家，没有严格意义上的认识论和逻辑学，学术不严谨，研究不深入，这都是走向现代化的障碍。

直观的理性主义呢？直观的理性主义强调人的主体性，人要有做人的道理，这有很大的合理性，但是不能把了解自己和认识外界等同起来。

汤先生认为，这些问题可以长期讨论下去。中国文化发展的前景必将是现代化的中国的新文化，以发展出一个适合现代化要求的、吸收了马克思主义的新文化，二者应该是一回事。中国化的马克思主义应该是中国的，要吸收中国文化的精华，中国的新文化也要在中国基础上建立，毕竟是吸收了西方的科学成果和马克思主义的思想，因此结果都是一样的。

汤一介先生的报告给我们以很大的启发。当时，正在兴起"文化热"，这个报告可以帮助我们很好地理解西方文化与中国传统文化的关系。汤先生的见解，比如"现代化不等于西方化""我们要搞中国式的社会主义现代化"等，就是在今天看来，也是非常正确而富有启发意义的。

　　1987 年 4 月 4 日下午，北大哲学系张岱年教授给我们作了一场专题报告。

　　张岱年先生是中国现代著名的哲学家、哲学史家、国学大师，中国哲学史学会首任会长。张先生长期从事中国哲学史的研究，著作等身，有极高的造诣和广泛的建树。他又是一位诲人不倦的导师，桃李满天下。

　　他来给我们作报告，大家都满怀期待。他报告的题目就是《如何做学问》，也算是与我们进行对话交流。当时老先生年事已高，我班同学用自行车把他从住地燕南园载到我们上课地点北大附小教室。他个头不高，满头白发，戴着眼镜，身穿蓝色中山装，拄着拐杖，精神矍铄。讲起课来，慢条斯理，就像拉家常一样，让人感到亲切自然。

　　他讲了四个问题。

　　一是明确研究学问的目的。"学问"，"学"就是学习别人，接受过去已有的经验。后来学习的内容就广了，"学"也就是"觉"。因此，一是学习别人的经验，二是来提高自己的经验。"学问"不仅要"学"，还要"问"。要学就要善于提出问题，善于解决问题。王船山先生做学问就重视问。不是问别人，主要是问自己。自己提出问题自己来解答。研究学问就是追求真理，就是要得到真知灼见。他特别强调"真知灼见"，说真知灼见就是真正对事物有真认识、有明确的了解。那么为何要追求真知灼见、追求真理呢？就是要爱祖国、爱人民、爱人类，为祖国、为人民去真正解决问题。研究学问一定要有真情实感，有爱祖国的心，这样做出来的学问才能叫做真学问，如果做学问是为了宣扬自己，而不是为了祖国、为了人民，那不叫学问，更不叫真学问。他举了一个例子：有一次陆九渊去拜访朱熹。他们在切磋的时候，陆九渊就问为何要读书，这个目的一定要明确。朱熹说，读书做学问，是为了求得真知真见，如果是为了做官而读书那是没有意义的，也就是说为做官而研究学问是没有意义的。做学问必须经过长期的努力，要多积累，要下苦功夫，不下苦功夫是求不到真学问的。

　　二是处理好博通与专精的关系。他说做学问必须既博通又专精。要兼通古今中外，古今很重要。东汉的王充在《论衡》中说："夫知古不知今，谓之陆沉，然则儒生，所谓陆沉者也。五经之前，至于天地始开，帝王初立者，主名为谁，儒生又不知也。夫知今不知古，谓之盲瞽。五经比于上古，犹为今也。徒能说经，不晓上古，然则儒生，所谓盲瞽者也。"他说，懂中国古也要懂中国今，也要懂外国的古今。现在书很多，要加以选择，读有名的有影响的著作。20世纪初到西方留学的人都读西方的古典著作，读柏拉图、亚里士多德、休谟、洛克、康德、黑格尔、笛卡儿等，这些经典著作现在仍然需要我们认真研读。

张先生还说，现在读书，目前最要紧的是要读马克思、恩格斯的著作，这也十分重要，这样就既知古又知今。

读书光读还不行，还要思考究竟对不对？要独立思考。比方说存在主义，我到现在也没有完全弄懂，确实感觉莫名其妙。哲学研究所的熊伟先生曾经是海德格尔的学生，但是他听不懂海德格尔的课，班上的其他同学也听不懂。熊伟给学生讲，学生也听不懂。熊伟先生只好讲了一段庄子的《庖丁解牛》。即便如此，我们也要对海德格尔有所了解。自然科学、社会科学都在不断发展，我们要总结前人的经验，不断推进自然科学和社会科学的发展。

三是处理好继承与创新的关系。张先生认为既继承前人取得的成就又要有新的创造，这是我们做学问当中很重要的一个问题。追求真理，一定要了解前人已经得到的真理，然后进一步探索新的途径、新的结论、新的认识，如果不了解前人这就不容易成功。既要继承又要创新，比方说牛顿的物理学已经被爱因斯坦的相对论超越，但是我们现在学物理学仍然要学习牛顿的物理学。在西方从古希腊开始都特别重视几何学，现在出现了非欧几何学，但是欧氏几何我们仍然要学。继承与创新是一个辩证关系，要创新性地提出问题、解决新问题。比方说马克思、恩格斯在写《资本论》的时候，他们对以前研究经济学的文章都看过，不仅看过，而且做了大量的研究。列宁在写《唯物主义和经验批判主义》的时候也是如此，这值得我们借鉴。要对西方或者日本的学术理论、文章有所了解，但是也要把我们的东西翻译成外文，让他们来了解。对古今中外的东西都了解，我们才能在这个基础上创新。这里提出一点，要创新还要独立思考，创造性思维很重要。

四是关于端正学风。张先生强调做学问一定要贯彻实事求是的学风。为什么呢？他特别讲了以下四点。

第一要明辨是非，研究学问就是要明辨是非。非理性主义否定分辨是非，但是，我们想一想，如果取消是非，这本身也是是非。要追求客观真理，一方面要培养独立辨别是非的能力，不要看风向、看别人的眼色。在"文化大革命"中有一些文人走向了极端，写出来的文章，做出来的学问是没有多少价值的。另一方面不要自以为是，目空一切，这不是研究学问的态度，要尊重别人，尊重前人的意见。

第二要增强逻辑性与科学性。逻辑性即有分析有论证。欧氏几何给我们提供了榜样，欧氏几何的名词概念都是有定义的，运用的理由都要说出来，所以要注意分析，这样才有逻辑性、科学性。科学性，就是要对资料、对研究对象有一个正确的分析。我们在这一点上做得很不够，西方人做学问就比较重视调查统计法。比方说中国古代有没有科学？有人认为没有，这只是凭印象来下这么一个结论。英国的李约瑟利用调查统计法证明中国古代有科学，印刷术、指南针对世界近代文明有重大贡献。

第三要发扬创造性的思维。他说创造创新更重要，要培养灵感，灵感确实是有的，灵感是忽然想到了，也就是经常讲的"踏破铁鞋无觅处，得来全不费工夫"。既要下苦功夫，又要有闲暇，这个闲暇就是用来思考的。郭沫若先生曾经说"九分汗下，一分神来"就是这个意思。创造性思维就是发现矛盾、解决矛盾。

第四要做到思想与生活的一致。要做到知行统一，理论与实践的统一。理论不能离开实践，理论不能脱离实践，理论要与实践相符合。认识和行为要统一起来，我们不能理论上说一套，实践上是另外一套。做学问就是做人，做好学问就一定要做好人。

张先生是学问大家，他的这场报告，可以说是他一生做学问的总结，也凝聚着他做学问的深厚感情。他不仅传授给我们做学问的方法，更教导我们在做学问的同时如何做人。"做好学问就一定要做好人"，我永远用这句话来警醒自己、鞭策自己。

报告结束后，我请张先生给我写句话。他欣然提笔，在我的笔记本上写道："自强不息，永远前进。张岱年 87.4.4。"由此也可以看出他的谦虚随和及对晚辈的殷切希望。

2011年北京大学哲学系举行建系100周年庆祝活动，我见到几位先生并与他们一起共进晚餐。如今，一些先生年事已高，有的已经作古。深深怀念他们！

到北京大学学习，是我第一次到北京。即便这样，这一年，教室、图书馆、饭堂三点一线，除班级组织的活动外，我基本没有外出过，就是故宫也是在离校前一天去看了一下。整天埋头学习，觉得有看不完的书。特别是北大图书馆藏书丰富，很多书我们下面的学校没有，感觉一旦离开了就再也看不到了。有这种感觉，读起书来真是如饥似渴。如果说后来我能上点哲学课、写点小文章，这一年的学习可以说是功不可没。

这一年有一件事让我印象深刻。

1986年9月我们入校不久，系里下发了一本北京大学哲学系的内部刊物《哲学学术动态》，这一期的刊物对1985年全年全国哲学界的有代表性的观点进行了梳理。我发表在《信阳师范学院学报》1985年第一期的文章《政治上层建筑应属于社会存在范畴》一文中的四个主要观点被作为一派观点完整列出，这让我颇感惊讶。这篇文章是我的处女作，也是我的本科毕业论文，是在孙宏典老师的精心指导下完成的。文章发表后，被《新华文摘》摘编，现在又被作为学术争论一方的观点列出，对我此后的学术研究很是鼓舞。

在学习之余，我也尝试写点论文。我对马克思主义哲学史兴趣浓厚，德国学者写的《马克思恩格斯思想史》(印象中好像有七卷之多)资料翔实，我曾认真研读。南京大学孙伯鍨先生的《探索者道路的探索》我也认真研读，对我影响很大。《探索者道路的探索》对马克思的《博士论文》有深入的探讨，内容较其他所有著作都丰富。这促使我想写一篇关于研究马克思《博士论文》的文章——《马克思〈博士论文〉关于哲学与现实的关系问题的论述》。文章写好后，我用300字的方格纸誊抄清楚，寄给了南京大学的孙伯鍨先生。孙先生早年在北京大学哲学系工作，后调往南京大学哲学系，我与他素不相识。文章寄给他，是觉得他对马克思的《博士论文》有研究，我写得怎么样他才能评判。我一个刚毕业的学生写的东西，没指望能得到他的认可。可是不多久，我就收到了载有我这篇文章的《中州学刊》，应该是孙先生推荐给这个刊物发表的。我这篇文章篇幅还比较长，没有他的推荐是很难发表的。遗憾的是，我一直没有到南京出差的机会，直到孙先生作古我也一直没有见到他以表达我的感激之情，心里一直愧疚，留下了永远的遗憾！

从北京大学回来后，我一直在系里教书。以后走上领导岗位，到宁夏固原、到广州、到梅州、到湛江，都在高校。退休了，又来到广东文理职业学院，一辈子就做教育这一件事。

现在，学校举办人宣承志董事长将学校交给了我。五年之后，我会将一个什么样的广东文理职业学院交给他、交给董事会、交给全校教职工?!

# 教师代表座谈会

今天下午，我主持召开了全校教师代表座谈会，每个教学单位选派 2 名教师代表参加。

我是当老师出身，对老师有一种天然的感情。无论在哪个岗位上工作，对涉及老师的事情，我都特别愿意去办理；对老师的意见建议，我特别愿意听；对伤害老师感情的事，我特别愤怒，坚决处理。教师是学校的根本，学校没有好老师，校长就是有天大的本事也不可能把学校办好。

就在 4 月 24 日，我们特别为职称取得晋升的 20 位教师举行聘任仪式。在这个聘任仪式上，我讲了话。

我说，这次学校有 6 位教师获聘副教授、9 位教师获聘讲师、5 位教师获聘助教职称，这是对他们长期以来辛苦工作、倾心教书育人的充分肯定，这每一份荣誉都饱含着他们努力奋斗的艰辛和付出，更体现了他们对学校教育事业发展的认可和坚守，我代表学校祝贺大家、感谢大家。

我也借此机会，提出希望和要求：一是希望大家百尺竿头更进一步。成绩属于过去，未来仍需要努力。职务晋升了，待遇提高了，舞台更广阔了，更应该在新的平台上接续奋斗再创佳绩！二是希望大家争做"四有"好老师，当好学生的"四个引路人"，这是习近平总书记对我们教师的期望和要求。"四有"好老师，就是"有理想信念、有道德情操、有扎实学识、有仁爱之心"；"四个引路人"就是"做学生锤炼品格的引路人，做学生学习知识的引路人，做学生创新思维的引路人，做学生奉献祖国的引路人"。要真正坚持"人才培养是我们的第一使命""教学是我们的第一天职"的理念，为培养更多适应社会需要的优秀人才而贡献我们的聪明才智。三是希望大家要带动更多的老师共同进步。一枝独秀不是春，百花齐放春满园。要多与其他的老师一起研究教学、研究课题，互帮互助，共同进步，努力形成广东文理职业学院人才辈出的良好局面。

同时，我也希望全校教师向这次受聘的老师们学习。有他们做标杆，有广东文理职业学院提供的这个平台，经过自己的刻苦努力，一定会不断成长进步，在广东文理职业学院一定会实现自己的精彩人生！学校各部门、各单位一定会为每一位老师的成长进步创造良好的条件、提供最大的支持！希望大家继续发扬我校尊师重教的优良传统，尊重教师、关心教师，支持教师立德树人、干事创业，采取各种措施促发教师的主人翁精神，进一步激发教师的主动性、积极性，共同建设更加美好的广东文理职业学院。

召开这次教师代表座谈会，主要目的就是了解学校的实际情况，听取广大教师对学校发展的意见建议。

座谈会上大家踊跃发言，毫无顾虑，各抒己见。归纳起来，所反映的问题和建议主要集中在这几个方面：一是要提高教学设施设备的使用率，有的实训室设备不够完善，部分设备有硬件缺乏软件；有的硬件不配套，有的软件不配套；部分仪器损坏，没有得到及时修理；教室空调、电扇损坏比较多，不能正常工作。二是要严把青年教师入口关，加强对兼职教师的资格审查，同时加强对兼职教师的教学质量监控；对新入职教师进行严格认真的培训，强化新教师的专业技能，增强新教师对学校的认同感。三是要进一步调动教师的积极性，教师搞专业建设、课程建设，带领学生参加各类竞赛，可以给予工作量补贴，获奖之后应该给予他们相应的奖励，并且要加大奖励力度。四是要进一步深化产教融合、校企合作，专业教师应该有产教融合、校企合作的理念，要制定和完善相关制度，使教师深入企业有制度保障。五是要进一步加强教学管理，按照教育规律来设置专业课程和人才培养环节，以及实习、实训、教材征订等。

我作最后总结发言。我首先肯定了老师们的意见建议，感谢大家为学校发展贡献的真知灼见。大家能实事求是地提出这些问题，提出这么多很有价值的意见建议，说明大家对学校高度负责，对学生高度负责，对教育事业高度负责。学校领导班子和有关职能部门一定会认真对待大家的意见建议，在今后的工作中认真加以改进。

我说，老师们提出的问题的确不同程度地存在。存在这些问题的原因也是多方面的。学校还处在建设发展过程之中，基础条件存在许多薄弱环节，不配套、不完善难以避免；有些是体制机制不顺畅造成的，历史上形成的体制机制与学校今天的发展现实已经不完全适合；有些是管理不善造成的，管理人员素质不高、责任心不强等，也影响学校的建设和发展。

针对大家提出的比较集中的问题，我也作了回应和简要的解释。

第一，关于教学实训设施设备问题。近几年，学校每年都投入大量经费增加教学仪器、增加实训设备，目前教学仪器设备总值已达到1.3亿元。但是，学校仪器设备存在着结构上的不够合理问题，老专业仪器设备多，新专业仪器设备添置不够及时。加之，部分设备老化，没能及时得到淘汰、维护、更新，严重影响实训课的开设进度。从现在开始，实训中心、教务处要进行安排部署，对全校教学仪器设备情况进行全面摸排，查清底数，哪些该淘汰、哪些要维修、哪些要更新、哪些要增购，适当时可搞一个论证会，然后将讨论结果提交给校长办公会和董事会，以保证新学年教学工作的正常进行。

第二，关于教师的有关问题。一是严把教师入口关，加强对教师的培训。无论是新老师还是外聘企业老师都要先培训再上岗，培训不合格的不能上岗。二是鼓励教师带领学生参加各类技能大赛，修订、完善教师工作奖励办法，加大奖励力度，使获得竞赛好成绩的老师"名利双收"；进一步完善收入分配办法，在多劳多得的基础上，进一步体现优劳优酬。

第三，关于产教融合、校企合作，推动学校高质量发展的问题。产教融合、校企合作是职业院校高质量发展的必由之路，依托湛江新兴产业和廉江小家电产业的优势，我们应建立产教融合共同体，走实校企合作之路；制定配套政策，鼓励、支持教师到企业锻炼，推动产学研一体化。

第四，关于加强教学管理的问题。教学管理有其自身的规律，我们必须按规律办事而不能违背规律。下学期，我们将对教学管理人员进行培训，努力提高教学管理人员素质，使教学管理人员尽快熟悉、掌握、运用教学管理规律，提升教学管理水平，更好地为教学工作服务，更好地为教师教学服务。

# 校企合作

今天下午，与产业学院合作企业上海世纪鼎利教育科技有限公司（以下简称"鼎利教育"）代表座谈，分析鼎利学院存在的问题，探讨改进措施，提高人才培养质量。

鼎利教育是珠海世纪鼎利科技股份有限公司旗下教育品牌，负责职业教育业务板块。鼎利教育将自身产业优势与职业教育相融合，将产业经验转化为教育能力，依托特有的"UBL 人才培养模式"，在教学中增加学生实践机会，将产业的生产过程、产品研发、技术技能等转化为知识与实践的要素；依托以"教育专家+教学名师+行业专家"为核心的强大教育研发团队，秉承"产教深度融合、校企协同育人"的核心教育理念，结合中国当代职业教育的特点，公司制定了通信及5G 技术、软件工程、人工智能与大数据、工业物联网等紧缺专业的人才培养方案，研发并及时优化相应的课程体系，建设双师型教师的培养体系和能力测评体系，形成特色突出的教育生态；整合国际先进的产业技术与教育理念，融合国内外优质的产业与教育资源，与院校共建共管鼎利学院和实训基地，培养具有国际视野的高素质、高技能应用型人才。

作为国内 ICT 领域领先的人才定制综合解决方案提供商和运营服务提供商，鼎利教育旗下拳头产品"鼎利学院"，致力于为各极院校提供定制化人才培养综合解决方案，并与院校共建共管二级学院，负责提供专业建设、课程设置、专业教学、就业等运营服务。近年来，先后与多所院校合作建成了 40 余所特色二级学院（鼎利学院）。

鼎利 ICT 产业学院是由广东文理职业学院与鼎利教育合作共建、共同运营的二级学院。学院围绕培养适应和引领 ICT 行业发展的高素质技术技能型人才，改革管理运营体制机制、创新人才培养模式、拓展社会服务，开创"对接产业、服务行业"的校企合作办学新格局，努力建设成为广东省以及全国 ICT 人才培养的示范性产业学院。

学校按照 ICT 产业链对高素质技术技能型人才需求和国家职业资格要求，将优质教学资源和鼎利教育雄厚的技术背景有机结合，秉承"职业、创新、协作、专注"的合作宗旨，坚持"以产业带教育，以教育促产业""实战积累反哺教育创新，人才杠杆撬动产业腾飞"培养理念，努力实现"专业设置与产业需求、课程内容与职业标准、教学过程与生产过程"三结合。

鼎利学院现开设有计算机网络技术、物联网应用技术、现代移动通信技术、软件技术、大数据技术 5 个专业。建有校内生产性实习实训基地，基地总面积2000 余平方米，包括物联网、计算机网络、移动通信、互联网+等实训室，实习实训设备价值 300 余万元。

在下午召开的座谈会上，鼎利教育代表详细介绍了鼎利学院的办学理念、运行方式，特别是其特有的人才培养模式，同时，也指出了存在的问题，分析了问题存在的原因，提出了解决问题的建议。

李晓豁副校长简要介绍了双方合作的背景，前期已经开展的相关工作，对下一步如何深入推进校企合作、提高人才培养质量提出了明确要求。校长办公室、教务处、人事处、实训中心、学生处等部门的负责同志也都以对学校高度负责、对学生高度负责的态度，从不同的角度指出了存在的问题，提出了解决问题的建议。

我最后代表学校讲了几点意见。首先是表明三点态度：一是深化产教融合、加强校企合作。办好产业学院，是高职院校提高人才培养质量的重要途径，我们要坚定不移地走好这条路。广东文理职业学院作为一所高职院校，必须明确人才培养目标定位，致力于高素质技术技能人才培养，为此，必须坚定不移地走产教融合、校企合作之路。这条路不是我们走不走的问题，而是如何走好、如何走出高质量发展之路的问题。二是广东文理职业学院与鼎利教育的合作是抱有最大的诚意的，因为我们对学生是高度负责任的。我们相信鼎利教育与广东文理职业学院的合作也是抱有最大诚意的，因为在刚刚过去的开展合作的一年中，鼎利教育已拟定并实施了有特色的人才培养方案，选派了专业技术人员来校开展教学工作。双方合作已经有良好的开端，开展了 5 个专业的合作，受益学生有 800 多人。这个合作成果值得我们双方珍惜。三是现在在合作中存在的问题，大多不是理念问题，而是双方合作协议的具体落实问题，怎样在具体的工作中做得更好，更加有利于学生的成长进步等问题。离开人才培养质量谈合作，就违背了我们的初衷，合作也就失去了意义。因此，必须紧紧围绕提高人才培养质量这个中心，采取有效措施，落实好协议内容，保证合作的顺利进行。

接下来，怎么来推进双方合作的顺利实施，我讲了四条意见。

一是增强互信，进一步深化合作。双方信任的前提和基础来自对提高职业院校人才培养质量紧迫性和增强服务社会的能力的共同认识。如果没有这个共识，企业就没有必要介入职业院校的人才培养工作，学校也就没有必要与企业开展合作，这是双方合作的道义基础。双方信任的前提和基础还来自对双方协议的认同。双方的合作协议是双方真实意思的表达，不存在欺瞒和强迫，这是合作的法律和制度基础。如果没有这个基础，双方的合作就没有轨道，也就没有约束，义务和责任也就无从谈起。因此，我们双方要在已经达成的共识的基础上，进一步深化对共识的理解，增强互信，打牢合作的心理基础、情感基础和价值基础。

二是严把教师入口关，增进合作双方教师之间的融合。教师问题是这次座谈会大家提到的突出问题。要提高人才培养质量，培养模式、方式方法手段等固然重要，但更重要的是教师，最关键的因素也是教师。大家已经认识到，鼎利教育方面派出的教师数量严重不足，质量达不到教师资格的基本要求，同时还有双方教师融合不够的问题。接下来，首先要增加教师数量。鼎利教育方面要严格按照协议要求，足额派出教师，根据人才培养方案的进度，下学期要派出 12~14 名专任教师才能满足教学需要。其次，鼎利教育要保证派出教师的质量，广东文理职业学院要加强对派出教师的资格审查，把好入口关。需要特别强调的是，鼎利教育与广东文理职业学院合作共建广东文理职业学院鼎利学院，主体是广东文理职业学院，鼎利学院是广东文理职业学院的下属二级学院而不是相反，鼎利学院的老师是广东文理职业学院的老师，鼎利学院的学生是广东文理职业学院的学生，必须接受和服从广东文理职业学院的工作安排和统一领导。鼎利学院的独立性是相对的而不是绝对的。因此，鼎利教育派出的老师要经过广东文理职业学院的资格审查，比如，鼎利学院派出教师的学历、职称、经历、专业素质、政治表现等，都要主动接受广东文理职业学院的资格准入审查，这是保证办学质量的需要，也是对学生的高度负责任。最后，广东文理职业学院的教师和鼎利教育的派出教师要实现融合，双方都要主动服从鼎利学院的统一工作安排。鼎利学院的工作就是广东文理职业学院的工作，进入鼎利学院的原广东文理职业学院教师身份不变、待遇不变、职业发展前景不变，要放下思想包袱，积极工作，发挥所长，有所作为，为进一步深化校企合作做出应有的贡献。

三是加强对教学过程的质量监控。对教学过程、教学环节进行质量监控是保证教学质量的重要手段，任何教学单位、任何教师都要自觉地接受质量监控。学校教学督导室、教务处、实训中心都要主动作为，担负起应该担负的职责，主动将鼎利学院的工作纳入我们的工作范畴，支持鼎利学院开展正常的教育教学活动，为鼎利学院提高教学质量提供监督保证。

四是完善沟通交流机制，互商互谅解决问题，保证合作顺利进行。对于广东文理职业学院来说，产业学院是个新事物，运行的方式方法、规律特点等都需要进一步熟悉、了解、掌握。鼎利教育与广东文理职业学院的合作也有一个落地适应的问题。双方有不同的想法、不同的思路、不同的行为模式，这都是正常的。只要我们双方秉持提高职业院校人才培养质量、合作共赢的理念，真正把鼎利学院的事当作自己的事，加强经常性的沟通交流，就一定会解决存在的问题，推动双方合作不断深化。

## ✒ 6 月 18 日
# 信阳师范大学揭牌

今天是信阳师范学院更名为信阳师范大学揭牌的大喜日子。

前几天就收到了信阳师范学院的邀请函，邀请我参加信阳师范大学的揭牌仪式。我欣然同意，匆匆安排好工作之后，带着喜悦的心情来到我的母校——信阳师范学院。

我是 2004 年 5 月离开信阳师范学院到宁夏工作的，算起来已经有 20 个年头了。从离开时的风华正茂青春年少，到如今的两鬓斑白满脸沧桑，岁月的年轮刻在脸上，回来的心却依然年轻。满满的回忆里都是初春含苞的花蕾、雨后含泪的新芽，还有少不更事的懵懂、不谙世事的酸涩。这里有教育我培养我成长的恩师，有我共同成长进步的同事，也有我教学相长的学生，他们对我的关爱，对我的认同和鼓励，我永远都铭记在心中！信阳师范学院是我事业的起点，教会我许多许多，我从信阳师范学院收获很多很多，而我对信阳师范学院回报太少太少！离开的 20 年里，我也回来过几次，每次回来都有不一样的感受，这次的感受尤为特别。

这次回来我的公开身份是广东文理职业学院校长。这是我以这个身份进行的第一次公开活动，有点不习惯，但一定要习惯。我已经办理了退休手续，已经离开岭南师范学院而退休，我已经不是岭师人了，我现在加入了广东文理职业学院这个团队。正像我与岭师的原同事开玩笑所说，现在是："你们岭师，我们文理！"从岭师到文理，从书记到校长，是似曾相似的变化、是不变之中的变。

这次回母校，还有一点特别的地方，就是我对母校来讲既是校友代表，更是作为学校更名办的第一任主任的身份回来的。2001 年，我在信阳师范学院任校长办公室主任。与我搭档的吴圣刚、周子良、田林三位副主任都是非常优秀的中层干部。他们为人正直，有很强的事业心、责任心，不仅组织能力、协调能力强，而且有头脑、有智慧、有创意，善于出谋划策，善于为学校发展提出重大决策建议。比如，2001 年，我们倡导与企业合作创办了信阳师范学院实验中学，现在更名为信阳宋基中学（宋庆龄基金会主办），是信阳创办较早的民办学校。再如，当时教育部为提高高等教育的毛入学率而动员社会资金投入高等教育，创办一种由企业投资、依托本科高校为母体的相对独立的本科高校——独立学院，我们几位主任认为这是发展学校的大好时机，建议学校创办信阳师范学院华锐学院，目前华锐学院已转制为独立的本科高校——信阳学院，为信阳高等教育发展做出了贡献。类似的例子还有一些。

2002 年上半年，我们向学校提出建议：更名为大学。我们的建议是有根据的。信阳师范学院源自 1975 年的开封师范学院（现河南大学）信阳分院，1978 年底经教育部批准，更名为信阳师范学院。信阳师范学院没有经过师专阶段，她的前身不像很多人所理解的是信阳师范专科学校，她一开始就打下了很好的本科基础。1993 年获国家普通高等教育教育教学优秀成果一等奖，1998 年获得硕士学位授予权，毕业生考研录取率达 30%，办学成绩斐然。基于这种情况，我们向学校领导提出学校更名为大学的建议，校领导欣然同意。为推进这项工作的顺利进行，学校成立了更名办公室，配备了专职工作人员，由我兼任更名办公室主任。没有想到的是，更名之路如此漫长、更名过程如此曲折，这一等就是 21 年，把我胡子等白了才实现学校更名的愿望，着实太艰难！

信阳师范大学揭牌仪式隆重、热烈而简朴。省人大常委会副主任苏晓红、副省长宋争辉代表省领导出席，省教育厅长毛杰、副厅长陈垠亭代表省教育厅出席，信阳市委书记蔡松涛、市长陈志伟等四大班子领导及兄弟高校领导出席。宋争辉副省长曾任信阳师范学院校长、书记（我在岭南师范学院工作时他曾三次到过学校），对信阳师范学院充满感情。在揭牌仪式上，他发表了热情洋溢的讲话。他说，信阳师范学院更名信阳师范大学，既是信阳师范大学发展历程中的一个重要里程碑，也是全省高等教育的一桩大事、喜事，从此，河南省有了第二所师范大学。他代表省政府，对学校 48 年来取得的办学成就和为全省教育事业和经济社会发展，尤其是为信阳革命老区脱贫致富、振兴发展做出的突出贡献给予高度肯定。他希望信阳师范大学在新的发展阶段全面贯彻党的教育方针，认真落实立德树人根本任务，全面深化改革，提升办学质量，努力培养担当民族复兴大任的时代新人。

6 月 18 日下午，学校还举行了高水平师范大学建设校友座谈会。座谈会由信阳师范大学副校长陈登报主持。陈登报是我大学同届同学，他工作能力强、水平高，多年负责学校校友工作，所以学校安排由他来主持这场座谈会。会上安排了 1979 级中文专业校友孙骏（南京中邦集团董事长）、1986 级数学专业校友于红莲（郑州四十二中校长）、1996 级化学专业校友江凌（中科院大连化学物理研究所研究员）和我 4 人作重点发言。我发言的题目是《开启高水平师范大学建设新征程》，主要内容如下。

今天是信阳师范大学历史上具有里程碑意义的一天！经过 20 多年的不懈努力，信阳师范学院终于圆了更名梦！作为广东校友会的创会会长，我代表广大校友特别是广东校友向母校表示最热烈的祝贺！衷心祝愿母校在新的征程上扬帆起航再续华章！

承蒙文鹏书记、李俊校长的厚爱，让我在今天的校友座谈会上发言，作为学校更名的参与者、亲历者，我更是百感交集又深怀感恩。

我从 1980 年来信阳师范学院学习，一直在这里学习、工作、生活了 24 年。从信阳师范学院到宁夏固原师专（宁夏师范学院）再到仲恺农业工程学院，从嘉应学院到岭南师范学院再到广东文理职业学院，是我走过的路。是信阳师范学院的老师培养了我，是信阳师范学院的同事成就了我。无论是后来读了硕士还是读了博士，我都不会忘记我的专业知识起点在信阳师范学院！无论是到天高云淡的六盘山还是到海风椰林的湛江，信阳师院永远都在我的心里。改变的是容颜，不变的是对母校的感恩之情！信阳师院是我的精神依托，是我永远的精神家园！今天，也借这个机会，对我的老师、同事、学生表达我由衷的敬意和衷心的感谢！

新起点、新希望、新跨越！新的师范大学之路怎么走？高水平师范大学怎么建？学科建设、人才培养、师资队伍建设等，我想大家会从很多方面提出许多真知灼见。

在母校面前我是学生，没有资格提什么意见建议，我只能仅仅从校友的角度说一说我心中的期盼。

## 一、高水平师范大学一定是有美好愿景的大学

高水平师范大学的根本在师范。

从师院到师大，是办学层次的跃升，而不是办学性质的改变。

信阳师范学院肇始于师范、发展于师范、成名于师范。

师范是我们的性，师范是我们的命；师范是我们的根，师范是我们的本；师范是我们永远不变的初心，师范是我们永远承担的使命！我们的血管里流淌着师范的血液，我们的身体里传承着师范的基因。师范是我们安身立命之本。

师范是我们近50年办学最大的优势，师范也是我们今后办学最大的愿景。

今天，我们更名为师范大学，不是可以歇一口气了，而是我们的眼界更高，我们的目标更远，我们肩上的担子更重。我们的目标定位，就是努力建设高水平师范大学。正如教育部在这次我们更名的批文中所说："望你省加强对学校的指导和支持……坚持师范教育主体地位，大力加强教师教育体系建设……推动师范教育改革与高质量发展。"

## 二、高水平师范大学一定是名师辈出的大学

大学之大，既在于大楼之大、校园之大，更在于大师之大。名师大师，是学校的根基，是学校的脊梁。

回顾历史，我们信阳师范学院更能感受到名师的力量。信阳师范学院作为"文革"之后我国最早建立的本科高校之一，师资来源是什么？就是在"文革"期间被"打倒"的一批知识精英。

比如：陈铭书教授、刘梅生教授、张孝纯教授、李继才教授、王绪武教授，没有他们哪有现在的法学院、马克思主义学院、历史文化学院？

吴力生教授、周学禹教授、李叔毅教授、朱德民教授、姚学贤教授，没有他们哪有现在的文学院？

梁本中教授之于数学，赵之弦教授之于物理，涂大正教授之于生物，杨

本武教授之于化学，如果没有这一批精英，我们很难设想，现在的信阳师院是什么样子，更名的根基何在？他们的名字永远闪耀在信阳师范大学的天空上！我们将永远铭记他们，永远感恩他们！

建设高水平师范大学仍然需要一大批这样的名师。

当年，在那样艰苦的条件下，这些名师毅然留在这里埋头著述、潜心育人，其精神令人景仰，但也值得我们深思，当年是一种什么样的政策和环境使他们留下来？这给今天人才的引进和队伍的稳定留下哪些有益的启示？

## 三、高水平师范大学一定是服务地方大有作为的大学

从师院到师大，一字之差，彰显着办学的胸怀和境界，展现着学校的大格局大担当大作为。

信阳师大是省属驻信高校。我们吃信阳的粮、喝信阳的水、呼吸信阳的空气，信阳的一切都与我们息息相关。信阳的党委政府、父老乡亲一直从各个方面关心支持学校工作。

习近平总书记教导我们要扎根中国大地办大学。我们信阳师大，首先就要扎根信阳大地、豫南大地办大学。为河南经济社会发展服务，为区域发展服务，首要的就是要为信阳区域发展服务，特别是为信阳的基础教育服务，不仅仅是服务，是要引领信阳基础教育的发展。没有我们自己的示范性的附属中学、附属小学，这是我们心中的痛。

要努力打造好信阳的科教文化中心，努力成为信阳的首善之区、文明高地，把最优秀的论文写在信阳大地上，在为信阳实现高质量发展的过程中展现信阳师大的新担当新作为。

## 四、高水平师范大学一定是宽容包容度极高的大学

爱因斯坦曾经说过："为了使每个人都能表白他的观点而无不利的后果，在全体人民中，必须有一种宽容的精神。"我认为，在大学更应当如此。

从师院到师大，不是气大而是要大气。大气就是要能宽容和包容。宽容包容是一种态度、一种尊重、一种胸怀，也是一种智慧。有宽容包容才有信任，有宽容包容才有竞争，有宽容包容才有学术创新。大学要具备维护宽容

包容的高雅品质。

宽容包容不要求整齐划一、千篇一律。有了宽容包容，我们才知道，对同一件事允许有多种看法，做同一件事允许有多种方法。

宽容包容我们的老师，宽容包容我们的学生。

在宽容包容中，养成我们信阳师范大学雍容的气度和博大的胸怀。

### 五、高水平师范大学一定是广大教职工都具有满满幸福感的大学

今天，从信阳师院到信阳师大，多年的梦想得以实现，教职工的幸福感前所未有地得到满足。

接下来，建设高水平师范大学的路还很长，任务还很艰巨，不断增强教职工的幸福感也永远在路上。师院变师大，师大的教职工比师院的教职工应该有更强的幸福感，这样教职工才能充分感受到学校的发展与自己的幸福生活密切相关。幸福是奋斗出来的，师大的教职工也应该有更多的付出。

教职工的待遇、福利，代表着教职工的体面，也是尊严和价值的体现。每一位教职工都能有尊严有价值地工作和生活在信阳师大，这样的大学一定能够赢得世人的敬重！


这次回来，又见到我的老师、同事，自然而然地想起我在这里学习、工作、生活的情景。我读大学时，还没有实行大学生辅导员制度，日常管理由班主任负责。我大学一年级的班主任是傅辉彬老师，傅老师温文尔雅，颇有学者风范，后来他承担我们中国通史的课程教学工作。二年级的班主任是刘保金老师，他是"老三届"，北京大学历史系毕业，后来教我们中国近代史课程。三年级的班主任是钱远晏老师，他1982年刚从河南大学研究生毕业。钱老师当过农民，当过民办教师。恢复高考后，他即以高分考入武汉大学哲学系。基于他在当民办教师时打下的深厚基础，1979年大学尚未毕业即考取河南大学政治系哲学专业研究生，1982年以研究生学历与他的大学同学同时毕业。他来到学校后即担任我们的班主任，教授哲学原理的辩证唯物主义部分。钱老师在河南大学读书时的导师张浩和黄魁武二位老师都是学有专长、为人忠厚的长者，我后来与他们合作编写出版过《新编马克思主义哲学原著教程》。钱老师的研究生同学张曙光教授是我

在华中科技大学读研究生时的硕士生导师，张老师学富五车，后来到北京师范大学任哲学学院院长，著作等身，仅在《中国社会科学》上就发表论文 11 篇之多。与其说我从张教师身上学到如何做学问，倒不如说我从他身上学到如何做人，他一辈子教书育人潜心做学问，人品更值得我们景仰。钱远晏老师的另一位研究生同学吴潜涛教授(清华大学首批文科资深教授)也是我要好的朋友，给了我很多的帮助。钱老师是当时信阳师范学院的第一位研究生，他后来走上学校领导岗位，做过校长助理、副校长、校长。大四时，我们的班主任是孙宏典老师，后来教我们哲学原理的历史唯物主义部分及马克思主义哲学原著选读。孙老师后来也走上领导岗位，当过学校党委办公室主任、党委副书记、党委书记。我们当时的系主任是陈铭书老师，他是北京师范大学 1959 届毕业生，教我们政治经济学。我们快毕业时他到学校教务处任处长，后来任学校副校长、校长，1997 年退休。我们系当时的党总支书记是刘有才老师，他教我们中共党史，他后来到学校任副校长、党委书记。这些老师，还有其他的老师，在我读书时，教我学习、教我思考、教我做人；我工作后又与他们成为同事，他们又是我的领导，教会我许多工作方法及为人处世的道理。没有他们的教育、关心、支持，就没有我的今天！这次回来，见到一些老师，看到他们身体健康，我发自内心的高兴。可是，有些老师永远也见不到了，留下的是永远的怀念。

# 行政工作例会

今天下午，召开行政工作例会。

每周一下午召开行政工作例会，是广东文理职业学院长期以来形成的工作传统。例会由校长主持，校领导、各职能部门主要负责人参加会议。会议的主要内容是，各部门简要汇报上一周本部门的主要工作，有什么问题也要提出来，同时简要说明一下本周要进行的工作。最后，校领导根据自己的职责分工，作一些补充说明或者强调，校长、书记作最后总结。

我工作过几所高校，这种工作方式是第一次遇到。我觉得这是这个学校的工作创新之处。每周大家就主要工作进行沟通汇报，相互之间就了解了各部门的工作，哪些需要配合、哪些需要协作，都很清楚。工作中存在什么困难和问题，也一并提出，便于校领导协调资源，解决困难和问题。同时，这也是个公开的检查督促，个别部门没有做实质性的具体工作，往往就无话可说，感受到一种无形的压力。我个人感觉这是一种比较好的工作方式，既可以了解工作进展情况，也可以发现问题，还可以方便快捷地解决一些问题。这种工作方式可以进一步完善并坚持下去。

今天的行政工作例会，大家都汇报了上一周工作开展的情况。临近放暑假，大家的工作主要集中在两个方面：一是做好假期前的工作，主要有期末考试和毕业生离校的工作安排，这都是常规工作，与往年相比没什么大的变化。二是新学年的开学准备工作。这项工作是近期以来我特别重视的一项工作。去年，入校学生近 7000 人，今年春季高考招生形势很好，已经录取 6000 多人，加上夏季高考录取，预计今年秋季报到学生人数会有 8000 人，在校生净增 5000 人，在校生人数将达到历史最高峰。这是一个很大的压力，也是很大的挑战。生源火爆是个好事喜事，但是如果因为各方面准备不充分而带来负面影响就成了不好的事。在校生的增加，必然带来仪器设备、宿舍、食堂、教室、实训室等一系列硬件设施的增加和改善。同时，学校管理的方式方法也会因学生数量的大幅增加而发生改变。我一直认为，规模小的学校与规模大的学校在结构上有着很大差异，而结构从哲学上说是一种量的规定性，因此结构的大变化也会引起质变。从这个角度说，规模小的学校与规模大的学校在管理上存在着质的不同。随着学校规模的增大，学校的结构也变得复杂了，原有的管理理念要发生变化，原有的方式方法也可能不适用了。这都是由于规模增大而引起的，必须在思想上有充分的准备。

在今天的行政例会上，大家汇报完自己的工作之后，我最后重点讲了规范办学行为的问题。

为什么要讲这个问题？办学行为不够规范，是民办学校普遍存在的问题。规范民办学校的办学行为，从教育部到省委、省政府，再到省教育厅，都极为重视，也出台了许多法律法规和相关的政策，开过多次会议，举办过多次培训，同时对民办高校每年的办学行为进行年审，对学校依法治校的情况进行检查通报，目的都是为了规范民办高校的办学行为。教育部和省里之所以这么强调这个问题，不仅仅是因为它重要，更是因为各民办高校普遍存在办学行为的不规范问题，只不过表现形式不同、存在的领域不同、严重程度不同而已。

广东文理职业学院 2006 年创办，有近 20 年的办学历史，在办学过程中不断完善各项规章制度、规范办学行为。但是，近 20 年的时间，对于一所大学来说，还是太年轻，具有自身特色的规范的办学理念、制度文化、办学行为等都还没有完全形成。在近年来的年审及各项检查中，反馈给学校最多、最严重的问题也是办学行为的不够规范问题。

因此，今天围绕规范办学行为问题，我主要讲了制度规范、行为规范、行文规范三个方面的问题。对这个问题，我缺乏专门的研究，仅仅是从工作经验出发，不可能很严谨，也不一定都正确，只是提出来供大家参考。

一是办学制度的规范。办学行为规范的基础是要有规范的办学制度、管理制度，也就是要建立起现代大学制度。现代大学制度的核心是学校办学章程，办学章程是学校办学的根本大法。学校的办学章程是 2021 年经省教育厅认真审核最新核准的，大家一定要认真学习、认真领会。更为重要的是，各部门要认真对照章程，修订、制定完善的管理规章制度。2018 年，学校对管理规章制度进行了修订、完善和汇编，与之前相比有了很大的进步，制度的规范水平大幅提高。但是，从目前的情况来看，制度的供给还不足，规章制度的缺口还比较大。很多方面的工作、很多事情还无规可依、无章可循，给学校的管理工作带来很大的困扰。有的工作不仅存在无规可依、无章可循的问题，还存在已有的规章制度质量不高的问题。有的规章制度与学校章程相违背，有的不严谨、不周密，有的规章制度之间相互矛盾冲突，有的模棱两可、界定不清晰不准确不具体，有的已经时过境迁无法再适用等，这些问题不解决，就无法做到制度的规范。各职能部门要从现在起，对自己职责范围内的规章制度进行认真的清理，该废止的坚决废止，该修订的要立即修订，该新制定的也要纳入议事日程。要通过规章制度的废、改、立，建立起学校规范办学的制度基础。

二是办学行为的规范。就是学校的规章制度建立起来之后，如何按照规章制度做事，形成规范的办学行为。就我个人的理解包括但不限于以下几个方面：首先是决策行为的规范。任何一个组织都会有决策行为，一所大学更是如此。组织规模越大，决策造成的后果就越大，也就越需要民主决策、科学决策。因为任何一个人的知识、能力、眼界、经历等都是有限的，这就需要借助民主机制、科学机制来决策。那么，这个机制怎么来建立并实施，就是一个决策行为的规范问题。决策行为规范了，实施了民主决策、科学决策，就能够最大限度地保证决策的正确性。其次是决策执行的规范。就是要按照决策要求、按照事情的正常逻辑、事物发展的规律来分析问题和解决问题。比如，在决策执行过程中，涉及职责范围和管理权限问题，要按照正常的程序进行沟通、协调、配合，既明确主业、主责，又强调协同、配合。再次是会议规范。一个组织要弄清楚自身面临的形势和任务，要形成正确的决策，要对工作任务进行恰当合理的分配等，都必须通过会议形式、民主形式等予以实施。在工作当中，会议必不可少，并不是所有的会议都是形式主义。但是，开会要符合会议规范。诸如，会议的发起、会议议题的设立、会议的内容和程序、会议的主持、会议的决议、会议纪要、会议记录及存档、会议决定的执行等，不仅要有规范要求，更得按规范开会，否则就会成为无效的会议。最后是请示报告的规范。工作中遇到问题，要向谁请示、向谁报告？规范的请示报告才能得到正确的指示、才能得到有效的指示。该请示报告而不请示不报告，领导和上级部门就不能得到及时准确的信息，就会影响工作的顺利进行，也会影响领导和上级部门的正确决策。

三是行文的规范。在办学过程中，免不了要下发各类文件，也免不了要上报各类请示报告。无论是下发的还是上报的各类材料、文件，都要遵循一定的规范。行文规范了，就能使很多事情办得顺畅；否则，不仅不顺畅，而且办不成。我经常讲，一个学校的材料、文件的水平，从某种意义上讲就代表着一个学校的办公水平。我们必须高度重视行文的规范问题，努力提高学校办文的水平，从而推动各项工作的顺利开展。

# 7月5日

# 实训教学

今天下午，学校召开实训室建设论证会。李晓豁副校长作为分管校长主持会议。李晓豁副校长原是辽宁工程技术大学二级教授、知名的机械专家。他来文理学院近十年了，当过二级学院院长，当过副校长，主管教学工作。他专业水平高，学养深厚，温文尔雅，宽以待人，为学校发展做出了重要贡献。

为什么要召开这次会议？我来到这个学校后，对学校的情况作了全面了解。对于职业院校来说，实训教学很重要，实训室建设尤其重要。应该说，近年来，学校不断加大实验实习实训仪器设备投入，实习实训条件不断改善，为提高人才培养质量提供了有效的保障。但是，与完全满足教学需要相比，还存在一定的差距。比如，有的仪器设备购置时未能充分论证，与专业人才培养结合不紧密，导致实训室使用率不高；有的实训室实训设施购置时尾款未付，导致仪器设备不配套而无法使用；有的实训仪器设施需要有软件支撑，重视硬件购置而忽视软件配套，从而导致仪器设备不能充分使用；有的仪器设备设施完好，但是缺乏专业教师使用，导致实训室闲置等。从目前来看，这种状况严重影响实训教学，影响人才培养质量；从长远来看，影响学校的办学定位和战略发展。因此，有必要从现在做起，加大对实训室投入的论证力度，确保资金使用效益，确保人才培养质量。

会上，生物与健康学院、经济管理学院、体育与艺术学院、智能制造学院和建筑与艺术传媒学院等五个学院分别汇报了自己的需求，国际教育与文法学院、思政部没有提出特别的需求（鼎利学院单列，下次单独论证）。这次每个学院都作了充分而认真的准备，把专业学生数、教师情况、实训场地、课时安排等都基本考虑进去了。在经费的预算上，也都精打细算，十分精准。

会上，各位专家也都本着对学校负责、对学生负责的态度从不同角度提出意见和建议，帮助各教学单位完善相关方案。

我充分肯定了大家的工作。仪器设备的购置专业性很强，我没有办法从专业的角度提出更多的意见建议，仅从管理的角度提出自己的看法和要求。

首先必须明确实验实训仪器设备购置要坚持的基本原则。一是改进完善原则。就是在原有的仪器设备设施的基础上进行完善，仪器设备设施损坏的，要加以维护维修；有硬件但缺乏软件的，把软件补齐；不配套的，要进一步完善配套等，把原有的资源盘活，充分提高原有仪器设备设施的利用率。二是必须够用原则。"必须"就是突出重点，最大限度地保证教学需要，保证人才培养质量需要，这是实训室配置的根本原则。学校的一切工作都是为了人才培养，实验实训设备设施条件的改善、充实、完善，最根本的目的就是为了满足人才培养的需要。所谓"够用"，就是要注重效益，就是最大限度地发挥实训仪器设备设施的使用效益。我说，我们学校建校还不到 20 年，学校的各个方面都在建设和发展的过程当中，学校也正处在爬坡过坎的关键阶段，还没有足够的精力把学校的一切都建设得更加完美。实训仪器设备设施的建设更是如此。我们现在还没有条件做到尽善尽美完全满足实践教学的需要，更没有条件做到超前建设。所以，"够用"，就是我们当前要坚持的基本原则之一。三是兼顾长远原则。我们今天所做的事，是为明天更好地做事情创造良好的条件，而不是今天做了，明天还要重复做，更不是为明天做事情设置障碍。下学期实验实训仪器设备的购置，既要考虑到眼前的需要，更加考虑到长远的需要。实验实训仪器设备的增置，首先是基于专业人才培养的需要，是提高人才培养质量的需要。但是，职业院校的专业设置必须与区域经济发展的要求相适应，职业院校的专业结构必须与区域经济结构、产业结构的调整和优化相适应。这就说明，职业院校的专业结构不是固定不变的，而是要变化的。专业设置的变化、调整，必然影响到实习实训仪器设备的购置。同时，专业的招生规模也是一个需长远考虑的问题。实习实训仪器设备的购置，必须考虑到专业的长远发展。四是软硬结合原则。基本的硬件设施要满足教学的需要、满足人才培养的需要。但是，在配置硬件的同时，要充分考虑到"软件"。这个"软件"并不是仅仅指狭义的计算机软件，而是广义的软件，还包括硬件后期应用的环境、服务、配套、场地、教师素质等。软件达不到，硬件也不能发挥作用。五是共建共享原则。学校是一个整体，人才培养更要通盘考虑、整体设计。要充分利用全校的资源为专业人才培养服务，任何一个专业的人才培养都要充分利用全校的资源。任何一个专业都不能各行其是，更不能自成一体、另搞一套。学校为每一个专业、每一个学院添置的仪器设备设施，都是学校的，其他专业和学院都能共享，也都应该共享，以最大限度地发挥仪器设备设施的使用效益。

其次，我对各教学单位提出工作要求。各教学单位的负责同志一定要认真听取各位专家的意见建议，会后认真进行充实、完善、细化、精确化，对照刚才我讲的几条原则，把方案进一步完善，按照实训中心的要求尽快上报。我特别强调，各位院长不能只当"二传手"，不能只交给专业负责人，要亲自过目，班子要认真研究。

最后，要求各职能部门认真履行职责。实训中心、教务处要对各教学单位报上来的方案进行再一次研究论证，形成完善的方案之后，将方案报校长办公室上校长办公会议讨论，校长办公会议审定后再上报董事会。各有关职能部门，假期要牺牲休息时间，为仪器设备设施的到位做好充分的准备，确保下学期能正常使用，保证正常教学需要。

在长期的教学管理实践中，我一直高度重视实践教学在人才培养中的重要地位。我认为实践教学是高等学校教学工作的重要组成部分。教育部、省教育厅也非常重视对学生实践能力的培养，重视实践教学。教育部、省教育厅都对我国高等教育大众化之后，如何提高高等教育教学质量给予了高度关注。一个重要的着眼点，就是培养应用型人才，对实践教学从一般的号召"重视加强"到提出"要保障实践教学的时间和效果，不得降低要求"，再到实践教学具体的学分学时的规定，要求越来越明确，内容越来越具体，措施越来越具有可操作性。

实际上，实践教学与理论教学是大学教学的两个不可分割的组成部分，如车之两轮、鸟之两翼共同发挥着人才的培养作用。实践教学是理论联系实际，培养和锻炼学生实践能力、创新能力和综合素质的重要环节。通过对校外实践教学基地的建设和管理，学校可及时了解社会对人才培养的要求，发现学校人才培养、专业建设、课程目标与内容、教学计划与方式等方面存在的不足，从而有针对性地开展教育教学改革。

实践教学也是我们高职院校培养技术技能型人才的必由之路。培养高素质技术技能型人才是我们高职院校的人才培养目标，实现这一目标，不仅要抓好理论教学，更为重要的是要抓好实践教学。只有在实践教学中才能培养学生的实践能力、动手能力，才能突出知识理论的应用性、技能性。技术技能型人才必须具有较强的知识应用能力、较高的综合素质，才能为社会所需要，才能受到人才市场的欢迎。否则，学生就难以就业，教学质量也无从谈起。特别是经过这几年疫情考验，一方面是严峻的就业形势，另一方面仍然有不少用人单位，特别是一些企业单位招聘不到符合条件的适用的毕业生，这说明我们的人才培养质量还不能完全符合用人单位的需求。我们高职院校必须大力加强实践教学，强化知识和技能应用能力的培养，着力提升毕业生的就业创业能力、应用能力、动手能力，才能培养出高素质的技术技能型人才，学校也才能在激烈的竞争当中立于不败之地。

实践教学也是我们高职院校科学研究的助力器。科研和人才培养同样也是高职院校的任务之一、功能之一。通过开展实践教学，师生深入生产第一线，发现技术难题，寻找科研课题，搭建科研平台，真正实现校企合作、产教融合，为企业提供优质的科技服务、技术服务，收获为地方区域经济社会发展所需要的科研成果。

实践教学也是高职院校为社会服务的重要途径。高职院校与地方经济社会发展结合最紧密，完全可以根据区域经济社会发展的需要开展有针对性的研究，充分利用自己的人才资源和教育资源的优势，与地方开展多层次的人才交流和人才培训，鼓励专家教授积极参与区域经济建设，以各种途径为地方政府和企业提供智力支持，为区域经济社会发展服务。高职院校也只有在为地方区域经济社会发展服务当中，才能够找到自己的位置，才能够实现自己的价值。

在多年的教学实践工作中，我们也充分认识到实践教学在人才培养工作中的重要作用。实践教学可以提高学生的思想政治素质。思想政治素质是大学生的首要素质。"培养什么人""如何培养人""为谁培养人"是社会主义大学面临的基本问题。"培养什么人"关系到高等学校的性质和根本任务，高等教育培养的建设者，是我国经济社会发展各行各业的高级专门人才，需要专业知识、专业领域的知识。我们培养的是社会主义事业的建设者，同时也是社会主义事业的接班人。作为社会主义事业的接班人，不仅要有专业知识和专业能力，还要有为社会主义事业作贡献的理想和信念，要有为国家和人民的利益而牺牲奉献的崇高境界。能否培养出社会主义事业的合格的建设者和接班人，关系到中华民族的伟大复兴，关系到社会主义事业的千秋伟业。培养合格的社会主义事业的接班人，就要把学生的思想政治素质放在第一位。大学生思想政治素质的培养，不仅仅依靠向他们传播马克思主义理论知识，即不仅要靠理论教学，还要靠实践教学。必须通过加强实践教学来帮助学生树立正确的世界观、人生观和价值观，提高他们的思想政治素质。实践教学可以起到理论教学所无法起到的作用，在实践中学生可以体会到劳动的辛苦与快乐，开阔了眼界，受到了实实在在的教育，尤其能认识到我们党在社会主义现代化建设中不可替代的领导地位，从而更加有利于树立科学的世界观和为人民服务的人生观和价值观。社会责任感的缺失是当前大学生综合素质的一大缺陷。一个人如果没有社会责任感，在社会上就不会有"天下兴亡，匹夫有责"的使命感，就不会有报效祖国、服务人民的壮志和行动，也就不会有"己欲立而立人、己欲达而达人"的情怀，这样的人就不可能是一个好公民。一个人如果没有社会责任感，在企业、在单位就不会有主动负责的工作态度，就只会把工作仅仅作为谋生的手段，与人共事只是"自扫门前雪"，这样的人就不可能是一个好员工。一个人如果没有社会责任感，在家庭也不会承担家庭的责任，必然是家庭矛盾四起，六亲不认，这样的人也不会是一个好的家庭成员。培养大学生的社会责任感，高校承担着义不容辞的责任，而社会责任感的培养仅靠课堂教学，是远远不够的，更多的说教可能会造成逆反心理，甚至事与愿违。加强实践教学是增强学生社会责任感的有效形式。形式多样的实践教学活动，特别是实习实训、社会实践、自主创业等活动，使大学生有机会跳出课本，走出校园接触社会，了解社情民意，走进农村、工厂、企业，深入生产生活第一线，以主人翁的姿态、社会参与者的眼光，直接领悟和体会世俗社会的生活。他们会在与群众广泛的接触、交流过程当中受到真切的感染，从无数活生生的典型事例中得到启发和教育，从而有助于他们摆脱不切实际的书生气，找到评价自身价值的社会尺度。

　　社会实践活动还可以更多地提供给大学生证明个人能力的机会，并不断地驱使他们以一个独立的社会人的姿态培养自己、管理自己、支配自己，这样大学生自立自强的意识就可以在实践中不断地发展起来。在实践教学中，大学生深入生活，深入实际，切实感悟到、感受到自己是未来社会的主人，中国的未来要靠自己这一代努力奋斗，在国家的现代化建设中，自己完全应该也有能力担当责任，他们会将"国家兴亡，匹夫有责"改写为"国家兴亡，我有责任"，在实践中切实增强主人翁的责任感。

实践教学可以提高学生的学习兴趣，巩固学生的知识。在实践教学中提高学生的兴趣，巩固学生的知识是由认识的发展规律决定的。认识的发展过程是实践—认识—实践，用简单的话来讲，就是一切真知来自实践，又回到实践中去接受实践的检验，并在实践中丰富发展和完善。实践教学虽然处于认识的第二个阶段，但是与理论教学学生获得的认识途径不同，意义也就不一样。实践教学是到实验室、实训室、研究室、工厂车间、田间地头、社会场所等完成，是在现实的环境中验证知识、理解知识、掌握知识、丰富知识、应用知识，从而提高技能，这就使学生的专业知识在运用中得以巩固，在服务中得以提高，在实践中得以检验。在实践教学中，有的学校将课内教学与课外创新活动结合起来，积极开展课外创新活动，活跃了学生创新发明的氛围，增强了学生的新鲜感，活化思想、激发灵魂，让学生从实践中学到真知。实践教学把课堂上的专业知识与实践结合起来，对学生的认知起到事半功倍的效果。同时经过不断的技能操作与训练，能够以问题驱动的方式启发学生的思维，引导学生更好地理解掌握、发现规律，从而促进学生主动学习，积极思考，动手操作，引发学生的创新意识。长期的教学实践也证明，学生的综合实践能力和创新能力的获得，仅靠课堂教学、理论教学是无法达到的，还必须通过实践教学环节的训练才能获得。实践教学在这方面起的作用是理论教学无法实现的，这也是大学实践教学的核心价值所在。实践教学能够最大限度地开发学生的潜能，培养学生运用知识创造知识，为学生全面提高素质，顺利进入社会创设必要的条件。不同的学校有不同的做法，但是都对学生的合作意识、团队意识和创新意识的增强起到重要的作用。

实践教学可以提高学生的动手能力，增长学生的实际才干。艰辛知人生，实践长才干。动手能力、实践能力，主要靠加强实践教学来培养。实践教学是培养创新型实践思维的有效手段，通过对实践问题、实际问题的解决，培养学生形成科学的思维方式，从而提高学生解决实际问题的综合能力，增强学生的综合实践能力。

　　在多年的教学管理工作中，对教学实验实训仪器设备设施我都异常关注。社会上也有议论，说我们大学培养的人才是只会说不会做，只有理论没有实践，动手能力不强，实践能力差。这与我们过分重视理论教学而相对忽视动手能力、实践能力的培养有关。因此，近年来，我们绝大部分本科高校都首先从人才培养目标定位上，进一步明确培养应用型人才的目标定位。高职院校明确技术技能型人才培养的目标定位，为此就要加大对学生动手能力、实践能力、应用能力的培养。要加强这些方面能力的培养，就必须重视实践教学、完善实践教学，加大对实践教学的投入，改善教学仪器设备设施条件，就是题中应有之义。当前，无论是教育部的本科教学工作各类评估，还是本科高校申请硕士学位、博士学位授予权，抑或各类评审、考核等，都对生均仪器设备值有一个硬性的量的规定。

　　教学仪器设备设施对于高职院校意义何在呢？我个人认为，与本科高校相比意义更加重要，这是由高职院校的定位决定的。近年来，党中央、国务院出台了一系列文件，对职业教育改革、建设高质量职业教育体系、提高职业教育人才培养质量等提出了许多具体而明确的指导意见。高职院校的总体定位是，职业教育与普通教育是两种不同教育类型，具有同等重要的地位；人才培养目标定位是，着力培养高素质劳动者和技术技能人才；职业教育的发展要求是，由追求规模扩张向提高质量转变，由参照普通教育办学模式向企业社会参与、专业特色鲜明的类型教育转变，大幅提升新时代职业教育现代化水平，为促进经济社会发展和提高国家竞争力提供优质人才资源支撑。职业院校必须落实好立德树人根本任务，健全德技并修、工学结合的育人机制，完善评价机制，规范人才培养全过程；必须深化产教融合、校企合作、育训结合，健全多元化办学格局，推动企业深度参与协同育人；必须把发展高等职业教育作为优化高等教育结构和培养大国工匠、能工巧匠的重要方式，使城乡新增劳动力能更多接受高等教育。高等职业学校要培养服务区域发展的高素质技术技能人才，重点服务企业特别是中小微企业的技术研发和产品升级；借鉴"双元制"等模式，总结现代学徒制和企业新型学徒制试点经验，校企共同研究制定人才培养方案，及时将新技术、新工艺、新规范纳入教学标准和教学内容，强化学生实习实训。强化学生实习实训、加大实践教学的力度，就必须加大对教学仪器设备设施的投入，才能真正将教学过程与生产过程对接，让学生在学中干、干中学，练就一身过硬的技术技能。

但是，加大投入只是问题的一个方面，怎样实现最有效的投入，怎样让有限的仪器设备设施在人才培养过程中发挥出最佳的使用效益，这是问题的另一个方面，而且是更重要的一个方面。仪器设备的投入没有一个绝对的量，也就是"只有更好，没有最好"。人才培养质量的提高也不是通过无限制的投入就能够解决的。在实际工作中，在一定数量的实验仪器设施设备的基础上，也许会投入越多，引发的管理越混乱，效益越低下，学生受益越少。为什么呢？因为，看起来好像只是仪器设备问题、经费问题，其实不然，它涉及办学理念、管理理念、办学定位、人才培养的目标定位、学校的管理水平、人员素质等问题。这些问题是一个系统问题，整体表明一个学校要培养什么人才、怎么来培养人才？要建成一个什么样的学校？怎么来建设这个学校？这就是学校的顶层设计问题。如果学校的顶层设计不明确，定位不准确，思路不清晰，就是有再多的经费也找不到正确的投入方向，或许只能是仪器设备的堆砌，实验室、实训室只能是存放仪器设备的"仓库"。所以说，仪器设备设施的投入要精准"对标"学校专业人才培养的需要，购置什么样的仪器设备，其档次和类型都要与专业人才培养目标相匹配。购置的数量要与专业学生人数相匹配，甚至要细化到实验组、实训组的划分，这样才能保证仪器设备的最大使用效益，也才能使仪器设备设施真正在人才培养过程中有效发挥作用。

# 毕业典礼

今天，学校为 2023 届毕业生举行隆重的毕业典礼。学校领导、全体中层干部、毕业班辅导员、教职工代表以及 2023 届毕业生，齐聚一堂，共同参与并见证这一难忘时刻。

毕业典礼，是学校的一届在校生完成学业之后，由学校官方举行的一种正式的仪式。学生毕业典礼是对学校人才培养和教育教学工作的一次集中检阅，是对毕业生的鼓舞和激励，是给毕业生上的最后一堂课。举行了毕业典礼，就意味着这一个阶段学习的结束，将开启另一段新的历程。小学、中学生毕业时，也会有毕业典礼，但是最隆重的应该是大学的毕业典礼。这是因为大学是为就业而进行的教育，绝大部分学生大学毕业后就彻底告别学校而走上社会，意味着严格意义上的学习生涯的结束，不再具有学生身份。也正因为如此，大学的毕业典礼更加隆重，也受到社会的广泛关注。办好毕业典礼，对在校生也是一种极好的教育。

我国现代大学制度来自欧洲，毕业典礼自然也沿袭着西方的传统。13 世纪初，法国巴黎大学首创学位制度，学位分博士、硕士、学士三个等级，并设计出统一规范的学位服，在毕业典礼上穿戴，现代意义的毕业典礼由此开端。中国是一个文明古国，我国古代教育制度有一个较为漫长的发展、完善的过程。在科举制度出现之前，古代学子们并没有明确的毕业期限，有的人甚至终身都在学习。"学而优则仕"是一个根深蒂固的传统。即使是在科举制度建立之后，对于在官学或地方私学就读的广大学子来说，进入官场也是学习的终极目的。每一届科举考试也就成为了这些学子们的"毕业考试"，学子们的毕业标准就是入朝为官。19 世纪末现代大学传入中国，也才有现代意义上的毕业典礼。作为与现代大学一起的"舶来品"，毕业典礼在民国时就受到高度重视。一般的流程就是读经、祈福、演讲、毕业留影等，基本沿袭了西方的形式。

古今中外，毕业典礼都充满着仪式感与庄重感。对于我们国家来说，现在的毕业典礼体现了中国尊师重道的传统美德，具有十分重要的教育价值和意义，是完整的教育体系的重要组成部分和必不可少的重要环节。毕业典礼对于大学生来说，是一份珍贵的纪念，它唤醒学生对在校期间的美好回忆，平时很普通的事情，毕业时回忆起来都是那么的有意义、那么值得珍惜。学校的关爱关怀、老师的关心教诲、同学间的互帮互爱，点点滴滴都涌上心头，回忆起来都是满满的感动，满满的留恋和不舍。毕业典礼作为学生在校的"最后一课"，也是青春的"难忘一课"，在校长、老师的毕业致辞中会感受到学校的温暖与情怀，感受到师长的谆谆教导、殷殷嘱托，那是父母对孩子的叮咛，是长辈对晚辈的希冀与祝福。

广东文理职业学院历来重视毕业典礼，把毕业典礼办成送别毕业生、总结办学经验的盛会。在毕业典礼的时间、地点、流程、发言的学生老师、赠送毕业生的礼物等方面都作了精心的安排。作为校长，我要给毕业生讲话，这是学校对毕业生的最后的一课，也是最后的话别：

七月流火，情满文理。今天，我们在葱郁的将军山下，在美丽的日月湖边，隆重举行 2023 届毕业典礼，共同见证同学们在校期间最后阶段的"高光"时刻。在此，我谨代表学校，向全力以赴完成学业、圆满毕业的同学们，表示最热烈的祝贺和最诚挚的祝愿！向辛勤培育你们、帮助你们进步成长的家长、老师们，表示衷心的感谢！

亲爱的同学们，我这学期才来文理学院。你们是我担任校长后迎来的第一届毕业生。虽然错过了你们大学三年的精彩成长，但此时此刻，有缘见证大家学业有成，又即将开启人生新的篇章、新的征程，我感到由衷的欣慰和高兴！

三年来，你们见证了学校的快速发展。一是学校办学规模不断扩大。你们刚入学的 2020 年，在校生规模为 6056 人，而今年，学校春季招生已录取 7792 人，目前夏季招生正在火热进行中，预计下学期在校生规模将达 16000人。二是学校办学条件不断完善。作为广东省重点建设项目、我校专升本二期工程、雄伟美丽的第二教学大楼和第 9 栋学生公寓已建成使用。能住宿

3000 多人的第 10 栋学生公寓主体工程已完成。三是学校内涵建设不断发展。4 个二级学院申报 6 个省级高水平专业群建设，获得省级专项资金支持将累计超过 1900 万元，校企合作、产教融合的办学模式得到持续推进。三年来，你们参与了、见证了学校的巨大变化。虽然你们也时常吐槽学校某些实训设备的不足，宿舍日常维修保障不及时，食堂饭点人太多，各项收费及管理服务不到位等，这些确实是我作为新校长需要进一步努力改变的地方，但这也是你们对学校的期盼和热爱的真诚表达。

三年来，你们见证了国家的繁荣昌盛。你们亲历了中国共产党成立 100 周年、共青团成立 100 周年等伟大历史时刻，迎来了疫情防控的决定性胜利，迎来了党的二十大的胜利召开。我们伟大的祖国，已实现了全面建成小康社会的宏伟目标，正朝着第二个百年奋斗目标，正向着中华民族伟大复兴的宏伟蓝图而不断奋进。作为新时代 00 后的大学毕业生，"请党放心，强国有我"的铿锵誓言，我希望能在你心中长久地回响激荡。

三年来，你们见证了自己最美好的青春。从新生入学时的懵懂陌生，到三年后的历练成长，或许我们每一位同学，都经历了太多太多。从篮球场上的矫健敏捷，到绿茵场上的激情奔跑，从图书馆里的优雅思考，到实训室里的专注操作，从课堂上的认真聆听，到宿舍里的惬意放松，从校园社团生活的充实精彩，到校外社会实践的自我磨炼……一分耕耘，一分收获，你们过去的每一份努力，都成就了今天更美好、更优秀的自己。在这里，我还想特别提一下那些曾经在全省技能大赛中大展身手的同学。譬如，全省烹饪技能大赛三等奖的莫志敏同学，英语口语大赛二等奖的黄诗敏同学，声乐表演大赛二等奖的吴奕辉同学、融媒体制作大赛二等奖的刘家辉同学、建筑装饰大赛二等奖的刘伟建同学、现代物流大赛三等奖的蔡丽尧同学，等等，这些同学，虽然有些我未曾谋面，但是你们勤学苦练、敢于拼搏的精神，为学校争光，为自己添彩，都生动诠释了"青春是用来奋斗的"这句箴言。当然，正如一首流行歌曲所唱的"我们不一样，每个人都有不同的境遇"，在学校的三年，校园的一花一草、一树一木、一景一物，都承载着我们每一位同学对学习、对工作、对情感、对生活、对未来、对人生的思考探索和青春情怀。一种经历，一份财富，这就是你们大学生活独一无二的真我风采。

庄子云："人生天地之间，若白驹过隙，忽然而已！"不知不觉中，三年时光转瞬即逝，今天你们就要毕业远航了！作为校长，在你们毕业的最后一课，请允许我在这里再多几句叮咛和祝福。

一是希望你们立鸿鹄志，眼中有光，执梦远方。实现中华民族伟大复兴的奋斗目标，正期待着我们的担当作为。希望你们以后时刻紧记校门口"立鸿鹄志、做奋斗者"的训言，牢记实训楼大厅镌刻的"为中华之崛起而读书"的名言，树立远大理想，努力追逐属于自己的诗意和远方。

二是希望你们续学习路，以学为基，立身百行。同学们，大专学习已经结束，社会大学正向我们敞开。希望你们以后能铭记"文通理达，格物致知"的校训，仰观宇宙之大，俯察品类之盛，向社会、向生活、向他人、向周围，不断学习，积极思考，把学习当作自己的人生态度，当作自己的生活方式，当作自己的价值追求，依靠学习走向新的未来。

三是希望你们持拼搏心，放眼未来，逆风起航。前进道路上必然还会遇到各种艰难挑战。没有等来的成就，只有拼来的辉煌。大家要树立"会当击水三千里"的自信，挺起"泰山压顶不弯腰"的脊梁，涵养"乱云飞渡仍从容"的定力，到沧海击水，鹏程万里。

四是希望你们存奋斗情，踔厉奋发，勇毅前行。同学们，我们的时代是一个日新月异、竞争激烈的时代。无论你们将来从事哪种职业，都要始终保持一颗发奋图强的心，以敢干为态度，以苦干为精神，以巧干为方法，以实干为品质，一往无前，在干事创业中长本事、担大任、成大才。

五是希望你们怀感恩心，不忘过去，重情重义。怀有感恩之心，是我们健全人格的必备条件和成就事业的基石。我们要感恩父母的养育，感恩师长的教诲，感恩学校的培养。"世间最珍贵的是同窗之谊，最难得的是师生之情。"无论我们身在何方，我们都要时常怀念在文理学院所遇到的良师益友，都要时刻牢记"我是文理人"的身份和印记。曾经有一句话这么讲："什么是母校，母校就是只允许自己骂，而不允许别人骂的地方。"我非常感谢同学们一直以来对学校工作的理解和支持，希望学校留给大家的是一段美好的青葱岁月和良好的评价。希望大家毕业后，以"有理想、敢担当、能吃苦、肯奋斗"的新时代好青年的形象，积极投身中国式现代化和中华民族伟大复兴的宏图伟业中，奔赴四海，建功立业，用报效祖国、奉献社会的实际行动，塑造和维护广东文理职业学院的良好品牌，更希望大家毕业后，能"常回家看看"！

亲爱的同学们，到了我们说再见的时候了。今天，阳光正好，微风不燥，让我们以梦为马，不负韶华，逐梦未来！再次祝贺同学们毕业快乐！

在今天的毕业典礼上，我为每一位同学颁发了毕业证书。在颁发毕业证书时，我的心中感慨万千。我在想：这一批学生走上社会，能在社会上立足吗？他们在学校三年学到的知识、技能，在学校三年期间所打下的一切的基础，走上社会能适应吗？能够代表我们广东文理职业学院的水平吗？他们走上社会之后，能让社会满意吗？能让用人单位满意吗？能够满足父母的期待吗？我非常不放心，我期待我们的毕业生能在社会上做出成绩，给我们传递回来好消息。我在想，一定要把在校的学生培养好、教育好，使他们走上社会能够立住脚，在社会上能有一席之地，能够用自己在学校所学习到的知识和技能，为自己创造美好的生活，也为社会做出有益的贡献。我还在想，他们离开广东文理职业学院之后，是否还记得这个学校？是否还记得他的老师？我们在学校期间为他们做过什么？有哪些东西使他们走上社会之后觉得非常受益很有收获？想到这些，更激发我要把学校办好的愿望。我们培养的每一个学生，最终都会走到社会上。他们能够为社会做出什么样的贡献，既取决于他们个人的努力，其中也有学校培养的成分在内。我多么希望学生在学校学习期间，能够学习到扎实的基础知识，能够有过硬的专业技能，在各自的工作岗位上能够受到社会的赞誉。

毕业典礼之后，发生了一件小事。一位女同学因病去医院而未能赶上毕业典礼，等她赶回来的时候，毕业典礼已经结束。他的院长和学生处长把他领到我的面前，让我单独给她颁发了毕业证书。我衷心地祝愿这位同学前程似锦，也希望这位同学能够记着这一幕，记得学校对她的培养。

# "升本"会议

今天上午，由我主持召开了学校"升本"工作领导小组办公会议。

广东文理职业学院是一所高职院校。高职院校，无论是公办还是民办，都有升格为本科院校的冲动，都有一个"升本"梦。

这是由我们国家特有的国情决定的。我们的专科学校想升格为本科，本科学校想取得硕士学位授予权，有硕士学位授予权的学校想取得博士学位授予权。一方面，这是学校发展的内在需求，也是学校发展的内在动力。学校发展好了，总是要进步，而我们认为进步就是专科—本科—硕士—博士，不这样似乎就没法体现学校办学水平的提升。另一方面，从我们的社会环境来看，也总是认为具有博士学位的学校一定比具有硕士学位的学校水平高，本科学校的水平一定比专科学校的水平高。另外，从政府来看，也总是喜欢把高校分为三六九等，特别是在资源分配上向博士学位高校、硕士学位高校倾斜，与专科高校相比，本科高校能够获得更多的资源，这在客观上就刺激高校走专科—本科—硕士—博士高校之路。为顺利走好这条路，全校齐动员，各种招数五花八门，甚至有的高校弄虚作假也在所不惜。无论是国家教育行政部门还是省教育主管部门都多次强调，各高校要明确办学定位、各安其位，在各自的定位上办出特色、办出一流。但是，在资源分配这个利益杠杆之下，有几个高校的领导能抵御这种诱惑、抑制这种冲动呢？

因此，在现时的环境下，专科学校有升格为本科高校的冲动，也有追求升格的现实动力。广东文理职业学院当然也不例外。2016 年之前，我国的职业教育最高层次除少数试点学校外基本都是专科层次。2017 年国家开了一个口子，允许符合条件的高职院校试办本科层次职业教育。2018 年少数高职院校升格为本科院校，2019 年教育部批准 15 所高职院校更名为职业技术大学。这个过程中，广东文理职业学院都是参与者，广东省派出省高校设置专家委员会专家组成员亲临学校考察，认为学校已具备"升本"条件，可以开展本科层次职业教育。为此，2017 年 11 月 17 日，广东省人民政府以省政府文件《广东省人民政府关于报请批准广东文理职业学院升格为本科院校并更名为广东工程学院的函》（粤府函〔2017〕319 号）行文教育部。该函认为："广东文理职业学院升格为本科院校并更名为广东工程学院，符合我省转型升级、构建现代产业体系的需要，有利于优化广东高等教育布局结构，为我省培养更多产业发展急需的智能制造、新型电子信息、新能源等应用型创新人才。该校办学条件已达到升格本科院校的要求，升格并更名事项已纳入《广东省普通高校设置"十三五"规划》。鉴此，我省拟同意广东文理职业学院升格为本科院校并更名为广东工程学院……现报请贵部批准。"但是，由于各种主客观原因，广东文理职业学院升格为本科院校事宜，一直拖到今天仍未解决，成为全校师生心中最大的遗憾。

今天下午的会议，首先由相关部门的负责同志介绍、通报"升本"工作的前期进展情况。学校一直高度重视"升本"工作，为"升本"成功做了大量的准备工作，也得到了省教育主管部门的充分肯定和大力支持。2015 年，学校"升本"纳入《广东省普通高校设置"十三五"规划》。2017 年 10 月，广东省高校设置专家委员会专家组成员来校考察，2017 年 11 月，省政府将学校升格为本科高校申请上报教育部。大家认为，学校升格为本科高校具有一定的基础，省教育厅、省政府也是认可的，因国家政策原因导致的学校升格工作受阻，应该属于"十三五"期间的历史遗留问题，理应争取在"十四五"期间得到合理的解决。大家也一致认为，既要坚定信心，又要练好内功，在学校基本条件建设、内涵建设上再发力，主动地自觉地向本科高校的标准看齐。

会上，我还领读了 2021 年 1 月印发的教育部 1 号文件《教育部关于印发〈本科层次职业学校设置标准（试行）〉的通知》，特别是对具体的标准进行了认真的学习和解读。这个设置标准一共 11 条，除第十、十一条外，前九条都是本科层次职业学校的具体设置标准。

第一条是办学定位。主要内容是坚持党的全面领导，贯彻党的教育方针，落实立德树人根本任务。坚持面向市场，服务发展，促进就业的办学方向。坚定职业教育定位、属性和特色，培养国家和区域经济社会发展需要的高层次技术技能人才。在这一条定位当中，实际上坚持职业教育的定位属性和特色，至为关键。这是考察职业学校是否能够准确把握职业教育的内涵，是否能够准确把握办学定位，是否能够准确把握职业教育的属性，是否能够凝练职业教育的办学特色，从而培养出区域经济社会发展需要的高层次技术技能人才。

第二条是关于学校治理水平。主要内容是学校建立以章程为核心的大学制度。内部组织机构健全，质量保障体系完善，行业企业深度参与办学。这是在大学治理体系结构当中至关重要的内容和要求，其中特别提出要建立以章程为核心的现代大学制度，不仅仅是建立，更要看大学章程的执行情况和治理结构、治理水平情况。

第三条是关于办学规模。如果说前两条是比较软的指标的话，那么这一条就是刚性规定，要求学校全日制在校生规模应该在 8000 人以上。

第四条是关于专业设置。要对接国家和区域主导产业、支柱产业和战略性新兴产业设置专业。硬性的规定是，要有三个以上的专业群，原则上每一个专业群含 3~5 个专业，并建立有专业群发展的动态调整机制。专业群，不是几个专业的简单拼凑，而是有内在逻辑联系的专业组成的互补集群。这一条也是硬性的规定。

第五条是关于师资队伍。师资队伍情况是特别硬的指标之一，有三项具体内容：一是专业教师总数应满足生师比不高于 18：1 的标准。同时对来自行业企业一线的兼职教师有明确的规定，占比不低于专任教师总数的 25%。在兼职教师承担专业课教学任务授课课时上，也有明确的规定，必须占学校专业课总课时的 20% 以上。二是要求专任教师总数不少于 450 人，具有硕士及以上学位的教师数占专任教师总数的比例应不低于 50%，具有高级专业技术职务的专任教师人数，一般应不低于专任教师总数的 30%，其中具有正高级专业技术职务的专任教师应不少于 30 人。专任专业课教师中具有三年以上企业工作经历，或者近 5 年累计不低于 6 个月到企业或者生产服务一线有实践经历的"双师型"教师比例不低于 50%。三是近五年内在职在岗教师(教学团队)，获得国家级奖励或荣誉一项以上。这些指标都是硬性的。

第六条是关于人才培养方面的。有这么几项具体的要求：一是校企合作共同制定专业人才培养方案。课程内容对接职业标准，教学过程对接生产过程，将新技术、新工艺、新规范纳入教学标准和教学内容。实践性教学课时占总课时的50%以上，顶岗实习时间不少于6个月。二是与行业企业开展深度合作，有两个及以上实质性运行的产教融合校企合作项目。这些项目包括职业教育集团、产业学院等。拟开展的本科教育专业有合作稳定的规模以上企业。三是在近两届的教学成果奖评选中获得过国家级二等奖以上或者省级最高奖的奖励。在人才培养方面的这些规定，标准要求都是非常高的。

第七条是科研与社会服务方面。这里面包括三条内容：一是近5年累计立项厅级及以上科研项目20项以上。二是服务企业的技术开发和产品升级，解决生产一线技术或者工艺实际问题形成技术技能特色优势，近5年横向技术服务与培训年均到账经费1000万元以上。这一条的标准非常具体。三是落实学历教育与培训并举的法定职责。近5年年均非学历培训人次数不低于全日制在校生数的两倍。这一条也是非常明确而具体的规定。

第八条是关于基础设施的。这里面有几条硬性的规定：一是校园面积不低于800亩，生均占地面积不低于60平方米。二是建筑面积，要求建筑总面积不低于24万平方米，生均校舍建筑面积不低于30平方米，生均教学科研行政用房面积不低于20平方米。三是仪器设备，生均教学科研仪器设备值要求不低于1万元。四是图书，生均图书不低于100册。五是实训和实习场所，要求必须拥有职业教育办学所必须的产教融合实践平台，教学实训场所和顶岗实习基地能够支撑各专业的基础技能训练、技术技能实训和顶岗实习需要。同时要有校内理实一体化的教学场所、生产性实训基地和校外相对稳定的顶岗实习基地。

第九条是办学经费。学校所需基本建设投资和教育事业费需有稳定可靠的来源和切实的保证。

在学习了文件之后我又提出几点要求。一是坚定信心走好"升本"路。我们在指导思想上要立足于做好自己的事情。升本不是学校的最终目的，升本的根本目的是为了提高育人质量，是为了提高学校的办学水平，更好地满足社会需求，更好地服务区域经济社会发展。我们不搞为"升本"而"升本"，而是以"升本"为抓手，推动学校办学水平的不断提升。二是要对照标准扎实推进。首先必须吃透文件，把握好这些指标体系的内涵要求。要准确地把握教育部的文件要求，摸清我们自己的家底，对标对表扎实推进"升本"工作。为了做好这项工作，必须制定"升本"的具体工作方案，明确时间表、路线图。三是要汇集资源，全力攻关。把教育部、省政府、省教育厅政策方面的规定弄清楚，了解升本工作的动态，了解上级主管部门对我们"升本"工作的要求。要学习和借鉴兄弟院校"升本"工作的经验，了解拟"升本"院校的好的做法、好的经验来推进我们的工作。总之，"升本"绝不能放弃，"升本"是一个重要的抓手，要以"升本"为契机，推进学校各项工作上层次上台阶。

习近平总书记对发展职业教育高度重视，也明确提出要发展本科职业教育。

2014 年 6 月，习近平总书记就加快职业教育发展做出重要指示：要牢牢把握服务发展、促进就业的办学方向，深化体制机制改革，创新各层次各类型职业教育模式，坚持产教融合、校企合作，坚持工学结合、知行合一，引导社会各界特别是行业企业积极支持职业教育，努力建设中国特色职业教育体系。

2019 年 8 月 19 日至 22 日，习近平总书记在甘肃考察时指出：实体经济是我国经济的重要支撑，做强实体经济需要大量技能型人才，需要大力弘扬工匠精神，发展职业教育前景广阔、大有可为。

2021 年 4 月，习近平总书记对职业教育工作做出重要指示：要坚持党的领导，坚持正确办学方向，坚持立德树人，优化职业教育类型定位，深化产教融合、校企合作，深入推进育人方式、办学模式、管理体制、保障机制改革，稳步发展职业本科教育，建设一批高水平职业院校和专业，推动职普融通，增强职业教育适应性，加快构建现代职业教育体系，培养更多高素质技术技能人才、能工巧匠、大国工匠。

这里，习近平总书记明确指出，要稳步发展职业本科教育。发展职业本科教育是落实《国家职业教育改革实施方案》，构建服务全民终身学习的中国特色现代职教体系的重要策略。发展职业本科教育有助于服务区域经济发展和产业转型升级，有助于加快培养一大批知识型、技能型、创新型劳动者大军；能够满足产业转型升级对高素质技术技能人才的旺盛需求，为中国经济高质量发展提供助推器和动力源；发展职业本科教育也有助于满足人民群众接受更高层次职业教育的需求，畅通技术技能人才成长渠道，使教育选择更加多样化，成才的道路更加宽广，满足人民群众追求更高层次和更高质量职业教育的愿望，缓解教育不平衡、不充分发展的问题；发展本科层次职业教育也有助于构建特色鲜明的现代职业教育体系，有助于完善职业教育的层次结构，突出类型特色，丰富高等教育的内涵，改变职业教育"次等教育""差生教育"的社会形象，从而提升职业教育的社会地位和吸引力。同时，发展本科层次职业教育也有助于打造中国特色的职业教育国际品牌。从国际上来看，德国、美国、英国等发达国家都是通过提升职业教育办学层次来完善职业教育体系的。我们发展职业本科教育，就有助于适应经济全球化的需求，提升职业教育的国际竞争力，为世界职业教育发展贡献中国智慧和中国方案。

7 月 13 日

# 校长办公会

今天下午由我主持召开校长办公会议。这是我 6 月份正式就任校长以来第一次主持召开校长办公会。

民办学校与公办学校的管理体制和治理体系有比较大的差异。我国的公办高校普遍采用的是党委领导下的校长负责制。对于党委领导下的校长负责制，相当长的时间内，无论是理论上还是在实践上，有许多问题没有搞清楚。有人认为，党委领导、校长负责，党委只领导不负责，校长负责而不领导，这就造成矛盾。甚至有人提出在高校是书记说了算还是校长说了算、"谁是一把手"的问题。近些年来，随着实践的发展，对党委领导下的校长负责制，在理论上也逐渐理清。我们的教育是社会主义教育，我们的大学是社会主义大学。社会主义的一个根本特征就是坚持中国共产党的领导。社会主义大学必须坚持中国共产党的领导，这是毫无疑问的。高校又是一个以教学科研为主要工作任务的业务单位。怎么样把学校办好？抓好教学科研工作、人才培养工作、社会服务工作等，离不开校长负责。现在通行的、成熟的公办学校管理体制和治理体系是"党委领导、校长负责、教授治学、民主治校"，这是我国高等教育实践发展的产物。如何来理解党委领导下的校长负责制？在多年的实践工作中，我的体会是，党委领导，体现在办学方向上的领导，体现在决策方面的领导，也就是毛泽东同志所讲的，党委就是要做决策、用干部。党委决定"做不做"，校长决定"怎么做、如何做"，党委保方向、管大局、做决策、抓干部、带队伍，校长要保证党委决策的贯彻落实。当然，再好的制度也要靠人去执行，制度能否得到有效执行，与人的素质是密不可分的。有的学校由于对党委领导下的校长负责制的理解不同，或者故意造成曲解，使得党委和行政、书记和校长之间矛盾重重，造成班子的严重不团结，带坏了一批干部，污染了学校的空气，影响了学校的健康发展。比如，有的学校校长认为，党委书记应该只管党建和思想政治工作，其他的工作应该由校长来管，党委书记不能过问；在干部使用上，说"党务干部由书记说了算，业务干部由校长说了算"，这就是在为书记和校长划分"势力范围"。有的校长说，副书记的分工由书记定，可以在党委会上研究，副校长的分工应该由校长定，在校长办公会上定。也有的校长说，校长是学校的法定代表人，签署合同、协议无须经过书记，不必经过党委会研究。也有的党委书记把党委领导当成书记个人领导，一切由书记说了算，就是教学科研方面许多具体的业务工作也必须由书记说了算，学校成立的领导小组、工作小组无论是哪方面的，都要由书记当组长，否则就是不坚持党的领导等。这方面有许多的教训，曲解了党委领导下的校长负责制，干扰了学校的正常工作。这种曲解，说到底是私心作怪，争权是为了谋利，如果不存谋取私利之心，有这个必要勾心斗角去争权?! 在长期的工作实践中我发现，一个学校凡是党委书记与校长水火不容、势不两立的，必有一方视权如命、利欲熏心。党委书记与校长是不同的岗位，承担着不同的职责，站位不同，同时他们个人的成长经历不同、工作阅历不同，因而对同一个事情、同一个问题有不同的看法、不同的解决方法，这是正常的现象，工作上有一些分歧也是必然的、可以理解的。组织上从来也没有要求党委书记和校长之间在各方面都要保持绝对的一致，而是要求在工作中做到取长补短、优势互补，一起商量着办事，形成合力，建设好发展好学校，落实立德树人根本任务，为国家培养优秀人才。

如果说在公办高校是由党委、行政"两驾马车"治理的话，那么在民办高校就是"三驾马车"治理学校，这就是董事会、党委、校长。民办高校的管理体制和治理体系是以党委为政治核心的董事会领导下的校长负责制。民办学校同样要坚持党的领导，党委依然是政治核心，党委保证学校的办学方向，监督学校办学是否偏离社会主义方向，监督党的路线方针政策是否在学校得到贯彻执行。但由于是民办高校，决策机构是学校董事会，也就是学校的重大事情由学校董事会决定。做不做? 由董事会最终决定，决策权在董事会。怎么做? 怎么落实? 在校长。那么在决策和执行的过程当中符不符合社会主义办学方向? 是否贯彻落实了党的路线方针政策? 党委起政治核心作用。在事关办学方向、党的领导等方面，党委书记有"一票否决权"。这三驾马车，应该是同心相向，形成合力共同推动学校的建设和发展。具体到学校党委书记和校长，在董事会做出重大决策之后，校长办公会就具有很大的决策权。比如我们学校的章程规定，学校董事会行使下列职权：（一）聘任和解聘校长；（二）修改学校章程和制定学校的规章制度；（三）制定学校发展规划，批准学校年度工作计划；（四）筹集学校办学经费，审核预算、决算；（五）决定教职工人员总量和工资标准；（六）决定学校的分立、合并、终止；（七）决定学校内部组织机构设置；（八）决定其他重大事项。学校章程还规定：学校实行校长办公会议制度。校长办公会议是学校行政议事决策机构，主要研究提出拟由董事会讨论决定的重要事项方案，具体部署落实董事会决议的有关措施，研究决定教学、科研、行政管理等方面的重要工作。章程同时规定，校长办公会议议事范围包括：（一）传达上级关于教育改革和发展的重要文件或者会议精神，研究、讨论贯彻措施；（二）研究审议学校长远发展规划；（三）研究审议学校年度工作计划；（四）审议重点工作实施方案；（五）审议学校教学、行政、科研、人事、后勤等工作的重要改革措施；（六）研究机构设置和中层以上干部调整任命；（七）审议对教职工的奖惩、分配方案；（八）研究重大活动的接待安排；（九）研究安全保卫工作中的重要问题；（十）研究审议招生就业等重要工作；（十一）研究必须由校长办公会议处理的其他工作和突发事件。从这里可以看出，校长办公会议具有很大的决策权。这不仅是赋予校长的权力，更重要的是体现着校长在办学治校过程中所承担的责任。学校办得怎么样？人才培养质量高不高？在社会上的声誉如何？校长有着重要的责任。

今天下午的校长办公会，我作了充分的准备，征求了每一位校领导的意见，每一项议题都来自各位校领导。议题经校长办公室汇总整理后，我和党委书记陈健同志进行了沟通和交流，最后确定了七项议程。这七项议程分别是：

（1）新学年开学准备工作的相关问题及解决方案。因为今年我们的招生计划过万人，是历史上招生最多的一年。目前我们没有办法精准地预测新生的报到率，只能留有余地来做好开学的各项准备工作，以免陷入被动。为了做好新学年的开学准备工作，我已经主持召开了4次专题会议。特别重要的是师资问题、学生宿舍问题、食堂问题等。经过前一段的努力，教师的招聘工作进展比较顺利，能够确保下学期顺利开学。住宿问题，新的学生宿舍楼建好之后可以容纳6000名学生。现在的问题是推进各项工作，尽量往前赶。学生食堂缺口比较大，一定要有预案。在会议上，大家各叙己见，提出了解决问题的具体办法，使得我们对下学期的开学心里有底儿。特别是学生处刘春杰处长提出实行"错锋开学"的方案，即大专先开学、中专稍后开学，从而能够优先保证大专学生的住宿问题。这个方案得到了大家的认可。

(2)关于与鼎利学院合作情况的报告。与鼎利集团合作联办鼎利学院的事情，我们已经多次召开过会议。这次会议上又对鼎利学院的事情进行了认真的梳理，特别是对下学期鼎利学院要投入的仪器设备、专任教师的情况作了详细的通报，提出了明确的要求，以确保鼎利学院下学期高质量运行。

(3)关于成立教学质量控制与督导中心的议题。我们把教学督导室更名为教学质量控制与督导中心，使得原来督导室的职责范围大大扩大。主要的考虑是，督导室负责的是督管、督教、督学，但是内容比较单一。从目前学校的收入分配方式来看，教师除拿基本薪酬之外，每上一节课就有一节课的课时补贴。正因为这种分配方式，使得部分老师课时量特别大，过多的课时客观上导致了课堂教学质量的降低。老师只考虑了课时量的多少，对教学质量不能兼顾。学校对教学质量没有一个区分，也就是仅仅考虑了"干多干少不一样"，没有考虑到"干好干坏不一样"的问题。基于教师教学质量的高低，按原来督导室的职能是无法来区分的，所以我们成立教学质量控制与督导中心来加强这方面的工作，想办法对教师的课堂教学质量有一个相对精准的评估。同时教学质量控制与督导中心还要负责日常的教学检查、学校年度教学质量报告、各类评估等这些工作，这就超出了原来督导室的职责范围。大家一致同意成立教学质量控制与督导中心。

(4)关于推荐省民办教育协会要求的民办学校优秀教师人选。各二级学院都推荐了相应的人选。会议最后通过杨毅华老师、袁梦老师、梁柱国老师、刘付秋月老师这4位老师作为民办学校优秀教师的人选上报到省民办教育协会。

(5)关于下学期新建实训室与实验实训耗材申购的事宜。这项工作前期已经作了比较充分的论证，大家一致通过。

(6)关于2023届毕业生资格审查及毕业生毕业证书发放的有关问题。这是个别的毕业生由于特殊情况所造成的毕业证书遗留问题，会议认为应该本着实事求是的原则，本着对学生高度负责的态度处理好事关学生切身利益的事情。

(7)关于下学期将周三下午定为专题教研活动时间的问题。这个议题是教务处提出来的。许多教师认为，现在每一天课程都安排得非常满，没有一个单独的专门的时间来安排教研活动。从我们学校的实际情况来看，青年教师多，专题教研活动，比如一些讲座报告、教学研讨、公开课、观摩课等，对提高学校教学质量是非常重要的，所以应该预留一个专门的时间。大家同意，周三下午全校除特殊情况外不排课，专门搞教研活动，以提高教师的教研水平，提高教师的综合素质，从而提高学校教学质量。

由我主持的第一次校长办公会在大家的共同努力下顺利完成。感谢大家前期的认真准备，感谢大家的配合和支持！

# 仲恺农业工程学院

昨天，学校开始放暑假，我也回到了广州。这次回到广州，回到位于仲恺农业工程学院(以下简称"仲恺")的家，有着不一样的心情。

我于 2005 年 7 月从宁夏固原师专(今宁夏师范大学)调到仲恺农业工程学院工作。从大西北到东南沿海、从学校副校长到普通教授，跨度是非常大的。在此后的工作中，许多人不理解，都问我："你在宁夏是面向全国公开选拔的副厅级干部，为什么放弃领导职务调来仲恺做普通老师？"

2003 年暑假期间，我参加了河南省公开选拔副厅级领导干部考试。当时，公开选拔领导干部还是新鲜事物，许多人都是抱着半信半疑的态度。在学校的动员下，我没有任何准备地参加了选拔考试。考试过程中，也是漫不经心地做了题，以为是走个过场，算是完成了任务。结果，的确有人因考试成绩突出而获得晋升，而自己笔试成绩仅以 1.5 分之差没能进入面试。我当时想，这样的考试，自己如果稍微认真一点，进入面试应该没有太大的问题。当年 10 月份，《人民日报》刊登了宁夏回族自治区公开选拔 28 名厅级干部的启事，我觉得可以再试一下。我在好胜心的驱使下报了名，参加了宁夏回族自治区公开选拔厅级干部的考试，笔试顺利通过，11 月份进行面试。面试的前一天，我买了郑州到银川的机票，可是当天大雾，飞机无法正常起飞，机场方面已把我们送进宾馆休息。我当时想，如果夜里不能到达，明天就无法参加面试，这是天意吧，也许参加了面试也不行，所以，心里很坦然。已经是深夜了，机场方面通知，赶快登机，于夜里赶到银川。第二天参加面试，也顺利过关，成绩居然是文科组第二名。按照选拔公告的安排，2004 年元旦之前，就要考察、上岗。但是，由于当时宁夏回族自治区主要领导调整，考察工作一直拖到 2004 年 4 月才进行。2004 年"五一"长假过后，我们 28 名入选者正式报到，这 28 人中，外省 16 人，本自治区的 12 人。由于我来自师范院校，又有教授职称，理所当然地被分配到固原师范高等专科学校任职。固原师范高等专科学校前身为 1975 年建立的六盘山大学，全国政协原副主席、时任固原地委副书记胡启立同志任六盘山大学筹备小组组长、党的核心领导小组组长。1978 年经国务院批准在六盘山大学基础上建立固原师范专科学校，1994 年更名为固原师范高等专科学校，2006 年经教育部批准更名为宁夏师范学院，升格为本科院校。2024 年 5 月，经教育部批准，宁夏师范学院更名为宁夏师范大学。由于宁夏地方小、人口少，高校也是仅有的几所，因此固原师范高等专科学校虽然是一个专科学校，但从建校起一直是一个正厅级单位。

到固原师范高等专科学校任职，我是怀着满腔热忱的。心里想着绝不能辜负信阳师范学院的培养，绝不能辜负河南省委组织部的殷切期望，也绝不能辜负宁夏回族自治区党委的厚望，要在大西北做出自己的贡献。可是，去到学校之后，实际情况与我的想象相差甚远。学校领导班子成员各自的理念、境界、工作方式方法等有很大的差异，对很多事情很难形成统一的认识，就连对我的工作分工问题，由于学校主要领导意见不统一，2~3 个月都无法具体明确。2005 年上半年，学校领导班子作了较大的调整，可是新的领导班子成员之间与之前相比分歧更大，学校工作推进难度相当大。我当时想，绝不能陷入这种无谓的纷争之中，于是，我提出辞去副校长的职务，以一个普通教授的身份调离。当时，我们同一批的几个要好的朋友对我说："你要考虑清楚，做副厅级干部对很多人来说是一辈子的追求，就这么舍弃了，一辈子可能就再也没有了、前功尽弃了，是否值得？"我反问道："当一名大学教授，是不是就很丢份儿？"他们说："大学教授当然很值得尊重。"连我的博士生导师武汉理工大学的谢科范老师也说："人家都是官越做越大，你不是越做越小，而是辞官不干了。"我说，我本来就是老师，回归老师，也没有什么丢人的吧！于是，2005 年 5 月，我到仲恺农业技术学院提交相关材料。到学校那天，社科部曾学龙主任冒着特大暴雨到学校门口接我，让我特别感动，在此后的工作中他对我也是关照有加，由此结下亦师亦友的深厚友谊。7 月，我来到了仲恺农业技术学院报到，到社科部做一名普通老师。非常感谢学校王安利书记、崔英德校长和社科部曾学龙主任接纳了我，使我有了新的工作、新的岗位，又开启了新的征程！

　　仲恺农业技术学院是 1925 年由近代民主革命先驱何香凝先生等提议、为纪念廖仲恺先生爱护农工的意愿而决定创办的仲恺农工学校。1925 年 8 月，廖仲恺先生以身殉国，10 月国民党中央执行委员会通过何香凝先生等关于设立农工学校的提案，并成立筹备委员会。1927 年 3 月，学校正式招生，初设蚕丝实习科和本科，何香凝先生亲任校长，一直到 1942 年。1980 年，学校被确定为国家重点中等专业学校。1984 年，经教育部、农牧渔业部批准，学校升格为本科院校，定名"仲恺农业技术学院"，国家副主席王震同志题写校名。2006 年获得硕士学位授予权。2008 年 3 月，经教育部批准，仲恺农业技术学院更名为"仲恺农业工程学院"。

　　2005 年，新生进校较晚，我 10 月才开始上课。我从周一到周六，每晚 3 节课，非常认真地上好每一节课。既然辞去了领导职务，就一心一意搞好科研、教好书，当一名称职的教师。年底，学校中层干部换届。教务处长的位子一直空缺，由分管教学工作的向梅梅副校长兼任。我才来到学校，很多的人不认识我。可能是考虑到我之前的经历，组织上让我担任教务处长。家人不同意，说放着副校长不当，何必来做处长？况且这个处长很不好当，我们才来到南方，理念、工作方式方法有很多不适应，工作起来难度更大。我说，自己年龄还不大，组织上有需要，学校王安利书记、崔英德校长、向梅梅副校长这么信任我们，我才来就敢于把这么重的担子交给我，我不能辜负他们的信任，理应做点事情，如果做不好就辞去，不会影响学校发展。就这样，我抱着试一试的态度，于 2006 年初就任学校教务处长兼招生办主任。

　　仲恺农业工程学院是一所很有历史底蕴的学校。在仲恺我学习到很多东西。虽然说教务工作我不陌生（2001 年信阳师范学院接受教育部本科教学工作合格评估，当时我是学校评估办副主任，负责评估办的日常工作，全方位地了解了教学管理工作，也因此学校党委拟让我担任教务处长，后因故调整为学校校长办公室主任），但是，来到仲恺担任教务处长，由于南北方高校工作理念不同、学校性质不同、工作环境不同，还是有许多方面要加强学习、要不断适应。是崔英德校长高度信任我，不仅各方面指导我，而且放开手让我大胆工作；是向梅梅副校长不遗余力地指导我理清了工作思路，理顺了各方面的关系，帮我解决了许多疑难问题；是我的两个搭档陈平、王健敏副处长以对工作高度负责的态度配合我做好各项管理工作，成为我的得力助手；是教务处的曹云亮、洪维嘉、凌志华、廖起彬、吴碧漪、江丽等同志的勤奋努力，帮助我把教务处的各项工作做得风生水起。特别是在 2008 年上半年的教育部教学工作水平评估中，我带领教务处的同志和评估办的黄碧珠、曾献尼、昌灯圣、黄霞等同志一起认真做好每一件事，把"不行"变为"行"，把"不可能"变为"可能"，最终获得评估的"优秀"等次，为学校争得了荣誉，为学校发展做出了我们应有的贡献。

2008 年 10 月，我被学校党委推荐参加广东省高校副职公开选拔（这是广东省公开选拔领导干部"双百工程"的组成部分），11 月到梅州嘉应学院任职。

算起来，2005 年 7 月我到仲恺，2008 年 10 月离开，在仲恺工作了 3 年 3 个月。仲恺是我在广东工作的第一站，这里的领导、老师、同事都非常支持我的工作。仲恺是一所以农业学科为主的农业院校，"扶助农工，注重实践"一直是这所学校的优良传统。仲恺的老师、同事为人处世就如农民、工人一样，教学科研坚持务实为本，贴近实际，朴实厚道、为人本分，低调不张扬。仲恺培养了我，我在仲恺收获了成功的喜悦，收获了同事之间真挚的友谊，也收获了务实为本的工作作风和工作精神。

今天，已到我退休之时，仍然是仲恺接纳了我，心中充满感激。

回到仲恺，我即向学校领导报到。由于新任校长廖明同志出差，我只见到了党委书记宋垚臻同志和组织部长黄碧珠同志。宋垚臻书记是一位"老仲恺"。他 16 岁就读西安交通大学，一直读到博士毕业，之后在企业工作，1993 年调入仲恺工作，2003 年任学校副校长，2006 年任茂名学院院长，2009 年任汕头大学党委书记，后任汕头大学校长、书记，2017 年回到仲恺任党委书记。他学术造诣高，领导能力强，为人宽容厚道。我在仲恺工作时，他已是学校副校长，曾经领略过他的风采。这次回来向他报到，他开玩笑说，我以为岭南师范学院会派人把你送来，没想到你一个人回来了。我说，回仲恺是回家，哪里还需要人送啊！

仲恺是我永远的家！衷心祝愿仲恺越办越好！

# "泰利"台风

昨天夜里，今年的第 4 号台风"泰利"在湛江登陆。

台风"泰利"的前身热带低压于 7 月 14 日上午 11 时在菲律宾附近生成，7 月 15 日上午被中央气象台升格为第 4 号台风，并于 7 月 15 日下午获得命名。昨天早晨加强为台风级，下午达到强度峰值 (40 米/秒)，晚上 22 时 20 分前后以台风级 (38 米/秒) 强度在湛江市南三岛沿海登陆。这个台风是今年登陆中国的首个台风。

湛江的台风多。这里不得不说一下，湛江市旧称"广州湾"，别称"港城"，位于中国大陆最南端、广东省西南部，介于东经 109°40′~110°58′，北纬 20°13′~21°57′；属于热带北缘季风气候，终年受海洋气候的调节，冬无严寒，夏无酷暑，亚热带作物及海产资源丰富。但是，湛江也是台风高发区。据说，湛江是整个广东历史上台风登陆次数最多的地区，目前一共记录到了 59 次台风登陆。湛江台风多是有原因的。从地理位置来看，湛江位于北回归线以南，纬度较低，受海陆季风影响显著，夏季太平洋形成于海面上的强烈热带气旋，呈旋状移动，再加上东南季风风向的影响，易向西北方向移动；从气候条件来看，湛江一带属于热带季风气候，夏季气温高，海水温度适宜台风生成和发展。同时，夏季风向北移动，使得湛江一带处于台风移动路径上的关键区域；从地形特征来看，湛江的海岸线较长且呈南北走向，这种地形更容易"捕捉"来自西太平洋西行台风。此外，海岸线附近的地形起伏也可能会对台风移动路径产生影响。总之，湛江台风多是由于其特殊的地理位置、气候条件和地形特征所导致的。

台风是一种强烈的气象现象，能带来大量降水，缓解雷州半岛的干旱，但其危害性不容忽视。强烈的风力会摧毁建筑物、毁掉树木和电线杆等设施。台风经过海域时，由于暴雨和强劲的飓风会引起庞大而汹涌澎湃的波浪，往往对沿岸地区造成严重损失。台风带来了非常丰富、长时间持续而又剧烈的降水量，这样容易引起洪水、泥石流、山崩等自然灾害，也严重影响交通运输。此外，台风不仅导致城市地区房屋和公共基础设施遭到毁坏，也会对农作物、林木以及牲畜带来较大影响。因此，每逢强台风来临，湛江如临大敌，严防死守，稍一疏忽即酿成大患。

14 日，学校就启动台风应急预案，一直到 16 日都在做各种应急准备。封闭门窗、检查教学楼实训楼办公楼宿舍楼门窗玻璃、清理排水通道及悬挂物、加固树木、准备应急物品等，做好各种应急准备，力争把损失降到最低。台风"泰利"中心附近最大风力有 11 级（30 米/秒），七级风圈半径 300~320 公里，十级风圈半径 90 公里，学校正处于十级风圈之内。18 日一大早，后勤处、保卫处、学生处的同志们冒着大雨，不怕疲劳、不惧危险，踏着泥泞，一身雨水一身汗水，清理倒伏的树木及各种杂物，共清理出各种树木残枝 400 多车。由于准备工作充分，这次强台风除给学校树木造成较大损失外，别无大碍。

# 感恩罗厅

　　昨天，我和董事长宣承志同志一起到广州拜会了省教育厅原厅长罗伟其同志，向他汇报了学校工作，请教了一些问题。

　　罗伟其厅长是我尊敬的好领导。他曾任暨南大学副校长、省教育厅副厅长，2006—2017 年任广东省委教育工委书记、广东省教育厅长、党组书记。我曾多次聆听他的讲话，每一次都受益匪浅。比如，有一次讲到工作方法，他讲解"灰色问题"解决方法。他说，"白"是已知，"黑"是未知，"白"是我们经常遇到的已有解决方法的问题，"黑"是我们从来没有遇到的暂时没有解决方法的新问题。但在我们的实际工作中，并不是只有"白"与"黑"，大量的问题是"灰色"问题，也就是老问题遇到了新情况或者是原来情况下出现了新问题。解决问题的过程，就是不断地降低"灰度"，如果能使"灰色"问题由"黑"变"白"，就找到了解决问题的方法。

　　再如，在一次关于高校开展创新创业教育的大会上，他指出，现在很多高校都成立了创新创业教育学院，但是这个学院究竟是干什么的，我们很多人并没有完全搞清楚。这个学院不是开展创新创业的，更不是让学生搞创业的。他说，据统计，美国大学生的创业成功率才不到 5%，何况我们国家这样的创业环境？我们国家提倡搞创新创业，我们提倡大学设立创新创业教育学院，不是让学生都去搞创业，是为了加强对学生的创新创业教育，使学生具有创新创业意识。有的学校成立的就是"创新创业学院"，名称就没有搞对，我们要搞的是创新创业教育，不是创新创业。罗厅的一席话，对我们开展创新创业教育工作具有很大的启发。

　　在我即将到岭南师范学院上任时，他把我叫到他办公室与我谈话，语重心长，谆谆嘱咐。特别嘱咐我两点，一是当校长要学会理财，这么大一个学校，理不好财就无法保证学校的发展；二是"新官要理旧账"，你们学校有很多历史遗留问题，特别是基本建设方面的遗留问题，要想各种办法，妥善解决好历史遗留问题。我谨记他的嘱咐，到岭南师范学院认真做好每一件事，特别是解决了一些长期遗留的历史问题。这几年，我们相继解决了十多年来困扰学校的 5 个地块共147 亩土地的权属问题，完成了校本部所有地块和学生公寓的确权办证手续，坚决果断地封闭"后山"通道和"学院里"通道，彻底消除了安全隐患。

2016 年底，罗厅和分管教育的副省长蓝佛安一起到岭南师范学院调研，晚饭后我们一起在海滨宾馆散步。他叮嘱我们，师范院校一定要抓好培训，特别是基础教育师资培训，通过培训扩大学校的影响和知名度，也可以促进本校的人才培养。要认真研究基础教育的需求，有效提高基础教育师资水平，省教育厅接下来要加大这方面的工作力度，你们作为老牌的师范院校，应该在这方面有所作为。师资培训不是简单地把教师召集起来上课，要开展"精准培训"。所谓"精准培训"，就是根据基础教育师资的情况，对接受培训者进行科学的分类，精准设置培训内容、培训方式、培训环节，使培训真正有效、高效。这一席话，为我们的培训工作指明了方向。接下来的几年，岭南师范学院的基础教育师资培训工作一直走在全省前列，连续几年年均培训基础教育师资（含幼儿师资）2 万多人次，培训质量也不断提高，为全省基础教育做出了应有的贡献。

2015 年 9 月，新学年刚刚开学，罗厅长到嘉应学院调研。按照常规，是书记主持、校长汇报工作，然后厅长作指示。可这次他在校长汇报完学校的工作之后，让班子的每一位成员汇报自己是如何理解省里推进的高校"创新强校"工程、自己为此做了哪些工作？由于事先没有思想准备，每位校领导都谈了自己的认识和工作，我也根据对省里有关文件的学习谈了自己的看法，介绍了自己的工作。在他最后的讲话中，两三次提到我的发言，对我的发言给予充分肯定。

在今年的 5 月，他作为教育部高校设置专家组组长到信阳师范学院考察学校更名师范大学工作。在考察结束与学校领导班子座谈时，他说，我现在跟你们揭个"密"，你们的校友刘明贵是如何被提拔为岭南师范学院校长的。他讲了 2015年 9 月到嘉应学院调研的情况。他说，当时刘明贵对省里的文件精神的领会是最到位、最准确的，我发现他是个人才，回到广州后我立即向省委组织部推荐提拔他。他的这个讲话，在我回到信阳师范学院参加信阳师范大学揭牌仪式时多人向我讲过，他们觉得校友能得到领导的高度认可，是学校的光荣。我到岭南师范学院工作后，罗厅长也从各个方面关心我、指导我。这份真情真意、提携之恩我永远不会忘记。

罗伟其厅长对广东文理职业学院也是关怀备至、厚爱有加。学校董事长宣承志先生是个极重感情、极懂感恩的人,他多次向我讲起罗厅长对学校发展的关心支持。他说,罗厅长只要来湛江检查工作,总要抽空到学校看看,对学校的发展变化由衷的高兴。他给学校指明了发展方向,指导学校汇聚社会资源解决学校发展面临的问题,"广东文理职业学院"这个名字也是在他的指导下更名的,可以说,没有罗厅长的指导,就没有学校发展的今天。罗厅长对学校的关心指导,体现了罗厅长对民办教育的重视和博大的胸怀。宣承志董事长讲,我们永远不会忘记罗厅长对学校的关心和指导,他是领导又是搞教育的真正专家、真正的"行家里手",学校遇到什么困难和问题,我们都要向他请教。

昨天,我和宣承志董事长见到罗厅长,大家很是高兴。宣承志董事长向老厅长汇报了学校近期工作,期待他多指导。我来到这个学校任职时,宣承志董事长就向罗厅作了汇报,罗厅很是支持。这次相见,他又问我,为何选择来广东文理职业学院?我说,我不是选学校,我是选老板、选董事长。我也到其他民办高校考察过,见过其他学校的董事长,与其他学校的董事长做过比较深入的交流,但是我觉得宣董事长更具有教育情怀,重情重义,我认同他的理念,与他有共同语言,他对我又有足够的尊重和信任,能一起合作共事。至于学校,既然要我来当校长,把学校办好就是我的职责。罗厅很赞同我的观点,嘱咐我一定要竭心尽力把学校办好,不辜负宣董事长的厚望。

谈到学校的发展时,罗厅提出,一定要抓住机遇发展自己。根据现在人口出生率的情况,我们广东还有十七八年的机会,一定要在这个"窗口期"内把学校做大做强。最要紧的是搞好学校内涵建设,把学校办出质量、打造特色。没有质量、没有特色的高校今后不会有立足之地。要办出质量、打造特色,就要在专业建设上下功夫,建设几个精品专业,这几个精品专业就是以后"升本"的专业。现在,国家的政策作了调整,高职院校不是简单地由专科升到本科,而是整合资源"升本",如果学校整体"升本"有困难,就要走专业"升本"之路。走专业"升本"的路,就一定要把专业建设好。他一再鼓励我们,要充满信心,抓住国家大力发展职业教育的大好机会,把学校建设好发展好。

罗厅的指导,为学校今后的发展指明了方向,也为我们把学校办好增添了信心。

# 与岭南师范学院的"前世之缘"

前两天，我回到老家信阳。

今天在收拾东西时，偶然发现了一个信封。这是一封湛江师范学院（即现在岭南师范学院）寄给我的信，信封上写着"河南省信阳市西郊信阳师范学院政法系刘明贵收"，邮戳上的日期是 1998 年 9 月 4 日。抽出里面的函件，是湛江师范学院干部商调函："信阳师院人事处：因工作需要拟商调贵院刘明贵同志到我院分配工作，请按下列第一项意见处理……"随信还附有一份"调动人员须知"。商调函的落款日期是 1998 年 9 月 3 日。如果不是见到这封信，我几乎忘记了这件事，今天看到这封信，自是感慨万千。为何会有这么一个商调函呢？

1998 年，当时信阳师范学院政法系承担了教育部思政课教学改革的一项重大课题，当年 5 月邀请全国知名专家及师范院校的同行一起搞一个开题报告。邀请的专家当中，有湛江师范学院政史系主任唐有伯教授。唐有伯教授是中国人民大学哲学硕士、西方哲学史教授，1992 年他作为高端人才从华中师范大学引进到湛江师范学院任教，后担任系主任。我当时在信阳师范学院校长办公室任副主任，有鉴于他是搞哲学的，与我的专业相同，学校即指派我全程接待唐有伯教授。唐有伯教授学识渊博、温文尔雅、谦虚和蔼，在我陪同他的过程中，有很多交流，相谈甚是融洽。他问了我许多专业方面的问题，又询问了我的教学和科研情况，对我赞许有加。他说，湛江师范学院刚升为本科不久，各方面人才欠缺，如果你能调到湛江师范学院工作，一定会有好的发展，你如果去了，把你的科研成果算上，我的重点专业、重点课程就都没问题了。会议结束后，我亲自把他送上南行的列车。

他回到湛江后即向学校提出申请，希望把我调入湛江师范学院工作。我收到这封商调函后与家人商量，感觉湛江地方太偏僻，到广州也需要一天的路程，没必要背井离乡到那么远的地方去工作，因此未能去湛江师范学院报到。

冥冥之中我与湛江师范学院结下了前世之缘。谁能想到，18 年后的 2016 年1 月，在我颠沛流离到宁夏到广州到梅州之后，组织上又派我来到湛江师范学院（岭南师范学院）做校长！命运的安排竟如此之巧，仿佛我命中注定要来岭南师范学院！真是"巧克力都没有这么巧"！恐怕连写小说的作家也不敢编出这么巧的故事。

我到岭南师范学院任职后拜访的第一个人就是唐有伯教授。他家里满是书籍，书香味浓浓。他对我来任校长表示真诚的祝贺，我对他当年对我的赏识表示由衷的感谢。我们愉快地回忆起 1998 年他的信阳之行，共同感慨命运之神奇。

唐有伯教授 1943 年出生于河北唐山，他先后任职于黑龙江克山县委宣传部、华中师范大学，1992 年调入湛江师范学院任教，一直在此潜心学问、教书育人，深受同事和学生的尊敬和爱戴。2017 年 9 月 10 日，他在教师节这一天驾鹤西去，享年 74 岁。我到殡仪馆为他送行，深深遗憾与他相处的时间这么短，没有更多的时间听他老人家的教导，甚至没有来得及单独请他老人家吃顿饭。他去世后，仍心心念念学校的工作、心心念念人才培养。他的家人遵照他的遗愿把他所藏图书悉数捐赠给了图书馆。当时的情景，学校校园网有详细的新闻报道：

2018 年 1 月 20 日下午，我校著名学者、原湛江师范学院政史系主任唐有伯教授所藏图书资料捐赠仪式在学校图书馆九楼特藏阅览室举行。学校校长刘明贵，唐有伯教授的遗孀程菲女士、儿子唐小山及其生前好友、学生参加了仪式，追思并感谢唐有伯教授。仪式由图书馆馆长陈俊群主持。

"唐有伯教授的这些书，已经超出了它本身物质上的意义，更多的是在精神上对岭师人的一种激励，这些书留在这里，我们每个人看到这些藏书就仿佛看到了唐有伯教授一样。"在赠书仪式上，刘明贵校长追忆和唐有伯教授的过往交流，并代表学校对唐有伯教授对学校所做出的贡献表示深深感谢。参与仪式的全体成员为唐有伯教授静默追思三分钟。

刘明贵认为，唐有伯教授为学校的发展付出了很多心血，把时间都献给了学术和教书育人，深受广大师生的喜爱，是一名有情怀的德高望重的教师。他要求图书馆要用心管理和保存唐有伯教授所赠的藏书，并鼓励在座的师生传承和学习唐有伯教授潜心学问、勇于探索和笃学深思的精神，发挥图书的价值。他表示，学校在本月9日召开党委扩大会议，决定继续坚定不移地走"申硕"路线，不辜负像唐有伯教授这些一直在教学一线为了学校发展默默奉献的教师，把学校办好办出水平办出成绩就是对唐有伯教授最大的告慰。

"他就如蜡烛，燃尽了自己的一生，把一生都献给了岭南师范学院和粤西地方文化研究，现在也要把余热留给这片他爱的土地。"程菲女士概括了唐有伯教授的一生。她分享了唐有伯教授为了不耽误给学生上课，坚持从唐山买火车站票从石家庄一路赶回湛江的故事。唐有伯教授喜欢教书育人，爱才如命，坚持用心尽心培养学生，所培育的学生遍布各行各业。

景东升教授向大家介绍了唐有伯教授遗存的图书资料情况。他说唐有伯教授不仅捐赠了2300多册珍贵的纸质图书，还奉献了倾其毕生精力、利用其高超的计算机技术、起早贪黑废寝忘食所搜集整理的将近20T的电子图书，初步统计约有100万册，其中包括大量珍贵的经典原著和散佚在国内外各大图书馆的图书。这些资料不仅将大大地丰富我校的馆藏图书，填补图书文献方面的欠缺，而且将有力地提升与发挥我校图书馆在同类图书馆中的地位和作用！

唐有伯教授的生前好友宋立民教授、张文举教授、蒋金晖教授、龙鸣教授以及学生代表陈东英、邓水金等纷纷从各自的角度满怀深情地分享了唐有伯教授生前在爱岗敬业、教书育人、为人师表等方面刻骨铭心令人震撼的感人事迹。

陈俊群最后表示，学校图书馆将组成最强大的阵容、尽最大的努力，珍藏好、整理好唐有伯教授所捐赠的图书资料，发挥好、分享好唐有伯教授所赠图书资料的作用，服务读者，服务学校，将唐有伯教授爱教育、爱学校、爱学生，鞠躬尽瘁死而后已的师德光辉永存不忘传承久远。

刘明贵为程菲女士颁发了捐赠与收藏证书，并与大家合影留念。捐赠仪式前，刘明贵和与会成员共同参观了图书馆陈列摆放的唐有伯教授所捐图书和电子硬盘。

深深怀念唐有伯教授！

# 《大学的使命》

最近几天，我一直在思考职业院校的办学定位问题。办大学，准确定位非常重要。2004年底，我到国家教育行政学院参加第25期高校领导干部进修班，结业时，我与同事一起提交的论文，就是关于高校的办学定位问题：《中西部地方高校定位问题初探》。也许老师们觉得论文还可以，推荐在《国家教育行政学院学报》2005年12期上发表了。现在我来到高职院校，也同样面临学校的定位问题。我想起原来读过的《大学的使命》（浙江教育出版社2001年版，以下引用来自本书，不再注明）一书，决定重读一遍，看看能否得到一些启发。

《大学的使命》一书，作者是西班牙的何塞·奥尔特加·加塞特（1883—1955）。他被誉为西班牙17世纪以来最重要的哲学家、思想家、文学评论家、出版家，1957年诺贝尔文学奖得主。加缪称其为欧洲继尼采之后最伟大的哲学家。

《大学的使命》一书是作者在应马德里大学生联合会邀请所作的关于高等教育改革问题的讲演基础上改编而成的。该书紧扣西班牙乃至欧洲高等教育面临的问题展开，以其犀利的笔锋，剖析了欧洲大学的弊端，进而提出和论证了自己独特的改革思路。

其实，我感兴趣的不是他提出的大学改革思路，而是他关于大学使命的论述。

关于大学的使命，他认为大学作为一种机构，目的是让几乎所有人都接受高等教育；大学是为了把普通学生教育成为有文化修养、具备优秀专业技能的人。他说："大学的教育应该包括下列三项职能：（1）文化的传授，（2）专业的教学，（3）科学研究和新科学家的培养。"

在后面的论述中，他还进一步指出："根据前面论述的几个原理，我们可以得出以下几个结论：

(1)大学是高等教育的基本和主要组成部分，普通人应该接受高等教育。

(2)首先应该把普通人培养成有文化修养的人，使他们达到时代标准所要求的高度。由此可以认为，大学的基本功能是教授重要的文化学科，即：

①世界的自然体系(物理学)；

②有机生命的基本主题(生物学)；

③人类发展的历史过程(历史学)；

④社会生活的结构和功能(社会学)；

⑤一般概念的体系(哲学)。

(3)必须把普通人培养成优秀的专业人员。除了文化训练之外，大学能够通过利用人类智慧所发明的最经济、最直接和最有效的步骤和办法将普通人培养成优秀的医生、法官、数学教师或历史教师。……

(4)没有令人信服的理由可以说明为什么普通人必须或应该成为科学家。"

从这些论述中，我们受到哪些启发呢?

1. 普通人应该接受高等教育

加塞特一再讲："大学作为一种机构，目的是让几乎所有的人都接受高等教育。"他说，目前在西班牙所有接受过高等教育的人根本不是那些本可以应该接受教育的人，他们只是富人阶级的孩子，问题在于能否让工人阶级在大学里接受高等教育。他说："首先，我认为，应该把大学的知识传播给劳动者；如果有的人相信这样做是正确的话，那是因为他觉得这种知识是值得和有利的。普及大学教育问题的解决程度依赖于最初对高等教育和教学的定义如何。其次，大学对于如何使劳动者进入大学这一过程并不非常关注，这几乎完全成了国家和政府的事情。因此，只有对我们的政府进行一次伟大的改革，才会使我们的大学能够发挥行之有效的作用。"让劳动者接受高等教育，把知识传授给劳动者，才能发挥知识的最大作用，才能推动社会的发展和进步。

其实，在这里，加塞特较早提出了普及高等教育的观点，更重要的是要让劳动者接受高等教育。劳动者是社会财富的真正创造者，是社会发展进步的真正推动力。我国进入 21 世纪之后，大力发展职业教育，特别是高等职业教育，就是深刻认识到职业教育是民生之本，更是立国之本。各级党委政府高度重视职业教育的地位作用，将其作为服务就业、推动经济高质量发展的重要支撑。高等职业教育的发展，既为区域经济发展培养了大批高素质的技术技能人才，也为提高我国高等教育毛入学率做出了突出贡献。

2. 应该把普通人培养成有文化修养的人

加塞特认为，学生们应该接受"基本文化修养"的教育。他说，"文化修养"指的是人的精神思想，应该向学生们传授一些装饰性的知识，从某种意义上说是要培养学生的道德品质或理智。与中世纪大学相比，我们现在的大学几乎遗弃了文化的教学和传播活动，这是有害的，如今的欧洲正在自食恶果，普通的英国人、法国人、德国人没有文化修养，他们是没有文化修养的新生的野蛮人，是落后于时代文明的迟钝者。因此，加塞特认为，大学的任务在于向人类传授优秀文化的全部内容。"在大学里再度建立文化教学，建立符合时代要求的核心思想体系，是非常必要的。这是大学的基本功能，也必须是大学凌驾于其他一切之上的基本功能。"大学应该把普通人培养成有文化修养的人，使他们处于时代标准所要求的高度。

高职院校要培养高素质的技术技能人才，其中，"高素质"就包含"基本文化修养"。从大的方面说，高职院校同样承担着为党育人、为国育才的使命，同样要落实立德树人根本任务，培养社会主义事业的建设者和接班人。我们要培养大国工匠、能工巧匠，但这种大国工匠、能工巧匠不是机器人，而是有理想、有追求、有人文情怀的大国工匠、能工巧匠。我们还要把工匠精神的培养摆到重要的位置，培养学生的自信心、职业理想、人文情怀，把学生的价值观聚焦到干一行爱一行、干一行专一行的执着与坚持上来，培养他们敬业守信、精益求精的精神，激励学生提升职业能力，促进社会发展进步。

3. 没有必要把普通学生培养成为科学家

加塞特认为："大学通过教学使人们成为医生、药剂师、律师、法官、经济管理者、公务员、中学理科和人文学科教师等。"他认为大学需要利用人类智慧所发明的最经济、最直接有效的方法，把普通人培养成从事具体工作的优秀专业人员，而不是从事纯科学的研究工作者。他说："社会上需要大量的医生、药剂师和教师等，但只需要数量有限的科学家。如果我们真的需要许多科学家，那将会是一场灾难，因为真正从事科学研究的人员是非常少的。"他还说："我们必须只教授那些能够被教授的知识，即能够被学会或掌握的知识，而不是教授认为应该被教授的东西。"我们必须弄清楚哪些东西是学生将来的生活必不可少的，还要再做进一步的缩减，以达到学生能够真正学会和理解的程度。"我们极不希望出现这样的情况：认为是必不可少的内容会突然超越学生的学习能力。如果我们只是大叫大嚷地说哪些内容是必不可少的，这显然是荒谬之举。只有当被传授的知识能够真正为学生学会和掌握才行。在这一点上，我们绝不能动摇。"

加塞特的这些观点对我们高职院校人才培养具有特别重要的启发意义。

高职院校最大的特点就是职业性，职业教育是类型教育，本质是教育，核心是职业，职业教育与普通教育是两种不同教育类型，因此，职业教育一定要体现类型教育的特点，贴近职业，服务就业。在人才培养目标的定位上，要特别突出培养技术技能人才，也就是加塞特说的，要培养社会需要的"医生、药剂师、律师、法官、经济管理者、公务员、中学理科和人文学科教师等"。也正因为如此，职业院校的办学主体是区域办学、行业办学，甚至是企业办学，这就决定了职业院校首要的服务面向是特定的区域、特定的行业和特定的企业。在专业设置上，要与产业需求相对接，培养产业发展需要的技术技能人才；在教学内容及课程体系设置上，要与生产标准对接，将最新的生产标准、生产工艺、生产规范等纳入教学内容；在教学过程及培养环节上，要与生产的实际过程对接，将产品生产流程、服务流程直接引入人才培养过程。我们必须深化以实训为导向的课程体系改革、以技能为导向的教学体制改革、以就业为导向的实习模式改革，让老师变成师傅，把课堂变成车间，用老师的真本事培养学生的真本领。

加塞特认为，社会不需要那么多的科学家，从事科学研究是少数人的事，大学不能把培养科学家当作重要使命。对职业院校而言就更是如此。如上所述，职业院校培养的是技术技能人才，专业设置、课程体系、教学内容、培养环节、培养标准等都要贴近职业，服务于学生的就业、满足学生的职业生涯需求。如果按照培养科学家的模式来培养职业院校的学生，或者按照普通本科高校培养本科生的模式来培养高职学生，那是必败无疑的。我们学校的老师绝大多数没有接受过职业教育，而是在普通高校读的本科、硕士或者博士，在走进职业院校时自觉不自觉地会按照普通高校的教学模式来工作，照抄照搬普通高校的做法。有的老师经常抱怨说，你们看看，教材这么厚，我用 54 个学时怎么能讲得完？我也经常反问道，有谁告诉你，必须要按照这一本教材内容从头到尾"讲"完？在大学里，教材是我们教学的重要参考，但并不是说，教学过程中就完全按照教材照本宣科。同样的一门课程，不同的专业来开，教授的内容可以有很大的差别，更何况教材也是我们教师要去认真选订的。老师应该根据我们专业人才培养的目标及专业特点，认真研究这一门课在专业课程体系中的地位及前后续课程之间的关系，从而将教材体系重新组织成为教学体系，有针对性地实施教学。职业院校的学生有自身的特点，我们要把他们培养成为高素质的技术技能人才，正像加塞特说的，我们必须只教授那些能够被教授的知识，即能够被学会或掌握的知识，而不是教授认为应该被教授的东西。理论知识的传授只是职业院校人才培养的一个方面，更加重要的是学生专业技能的培养，而专业技能不是在课堂上讲课"讲"出来的。我们不仅仅要看学生明白了什么、懂得了什么，更重要的是看他们学会了什么技能、会做什么？

我们也期待全社会对职业教育有新的认识，转变对职业院校人才的评价制度、评价方式、评价标准，也更期待职业教育主管部门不要再用与普通教育同样的方式来研究、谋划、部署、指导、推动职业教育，而应该按照职业教育自身的职能定位和管理方式进行重新架构，在思想观念、政策指导、评估方式、具体工作要求上加快调整、加快转变，建立起真正推动职业教育高质量发展的政策体系和工作体系。

# 湛江市委领导莅校

今天上午接到通知，下午湛江市委常委、宣传部长郑浩然同志和廉江市委常委、宣传部长陈荣同志要来学校调研。我中午从深圳参加完"第二十七期广东省高校领导干部暑期读书班"回到学校。下午，我和在家的校领导及相关部门中层干部一起接待了郑浩然常委一行。

座谈会上，我简要地向来访领导汇报了学校近期的工作，重点汇报了学校落实政治安全、意识形态安全责任制，筑牢政治安全、意识形态安全防线方面的工作。同时，也对本学期学校要开展的重点工作作了汇报。一是学校政治安全和意识形态安全形势稳定。学校坚持以习近平新时代中国特色社会主义思想为指导，认真学习贯彻党的二十大精神，按照党的建设总要求，履行主体责任，高度重视政治安全和意识形态安全工作，坚持每月小研判，每季大研判，强化思想政治教育工作，严守课堂、论坛、教材、校内媒体、互联网等意识形态安全阵地，把握敏感时期的时间节点，提高安全防范的针对性和预警性，巩固意识形态安全工作体系，筑牢安全防线。近年来，学校没有发生过一起涉及政治安全、意识形态安全的事件。二是学校办学规模迅速扩大。截至目前，今年招生录取了 1.1 万多人，再创历史新高。三是学校办学条件不断改善。作为广东省重点建设项目、专升本二期工程、可容纳 1.2 万多人上课的第二教学大楼已建成投入使用。建筑面积约 $35000m^2$、能住宿 4000 多人的第 10 栋学生公寓已基本建成。建筑面积约 $17000m^2$ 的新教师公寓主体工程、建筑面积约 $10000m^2$ 的新食堂正在紧锣密鼓的施工中。四是学校办学内涵不断提升。一方面，专业建设内涵得到提升。目前，学校通过积极申报，刚获得广东省教育厅 2024 年支持民办教育发展专项资金 800 万元，用以建设富有地方特色、产业特色、学校特色的高水平专业群；另一方面，人才培养质量得到进一步提升，近三年学生参加全国、省职业院校技能大赛，获奖 400 多人次。下一步，学校将继续深入学习贯彻习近平新时代中国特色社会主义思想，以第二批主题教育为抓手，进一步健全规章制度，继续完善治理体系，规范办学行为，提升管理效能。认真研究区域产业需求，结合产业需求做好专业结构调整和优化，实施人事制度改革，充分调动教职工的积极性，加强校地、校企合作，深化产教融合，尽最大努力继续推进学校"升本"工作，奋力推动学校高质量发展。

湛江市委常委、宣传部部长郑浩然说，一年前我来过学校一次。这次再来，看到学校发生了很大变化。招生形势越来越好，办学规模越来越大，人气越来越旺，内涵建设不断提升，专业特色更加鲜明。这充分说明学校领导办学思路是明确的、方法是得当的、工作是有力的、成效是明显的。刚才刘明贵校长讲了接下来的几项重点工作，也都很到位、很符合学校实际。他结合自己分管的工作领域，对学校如何统筹安全与发展提出了很好的指导意见。

一是要始终坚持正确的办学方向。坚持党的领导，坚持为党育人、为国育才，培养堪当民族复兴大任的时代新人。要突出抓好师生的思想政治教育，切切实实开展好第二批主题教育，切实抓好政治理论学习，特别要抓好对习近平新时代中国特色社会主义思想的学习，提高理论认同、思想认同、价值认同、情感认同，用习近平新时代中国特色社会主义思想铸魂育人，加强思政课教学，创新教学方法，提高教学效果。压实不同岗位的工作责任，推动学校取得新发展，保证办学目标得以落实，确保办学方向不偏。

二是要加强校地合作、校企合作。要发挥广东文理职业学院在廉江当地的"人才库""发动机"的作用。作为人才密集高地的高校，要围绕中央、省委、市委市政府提出的战略部署和中心工作，充分发挥高校"智库"和"发动机"的作用，比如在乡村振兴、科技创新等方面发挥优势，支持、支撑地方经济社会发展，将最新的信息第一时间传递出去，将最新的技术第一时间引进来。廉江工业基础扎实，还有很多具有特色的农产品，这为校地合作、校企合作提供了很好的条件。要紧密联系地方和企业，使校地合作、校企合作不仅有物理连接，还需要有"化学反应"，真正产生一些既有利于地方经济社会发展，又有利于学校高质量发展的新成果。

三是要守牢安全底线。安全工作是"一失万无"，必须守牢安全底线，做到"万无一失"。学校人员密集，生源广泛，学生群体年轻、思维活跃、交流频繁，加上处在信息化时代，给政治安全和意识形态安全工作带来新的挑战。要充分认识到意识形态斗争的严峻性，要加强正向引导，加强阵地管理，加强平台管理，尤其要注意做好网络安全技术防护，提高网络安全级别，及时排查一些不规范、不准确的言论和表述，加强制度建设，建立健全舆情应对处置机制，要层层落实责任，加强与地市联动，建立快速反应、快速应对机制，多方面齐心协力守牢安全底线，确保政治安全和意识形态安全万无一失。

郑浩然常委的讲话政治站位高，思路清晰，问题把握准确，结合实际紧密，对我们下一步如何做好学校工作特别是如何做好政治安全、意识形态安全工作具有很强的指导意义。

廉江市委常委、市委办公室主任、宣传部长陈荣同志也在座谈会上谈了调研我校的三大感受。一是大，校园面积大、办学规模大；二是美，校园环境美，颜值高，非常适合求学育人；三是好，培养人才质量好，对服务地方经济社会发展做出了贡献。

8月29日

# 新教师培训

今天上午，学校在实训大楼报告厅举行新入职教师培训开班仪式。对新入职教师进行培训，是各高校的例行工作之一。培训内容主要是了解学校的办学历史、基本情况、办学定位和学校的工作要求、规章制度、管理规定等，旨在通过培训增强新入职教师对学校的认同感，了解学校的相关工作要求，为更好地开展工作提供必要的条件。

这次培训，内容十分丰富，既有学校情况介绍，又有人事处、教务处等各有关部门领导讲解学校相关管理规章制度，还安排了经验丰富的优秀教师陈道海教授作怎样当好大学老师的经验介绍，学校党委书记陈健同志也将专门作一场关于加强师德师风的报告。这次开班式由李晓豁副校长主持，人事处张飞燕处长作培训安排，我作开班动员讲话。

我首先代表学校、代表董事会，向加入我们广东文理职业学院这个大家庭的全体新教职员工表示最热烈的欢迎和最诚挚的问候。我说，今天我们在这里相聚、相识、相互交流，今后我们将在这里工作、奋斗、共同成长，我们与学校结缘，学校与我们共荣。这是一种相互的缘分，也是一种相互的荣幸。今天，我们在这里隆重举行入职教育培训，一是表示学校对新入职教师的热烈欢迎，无论是年长的还是年轻的老师，能入职广东文理职业学院都是对这个学校的信任和支持；二是为了适应学校进一步发展的需要，学校处于大发展时期，我们通过培训来使大家了解学校的历史、办学定位、办学优势和面临的挑战，增进理解，鼓舞士气，凝聚人心，齐心协力办好学校；三是通过培训来提升新入职教职工的整体素质，更好地融入学校，发展学校。

我说，这次入职培训的工作安排，体现了以下三个特点：一是规格高、人数多。往年的新教师入职培训是由人事处联合有关职能部门进行，这次是以学校层面举行的这么一次入职培训；往年的培训规模不大，今年共有 100 多名新教师参加本次培训，参培人数是历年最多的一次。二是形式好、内容实。这次培训，采取集中学习与分散学习相结合的形式，内容包括师德师风、校史校情、管理制度、生涯规划、教师发展、教育教学方法与技能等。有校内领导和优秀教师现身开讲，也邀请到校外知名专家来传经送宝，形式灵活，内容充实。三是氛围好，气象新。有这么多新鲜血液、有这么多的新生力量融入学校，尤其是今天参加培训的各位新员工、新教师，你们此时此刻专心听讲所展现出的精神风貌，让我感到这个氛围非常好，进而也预示着学校未来发展的新气象。

我也借此机会给大家提出三点希望和要求：一是端正态度，虚心学习。无论是老教师还是新教师，无论是重点高校毕业的老师还是一般高校毕业的老师，既然来到这里，都是新人，面对新的学校、新的环境、新的管理、新的文化，要态度端正，才能学有所得。二是勤于思考，学用结合。领导讲的、专家讲的、老教师的经验分享，怎么样与自己的工作结合起来，与自己要面对的学生结合起来，与自己的教学结合起来，要把制度的规定、专家的要求、他人的经验转化为自己做好本职工作的动力。三是严格要求，遵守纪律。不无故缺课，不迟到不早退，用心听讲，记好笔记。

按照培训安排，我向大家简要介绍学校发展历程、学校目前基本情况、近期的主要工作、未来发展的一些设想。

## 一、学校发展历程

广东文理职业学院起源于 1996 年创办的锦华学校。1999 年锦华学校与广东司法警官职业学院联合办学成立广东司法警官职业学院廉江分教处。2006 年经广东省人民政府批准成立湛江现代科技职业学院。2012 年 1 月，经广东省人民政府和教育部批准更名为广东文理职业学院。学校是面向全国招生的全日制普通高等院校，业务主管部门是广东省教育厅。

从锦华学校到广东司法警官职业学院廉江分教处，从湛江现代科技职业学院到广东文理职业学院，这个办学历程，与学校董事长宣承志先生的敢为人先、艰苦创业是分不开的。他凭着雄心智慧和百折不挠的闯劲，在县级市廉江建成了当时粤西地区唯一的一所民办高校——广东文理职业学院，在广东民办教育和高职教育大舞台上写下了浓墨重彩的一笔。在县级城市办大学，这在全国也并不多见。

20 世纪 80 年代末，董事长宣承志主动放弃了政府部门的"铁饭碗"，下海经商，并于 1992 年创办了廉江市万宁实业有限公司。在公司事业蒸蒸日上的时候，董事长毅然转向，做出了人生又一次重大决定——将公司的财力和自己的精力投入到教育事业上来——他决心创办一所富有特色的学校，造福廉江、造福湛江及广东百姓。

原本他想投入巨资在南宁创办一所高档次的民办学校。他的想法得到了南宁市委、市政府领导的肯定和支持，建校用地、图纸设计、教育配备都准备就绪。在筹办过程中回廉江申请办理有关手续时，经他读中学时一位对他影响极大的老师、时任湛江市教委副主任的高哲民的劝说后，他毅然舍弃了已在南宁筹校的百万元投入，回到自己的家乡廉江创办起一所民办全日制学校——"锦华学校"。

1996 年，26 岁的宣承志在荒山野岭的廉江市郊区（现在学校所在地），用半年时间建成了一所花园式的全日制寄宿学校——锦华学校，设有幼儿园和中小学。

三年之后，学校又扩大规模，走上合作办学之路，改组为广东司法警官职业学院廉江分教处，招收中专学历的警察专业学生，每年 1000 多人，全校师生超过 2000 人。学校从此步入了正轨，运作平稳。但董事长并没有停下前进的脚步，胸怀鸿鹄之志的他要百尺竿头更进一步。

2005 年，他宣布要创办粤西第一所高职院校。消息传出，有人赞赏其气魄，敢于在县级市办大学；有不少人将信将疑，甚至怀疑他另有所图——虽然那几年民办大学在广东和全国都如雨后春笋般涌现，但几乎都办在如珠三角这样的发达地区和大城市里。民办大学办在欠发达的粤西地区还没有先例，尤其是要在廉江这样相对落后的山区建起一所大学，难度可想而知。

他就是要做"第一个吃螃蟹的人"。在多少人拼命挤抢"铁饭碗"的时候，他"弃政从商"，在商海雄踞一席之地。等到在商海立足、公司蓬勃发展之时，他又"弃商从教"，在教育领域开辟出一片广阔的新天地。

在多方奔走下，2006 年 4 月，经广东省人民政府批准、教育部备案，在锦华学校的基础上，创建了湛江市唯一的一所民办的高职高专院校——湛江现代科技职业学院。2006 年秋季学校招收首届学生。

经过 6 年的快速发展，至 2012 年 1 月 17 日，经广东省人民政府批准，同意湛江现代科技职业学院更名为广东文理职业学院。办学期间，原中央政治局常委、全国人大常委会委员长、时任广东省委书记张德江莅临学校视察时称赞说："学校很漂亮，办得不错，是个读书的好地方"，指示当地政府要支持学校的建设和发展。

2013 年，周恩来总理生前秘书纪东将军莅临学校参观，对学校的校园环境建设和教学管理、学生良好的精神风貌高度赞赏。他题字赠送广东文理职业学院："为中华之崛起而读书""文通理达""自强不息，追求卓越"，祝愿学校越办越好，为国家培养更多优秀人才。

2016 年 7 月 10 日，时任中共中央政治局委员、广东省委书记胡春华同志来广东文理职业学院考察。胡春华书记对学校的建设和发展给予充分肯定，认为学校的办学定位和发展方向正确，学校建设上档次、很大气；学校专业发展以理工科为主，为广东省建设发展急需大量的理工科人才提供了保障；学校面向全国招生，有利于不同地区学生之间的交流和学习，更好地为全国各地培养人才。

近年来，学校获得多项荣誉，包括"全国文明单位""全国军民共建社会主义精神文明先进单位""全省爱国拥军模范单位""广东绿色校园"等。教师中，一大批优秀青年教师迅速成长，荣获了全国优秀教师、南粤优秀教师、南粤优秀教育工作者等称号累计 16 人次。

## 二、学校基本情况

目前，学校校园占地面积为 1590 亩，建筑面积 45.8 万平方米，拥有现代化的教学大楼、图书馆和功能强大的实验实训中心、高标准的学生公寓和餐饮中心、艺术馆和各类体育场馆，为学生提供了良好的学习、生活和育人环境。有智能制造学院、建筑与艺术传媒学院、鼎利学院、生物与健康学院、体育与艺术学院、经济与管理学院、国际教育与文法学院及思想政治理论课教学部等教学单位，简称七院一部。现开设职业教育专科专业 65 个，涵盖理、工、文、经、管、体、艺等专业大类。

近年来，尤其是近期，学校发展步入了快车道，发展形势令人振奋，取得了良好的办学业绩。

一是办学规模快速扩大。今年的招生人数是创校以来最多的一年，生源质量也逐年提升。

二是办学条件不断完善。作为广东省重点建设项目、我校专升本二期工程，投资 1.3 亿元、建筑面积 5.2 万平方米、可容纳 1.2 万人上课的第二教学大楼已建成投入使用；投资 8500 万元，建筑面积 3.5 万平方米，能住宿 6000 人的第 10 栋学生公寓已基本建成，新生即将入住；投资 3000 多万元、建筑面积 1 万多平方米的新食堂正在紧锣密鼓地施工；投资 4200 万元、建筑面积 1.7 万平方米的新教师公寓主体工程也基本完成。另外，计划投资 7.8 亿元、规划用地 500 亩的学校门口正对面的奥克体育中心正在推动建设中，其中主场馆 5 万多平方米，多功能综合体育馆 4.3 万多平方米，劳丽诗跳水馆 2 万平方米。

三是办学内涵不断提升。学校秉承"生态文理、人文文理、特色文理、品牌文理"的办学理念，以"文通理达、格物致知"为校训，积极打造"校企合作、产教融合"的人才培养模式，以高水平专业建设为主要抓手，狠抓人才培养质量。连续三年，我校申报 6 个省级高水平高职院校专业群建设，先后获得省级专项资金支持累计达 1500 万元。今年我校智能制造专业群建设项目获得省支持民办教育发展专项资金 800 万元，是本次省级资金分配档次最高、最多的院校。学校将充分利用好省级资金的支持，校内配套资金 600 万元，同时争取地方政府和当地企业支持，依托廉江"中国小家电产业基地"及广东智能制造产业集群，打造具有鲜明的地方特色、产业特色、学校特色的高水平专业群，更好地为地方高质量发展做出应有的贡献。

**三、学校发展的目标定位和主要任务**

在讲这个问题之前，我特别讲了国家支持职业教育发展的政策导向和职业教育发展面临的大好形势。

我说，当前职业教育迎来了蓬勃发展的机遇期。这几年，国家连续出台了不少关于职业教育发展的政策文件。

2019 年 1 月，国务院印发《国家职业教育改革实施方案》，把职业教育摆在教育改革创新和经济社会发展中更加突出的位置，明确提出"职业教育与普通教育是两种不同教育类型，具有同等重要地位"。随着我国进入新的发展阶段，产业升级和经济结构调整不断加快，各行各业对技术技能人才的需求越来越紧迫，职业教育的重要地位和作用越来越凸显。

2022 年 12 月，中共中央办公厅、国务院办公厅印发《关于深化现代职业教育体系建设改革的意见》提出："把推动现代职业教育高质量发展摆在更加突出的位置，坚持服务学生全面发展和经济社会发展，以提升职业学校关键能力为基础，以深化产教融合为重点，以推动职普融通为关键，以科教融汇为新方向，充分调动各方面积极性，统筹职业教育、高等教育、继续教育协同创新，有序有效推进现代职业教育体系建设改革，切实提高职业教育的质量、适应性和吸引力，培养更多高素质技术技能人才、能工巧匠、大国工匠，为加快建设教育强国、科技强国、人才强国奠定坚实基础。"

2023 年 6 月，国家发展改革委、教育部、工业和信息化部、财政部、人力资源和社会保障部、自然资源部、中国人民银行、国务院国资委等 8 个部门联合印发的《职业教育产教融合赋能提升行动实施方案（2023—2025 年）》提出："坚持以教促产、以产助教，不断延伸教育链、服务产业链、支撑供应链、打造人才链、提升价值链，加快形成产教良性互动、校企优势互补的产教深度融合发展格局，持续优化人力资源供给结构，为全面建设社会主义现代化国家提供强大人力资源支撑。"

习近平总书记在党的二十大报告中指出："教育、科技、人才是全面建设社会主义现代化国家的基础性、战略性支撑"①，要"实施科教兴国战略，强化现代化建设人才支撑"②。

这几年，省委、省政府对学校的发展给予关心和支持。2017 年 10 月，学校的"升本"工作通过了广东省教育厅专家组的现场考核，经省高校设置专家委员会专家组评议通过，并将学校的升格材料上报教育部。2021 年 2 月，中共广东省委、广东省人民政府《关于支持湛江加快建设省域副中心城市打造现代化沿海经

---

① 《习近平著作选读》第一卷，北京：人民出版社 2023 年版，第 27~28 页。
② 《习近平著作选读》第一卷，北京：人民出版社 2023 年版，第 27 页。

济带重要发展极的意见》第十四款提出："提高湛江职业教育发展质量，建设高水平职业院校和专业(群)。提升广东文理职业学院办学水平。"

为此，我们一定要珍惜机会、抢抓机遇，以永不懈怠的姿态和勇于自我革命的精神把学校各项工作做好，只有自强不息，方能发展不已。

作为学校的一员，必须明确学校发展面临的环境和形势，才能够自觉地担当社会责任，为社会的发展和进步做出自己的贡献。同时，也要清楚学校的发展定位和任务，从而使自己的努力与学校的发展目标相一致。

1. 学校发展的定位

学校发展的目标定位：建设特色鲜明的高水平高职院校，为区域经济社会发展提供智力支持和人才支撑。

人才培养的目标定位：培养满足区域经济社会发展和行业企业需求的高素质技术技能型人才。

大家要思考这个问题：作为普通老师怎样在教学过程中体现学校人才培养的目标定位。

2. 学校面临的主要任务

学校面临的主要任务，简要地讲，就是扩容、提质、建高地。

所谓扩容，就是在学校办学条件许可的情况下，继续扩大办学规模。从学校办学条件的容量看，是按照在校生 2 万人的规模设定的，新生报到后在校生 1.5 万人左右，造成部分办学资源闲置或者浪费；从广东省高等教育毛入学率来看，2021 年广东省才达到全国平均水平，这与广东人口大省、经济强省的地位极不相称，也与办好人民满意的教育的要求相差甚远。因此，扩容，既是社会需要，也是广东文理职业学院自身发展的必然选择。

所谓提质，就是努力提高人才培养质量。从学校发展的长远大计来看，重视人才培养质量，也就是抓内涵建设才是根本。没有质量的职业院校在今后的发展中就没有立足之地，也必然会被淘汰。因此，必须高度重视提高学校人才培养质量。

所谓建高地，就是打造粤西职业教育高地。职业教育在粤东西北振兴中一定大有可为，民办职业教育也一定会迎来更加广阔的发展空间。广东文理职业学院不仅是湛江地区也是粤西地区唯一一所民办高等职业院校，前期发展已经有较好的基础。要紧紧抓住国家大力发展职业教育的良机，在推动粤东西北振兴中努力提升学校的办学实力和办学水平，把学校打造成为粤西职业教育的标杆和高地。

3. 学校的价值追求

我们的办学理念是：培养人才是学校的第一使命，教学是教师的第一天职，教学质量是学校的第一生命。

学校的价值追求是：质量、特色。

质量，就是要追求办高水平、高质量的职业院校。工作理念层面，追求有质量的工作，高标准、严要求、高水平、高质量。学校的初心和使命就是为党育人、为国育才，根本任务就是立德树人，立德树人的质量就是人才培养的质量，学校从顶层设计的制度安排，到培养过程、培养环节的设置，再到质量评估、质量控制的实施，都严格遵循质量标准，严把质量关，确保人才培养的高质量。

特色，就是学校的办学特色，就是办有特色的职业院校。

特色，集中体现在人才培养特色上。办好有特色、有质量的专业，突出培养过程、培养环节的特色，增强学生的应用能力、动手能力，体现一专多能的特色，注重建设有自身特色的校园文化，形成有特色的优良的校风、教风和学风，养成有特色的大学文化品格。

4. 学校高质量发展的路径

学校高质量发展的路径，就是产教融合、校企合作。

产教融合，就是要在教育教学过程中，努力实现"三个对接"：(1)专业设置与行业、产业需求对接；(2)课程内容与职业标准对接；(3)教学过程与生产过程对接。这每一个"对接"都具有非常丰富的内涵，都有大量的工作要做。

校企合作，就是推行校企协同育人，学校新专业的设置、人才培养方案的制定修订都要有企业的深度参与，努力实现学校招生与企业招工相衔接，校企育人双重主体、学生学徒双重身份；就是在人才培养过程中，推行面向企业真实生产环境的任务式培养模式、教学模式，为行业、企业培养用得上、用得好、留得住的高素质技术技能型人才。

5. 靠谁来实现学校的高质量发展？

靠全体教职工，其中主体是我们广大教师。

一个人遇到一个好老师是一生的幸运，一个学校有一批好老师那是一个学校的荣幸。

一个学校的发展，希望寄托在各位老师的身上。没有广大老师的共同努力接续奋斗，"扩容"就没有支撑，"提质"就没有动力，"建高地"就是空话，产教融合、校企合作的高质量发展之路就是一条无人走的荒废之路。学校将尽其所能为每一位老师的成长、发展提供良好的条件，充分调动大家的主动性、积极性，增强大家的主人翁意识，共同创造大家的美好生活。

我还对学校本学期要进行的几项重点工作作了简要介绍。

# 📝 9月1日
# 新学年开学

正常来讲，今天应该是新学年开学第一天。由于今天恰逢周五，老师、学生今天正式报到，下周一才正式上课。

我来到广东工作后，觉得有一点与北方学校不同。在北方学校，"周"的观念不强，无论是开学还是放假，都是以日期为准，即某月某日，只要不是双休日，一般不用考虑是周几，周一或者周五都无所谓的。比如，9月1日开学，即使是周三也是正常开学上课。而在广东不同，"周"的观念比较强。如果9月1日不是周一，正式开学上课要么提前要么推后，新的学期一定从周一开始。这可能是广东人讲规则的原因，也可能是他们心中的新学期，就一定要从"新"开始，周一就是一周的新起点，在这一天正式开始上课，就是对新的学期、新的学年寄予新的美好的期望。

开学日是一个学年读书的第一日，每个国家的开学日都不同，开学日所做的事也不尽相同。在北半球，新学年开学的时间通常是每年的8月末到9月初，而在南半球，新学年开学时间通常是每年的1月末到2月初。

我国新学年的开学日为什么定在9月1日呢？

据《钱江晚报》2019年8月31日发表的文章（作者汪佳佳）介绍，我国明确9月1日开学，乃从孙中山时代开始。

在清末以前，中国传统教育制度下的学子们，是没有暑假的。他们只有在传统节日到来之时，才能获得私塾或书院给予的假期，时间也比较短，类似我们如今的小长假。

到了清朝末年，清政府推行一系列改革，一些西方的教育制度得以引进，也开设了许多新式学堂。

1898 年，戊戌变法失败，但是变法过程中设立的京师大学堂却得以保留。

1901 年 9 月 14 日，光绪下令将全国各地书院分别改为大中小学堂，各地纷纷遵旨办理，很快在全国范围内掀起了一股书院改学堂的热潮。

光绪发布上谕时，时任山东巡抚的袁世凯正在家里休假，看到皇帝的谕旨后，便开始负责山东大学堂的筹建事宜。

1901 年 11 月 4 日，袁世凯拟了一份《遵旨改设学堂酌拟试办章程折》，提出在山东省城试办大学堂的想法，并提交了一份内容详尽的《山东省城试办大学堂暂行章程》，分为学堂办法、学堂规条、学堂课程和学堂经费四章，从学堂规制、课程设置、学生管理、培养与考核，学校的经费来源，甚至是学生毕业后的去向安排，都作了规划。

其中在第二章"学堂规条"的第四节提出："每年春季，以正月二十前后开学，小暑节放学给暑假休息，至立秋节后六日开学，十二月十五前后放学给年假。"

这是关于暑假最早的明文规定。没多久，其奏折得到清廷的批准，于是山东办起官立山东大学堂，这是继京师大学堂之后，在省级最早兴办的官立大学堂。

不过，当时这个章程只是山东大学堂的，还未在全国范围内普及。到了当年十月，光绪再次发布上谕，要求各省仿照袁世凯的章程进行实施。

1902 年 1 月，清政府派时任吏部尚书张百熙负责京师大学堂的恢复和筹建事宜。

1903 年 7 月，清政府又命张百熙、荣庆、张之洞等人参考日本学制，重新拟订学堂章程。1904 年 1 月，清政府公布《奏定学堂章程》。因为当年为旧历癸卯年，因此这一章程被称为"癸卯学制"。"癸卯学制"首次明确了全国中小学统一的开学时间，相当于公历的 9 月初。

1912 年 1 月 1 日，中华民国临时政府在南京宣告成立，孙中山先生宣布中国将农历改为世界通用的公历。1 月 3 日，蔡元培被孙中山任命为教育总长。

1912 年 1 月 19 日，蔡元培就任民国第一任教育总长仅仅半个月，就向全国通令颁布了《普通教育暂行办法》和《普通教育暂行课程标准》。

9 月 3 日，民国教育部公布《学校系统令》。《学校系统令》规定：初小四年，为义务教育，毕业后入高小或实业学校；高小三年，毕业后入中学或师范学校或实业学校；中学四年，毕业后入大学或专门学校或高等师范学校；大学本科三年或四年毕业，预科三年；师范学校本科四年，预科一年；高等师范学校本科三年，预科一年；实业学校分甲、乙两种，各三年；专门学校本科三年或四年，预科一年。

次年，又陆续颁布各种学校令，这一系列学校令全称为《壬子癸丑学制》。《壬子癸丑学制》首次确定了公历的 9 月 1 日是全国统一的中小学开学的时间。

新中国成立后，开学时间也经历了一系列的变迁。

1950 年 6 月 24 日，教育部颁发高校校历。校历规定：一学年分两学期，第一学期自 8 月 1 日至次年 1 月末，第二学期自 2 月 1 日至 7 月末。

此后，学校的开学时间经过几番变化，直到 20 世纪 90 年代末，基本上固定下来，以每年的 9 月 1 日到次年的 6 月 30 日为一学年。从此以后，9 月 1 日开学就形成了惯例，虽然在具体时间上有些许不同，但大多数的学校会选择 9 月 1 日这一天开学。

今天周五，刚好利用这个时间进行开学前的教学工作准备情况检查。学校领导分为几个小组对实训楼、教学楼、学生宿舍、学生食堂、校园环境等场所进行了全面检查，重点是教学楼多媒体教学设备、教室电源、灯具、空调、卫生状况，实训室仪器的到位情况、设施的完好情况、耗材的准备情况及是否存在安全隐患。我们还现场查看了正在紧张施工的学生宿舍和新食堂，明确要求在新生报到时一定能够投入使用。

才开学，事情千头万绪。我突然想起前两天岭南师范学院校友办的叶建仔、郭墨汾和李伟等来学校看望我时，郭墨汾说的一句话："重要的事情有很多，但最重要的事情只有一件"，这给我以很大的启发。事情往往就是这样，许多事情堆在一起让人产生焦虑，必须把最重要的、最关键的那件事找出来并加以解决，其他许多问题也就迎刃而解。马上就开学了，最重要的事情是什么呢？

9 月的湛江，依然骄阳似火，阳光照在身上火辣辣的疼，片刻之间就汗流浃背。我们所到之处，都能看到工作人员特别是工人师傅在为开学作最后的准备，由于天气炎热，有的满脸通红，有的衣服全部被汗水浸透，有的汗水变成泥水。此情此景，我备受感动，从心底发出一句问候："工人师傅，你们辛苦了，感谢你们！"

📝 9月4日

# 干部调整

今天下午召开本学期的第一次校长办公会。今天的校长办公会，主要内容就是宣布董事会对校领导的任命以及研究决定处级干部、科级干部的调整任免。

暑假期间，我与宣承志董事长进行了多次沟通，根据学校发展的现状和学校干部队伍的实际情况，就下一步如何加强学校领导班子建设和中层干部队伍建设进行了认真的分析和研究。在长期的管理实践中，宣承志董事长对学校干部队伍建设极为重视。他特别重视干部的眼界和胸怀。他经常讲，斤斤计较格局太小的人难以担当重任，拈轻怕重怕苦怕累的人做不成大事，优柔寡断不敢担当的人做不好领导，不负责任做事敷衍的人不足以信任，性格孤僻没有朋友的人不能成为带领大家一起做事的人。本领能力是一方面，品格修养是另一方面，二者兼备才能当好干部，才能推动学校发展。所以，他在学校干部的选拔配备上十分重视，从多角度、全方面来衡量干部。

这学期我们新增加了两位副校长，一位是从宁夏来的薛芳副校长，她在宁夏一所专科学校担任过教务处长、副校长、党委副书记，一直从事教学工作和教学管理工作。这位同志拥有博士学位，教授职称，具有丰富的教学管理经验，是理想的副校长人选。年前，宣董事长与薛芳博士就进行过多次的沟通交流，认为薛芳同志理论水平高，业务能力强，为人正派，踏实肯干，提议薛芳同志担任学校副校长。另一位副校长是宣依娜同志。这位同志在加拿大留过学，具有国际视野，年轻有为，思路清晰，反应敏捷，曾经担任过二级学院院长和国际交流合作处长，能从学校整体上、从学校大局考虑问题，是一个可以重点培养的年轻干部。这两位同志经董事会认真研究，慎重决定聘任为学校副校长。另外，学校董事会还推荐刘春杰同志任学校党委副书记。刘春杰同志是从部队退伍到地方来工作的，在广东文理职业学院工作了 15 年以上，工作勤勤恳恳，踏踏实实，执行力特别强，能吃苦，不怕累，敢于善于打攻坚战，敢于善于解决疑难、复杂问题，特别是在学生管理方面、招生就业管理方面有着丰富的经验，与社会各界也建立了十分密切的联系。董事会决定，推荐刘春杰同志任学校党委副书记。这三位领导干部充实进学校的领导班子当中来，为学校领导班子补充了新鲜血液，有效改善了学校领导班子的结构，充实了学校领导班子的力量。相信在今后的工作当中，学校领导班子将会更加有力。

董事会还决定，由于王南福同志已经担任湛江理工学校校长，鉴于理工学校学生规模较大，管理任务繁重，让他专心做好理工学校的工作，保留他的学校纪委书记职务，不再担任学校的副校长，不再具体分工参与学校的管理工作。

在今天的校长办公会上，我宣布了董事会的决定，并作了必要的说明。参会人员一致赞同董事会的决定。

会上王南福同志作了表态发言。他说，今天董事会对学校的领导班子作了较大的调整，我赞成董事会的决定。他说，我在这里当了 10 多年的副校长，亲眼见证了学校从无到有、从小到大的历程。经过了十几年的发展，学校现在已经发展起来了，我目睹了学校的发展。在学校开始办学的五六年，学校班子不健全，班子会都很少开，这既有客观上的原因，也有主观上的原因。班子不健全，没有一个坚强的领导班子，很难推动学校的快速健康发展。现在学校规模大了，学校的管理越来越规范，学校走上了正轨，应该有一个健全的领导班子。上学期我就跟董事长讲，我年纪大了，按计划我准备离职，董事长对我的工作很肯定，挽留我再干一段时间，专门负责理工学校的工作。理工学校现在规模也大了，需要专门的一班人来管理。怎么样来提高理工学校的办学质量，这是一个非常重要的问题，任务也非常繁重。他说，现在学校面临着"升本"的任务，"升本"我认为还是要靠我们的实力，没有实力去"升本"是很难的，这要靠有能力的人来领导。他说，我认为目前这个班子的配备是合适的，是一个坚强有力的班子，所以我支持董事会的决定。现在我不再担任学校的副校长，要专心致志地做好理工学校的工作。虽然我不再参加文理学院的具体工作分工了，但是我希望文理学院的领导班子要加大对理工学校的支持力度，关心理工学校的发展，大家齐心协力把广东文理职业学院、把湛江理工学校办好。

　　王南福同志也是从部队退伍到地方工作的，他曾经参加过对越自卫反击战。他在这里十几年如一日勤勤恳恳辛勤工作，是一位老黄牛式的干部，做事讲大局、讲奉献、不计较、不抱怨，能够担当重任。董事长选他来担任理工学校的校长，应该说是非常有眼光的。

　　今天的校长办公会对校领导之间的分工还做了调整，这个分工是根据学校的工作情况及每一位校领导的资历、阅历、经历和性格特点等为基础来进行调整的。校领导班子的分工事先也与董事长进行了多次沟通，与党委书记陈健同志也做了多次沟通。我与每一位校领导就其本人的具体工作分工都进行了沟通，征求了每一位校领导的意见。确定了这个分工，目的在于更好地发挥每一位校领导的长处，使班子成员之间能够形成合力，共同朝着建设好学校发展好学校的目标共同努力。

　　校长办公会还决定对二级机构做些微调。把党委办公室和校长办公室合署办公，这是许多高校通行的做法，是为了加强统一领导，提高办事效率。因为学校规模还不大，没有必要把很多事情分得太细。同时，把科研处更名为产学研合作处，把教务处、产学研合作处、网信中心、实训中心合署办公。因为对我们高职院校来讲，原创性的科研工作不多，我们的科研实际上大部分是一些技术开发、技术创新工作，几个部门合署办公，可以有效地增强合作，提高工作效率。在长期的管理工作中我们发现，部门划分越细、工作分工越细，比如一个处，划分的科室越多、每一个科室的分工越细越明确，那么这个处：(1)会有越来越多的工作没人做，因为谁都不可能预料到还会有什么新的工作；(2)人手越来越不够，很多工作有很明显的季节性、阶段性，这个科室很忙的时候其他科室无所事事，真正忙的科室要加班加点，天天喊人手不够；(3)越来越出现人浮于事的现象，总是20%的人在忙，80%的人清闲甚至无事可做。这就是"帕累托法则"和"帕金森定律"所描述的问题。从这个角度来看，实行"大部制"办公是有一定道理的，可以有效提高工作效率。

　　今天的会议还对科级以上干部任职做了调整。由于学校的制度安排是处、科级干部每学年一聘，除少数调整外，大部分变动不大，且事先我与校领导班子也进行了沟通，会上也顺利通过。

　　会议最后，我对新上任的班子成员提出四点要求：

一是要认真履职尽责。履职尽责是对我们领导干部最起码的要求。这次校领导班子作了较大的调整，特别是补充了新生力量，班子队伍的年龄结构、学历结构、职称结构进一步科学合理，为班子履职尽责提供了良好的基础。董事会对学校新一届领导班子高度重视、寄予厚望，这届班子的配备是宣承志董事长从学校发展大局出发，结合学校发展的实际和学校领导班子的实际做出的重大决策。学校正处于"升本"的关键时刻，我们能进入学校管理层，担负重要的管理责任，这是学校董事会、董事长对我们的充分信任，我们不能辜负这份信任和期望。无论是班子里的老同志还是新同志、无论工作怎么分工安排，都要立足岗位，尽职尽责、尽心尽力做好本职工作。这一次我们对班子的工作分工作了些调整，一些同志工作性质与内容与以前相比变化比较大，这就要正确对待工作分工调整，更要静下心来认真学习研究新的工作分工领域里的特点和规律，学习研究新的工作分工领域的法律法规和政策文件，研究在新的起点上如何推动分管工作快速向前发展。

二是要加强沟通协调。学校工作是一个整体，"不谋全局者，不足以谋一域"。每位校领导都要自觉地站在学校发展全局的高度来谋划自己所分管的工作，以做好自己分管的工作来推动学校整体工作的进步。因此，校领导之间必须加强沟通协调，做到三个"多理解"：其一要多理解董事长办学的不容易。在这一片荒草滩上建起一座现代化的高等学府，仅仅有爱心，仅仅有教育情怀是远远不够的，还必须有坚强的意志，有遇到困难百折不回的毅力和勇气。学校从无到有、从小到大，亲朋的不理解、别人的嘲笑、征地的纷争、批文的波折、人才之难求等，其间历经数不清的困难，如果在任何一个困难面前退缩了、放弃了，学校的事业就会夭折，就没有今天的广东文理职业学院。董事长为了办学想尽千方百计，战胜千难万险，吃尽千辛万苦。我们要充分理解、体谅董事长的这种难、这种不容易，主动为董事长分忧解难。我们办学 17 年，17 年对于一个人来说即将成年，但是对于一个高校来说它的事业才刚刚开始，我们今后要走的路还很长，面临的困难还很多。我们要与董事会一起齐心协力，共同把学校发展好。其二要多理解党委监督的责任重大。我们虽然是民办高校，但我们一样要坚持中国共产党的领导，坚持社会主义办学方向，立德树人，为党育人、为国育才依然是我们的初心使命，我们的任务就是要培养德智体美劳全面发展的社会主义事业建设者和接班人。为保证社会主义办学方向，民办学校同公办学校一样设立党委。学校党组织是党在学校中的战斗堡垒，以党的政治建设为统领，首要的责任是抓好思想政治工作与德育工作，全面加强学校党建工作，发挥政治核心作用，保证和监督党的路线方针政策在学校的贯彻执行。可见，党委在学校治理体系中责任重大。学校班子成员绝大多数是共产党员，有的还是有几十年党龄的老党员，都要自觉以党员的标准严格要求自己，支持学校党委的工作，支持党委书记陈健同志的工作，模范地执行党的教育方针政策，落实立德树人根本任务，培养区域经济发展需要的高素质技术技能人才。其三要多理解行政工作的艰难。学校的教学科研、师资队伍建设、学生工作、招生就业、后勤保障等日常工作都是行政工作的重要组成部分。学校方方面面规范管理、科学管理、依法办学、依法管理的任务还很重，人才培养上尚待形成自己鲜明的培养特色，也还没有形成一套可供推广、可供复制的经验等，这都需要我们班子成员之间在工作中多补台、多配合、多支持，特别是要多支持我本人的工作。

三是要积极建言献策。任何个人的力量都是微不足道的，集体的力量才是无穷的。各位领导对自己分管的工作要敢于担当，要大胆处理疑难问题并在处理疑难问题的过程中长见识、增才干。水平再高的领导也不是天生的，都有一个从不知到知、从知之不多到知之较多的过程，虚心学习加上勤于实践、认真体悟，领导水平就会不断提高。每一位校领导都有自己的长处，都有十分丰富的工作经验，都要发挥自己的聪明才智，积极为学校班子决策、为学校发展献计献策。无论是陈书记还是我个人，都十分欢迎大家多提宝贵意见建议。

四是要严格要求自己。我们班子成员是学校的带头人，带头人就要有带头人的样子。要把学校的长远发展放在第一位，要把人才培养质量放在第一位。在工作的方方面面我们都要起带头作用，"从我做起""从自己做起"，要求别人做到的我们自己首先做到，要求别人不做的我们自己首先不做。不利用手中职权为个人、为亲友谋取不正当利益，自觉抵制各种歪风邪气，营造风清气正的干事氛围，促进形成优良的学风、教风和校风。

📝 9 月 10 日

# 教师节

今天是教师节。教师节是我们教师自己的节日，这几天从学校到个人都在忙于庆祝。

在这里，有必要追溯一下我国教师节的来历。

1931 年，教育家邰爽秋、程其保等联络京、沪教育界人士，发表要求"改善教师待遇，保障教师工作和增进教师修养"的宣言，并议定 6 月 6 日为教师节，也称"双六节"，但是没有被当时的政府承认。

1939 年国民党政府决定立孔子诞辰日八月二十七日为教师节，并颁发了《教师节纪念暂行办法》，但当时未能在全国推行。

1951 年，中华人民共和国教育部和中华全国总工会共同商定，把 5 月 1 日国际劳动节作为中国教师节。但由于这一天缺少教师的特点，执行的结果并不理想。特别是 1957 年以后，在"左"倾思想影响下，教师不受重视，教师节实际上已不再存在。

1984 年 12 月，教育部党组和全国教育工会分党组将《关于建立"教师节"的报告》呈送中央书记处并报国务院。12 月 15 日，北京师范大学钟敬文、启功、王梓坤、陶大镛、朱智贤、黄济、赵擎寰联名，联合提议设立单独的教师节。

1985 年 1 月，国务院总理在第六届全国人大常委会第九次会议上提出设立教师节的议案，21 日，会议通过决议，确定每年的 9 月 10 日为教师节。1985 年是我国第一个教师节。

1993 年 10 月 31 日，第八届全国人民代表大会常务委员会第四次会议通过《中华人民共和国教师法》，再一次以法律的形式确定每年 9 月 10 日为教师节。

百年大计，教育为本；教育大计，教师为本。为庆祝教师节，表彰先进，激励老师在平凡的工作岗位上建功立业，9月6日下午，在第39个教师节来临之际，学校在科技实训中心10楼学术报告厅，隆重召开庆祝第39个教师节表彰大会暨师德师风建设主题教育月动员大会。学校董事会成员、党政班子成员出席大会，全体教职员工参加大会。

董事长宣承志发表了热情洋溢的讲话。他对获奖的老师表示热烈的祝贺，为全体老师送上节日的祝福。他特别指出：

（1）要充分看到学校的办学成绩。在过去的一年里，我们立足学校实际，全方位打造"生态文理、人文文理、特色文理、品牌文理"，学校教育、教学、科研成绩斐然。去年我校获得广东省教育发展专项资金500万元，今年8月，我校又获得省教育厅800万元的教育发展专项资金支持，这无疑是对广东文理职业学院教育教学成绩的肯定与鼓励。近年来，我校的办学条件得到极大的改善，学校生源充足，招生形势持续向好，毕业生就业率持续提高，为社会培养了一批又一批有用人才，办学水平得到了上级领导和社会各界的一致认可和赞同。与此同时，我们稳步推进校园基础设施建设，切实关心教师生活与发展，帮助教师解决工作和生活中的实际困难，把尊师重教各项具体措施落到实处。

（2）上级领导和地方政府的支持，是我们办学的强大保障。回首我们办学走过的28个春秋，学校得到了上级教育主管部门和地方各级政府的大力支持。校园从最初的300余亩，发展到现在的1590亩，校舍、师资、实验仪器设备、图书馆等办学硬件都得到极大改善。

（3）全体教职工的辛勤付出，是学校高质量发展的关键。学校取得的一个个好成绩，离不开全体教职工的辛勤付出。我们要感谢后勤基建部门的员工，他们不分节假日，日夜奋战在工地一线，赶时间，抢进度；我们要感谢广大的专任教师及参与招生工作的同志们，他们用行动诠释着使命和担当，全心全意为学生着想，为学校服务；我们要感谢学校的党政班子领导，他们有着强烈的事业心和责任感，十分重视师资队伍建设，为学校的高质量发展奠定了坚实的基础。事实证明，教师是学校发展的第一资源，是推动学校改革创新的根本动力，是提升学校核心竞争力的关键要素。

（4）要坚持"升本"工作不动摇。2017年广东省人民政府正式向教育部报请批准广东文理职业学院升格为本科院校，后因教育部"升本"政策调整此事搁置成为遗留问题。目前，学校的办学条件已达到本科要求，现正在向教育部继续申请，以满足我校的"升本"诉求。随着《国家职业教育改革实施方案》《本科层次职业学校设置标准》等新政策的出台，我校又站在了新一轮职业教育的新起点上，下一步，我校在推进整体"升本"的同时，各二级学院要争创省级示范专业，努力促进专业"升本"。

（5）近期的主要工作。一是抓好"升本"工作，坚持学校整体"升本"和专业"升本"不动摇。二是抓好基础设施建设，马上开工建设第 11、12、13 栋学生公寓和第三教学楼，广东奥克体育中心将同步开工建设。以上项目全部建成后，将极大地提升我校教育办学水平，完善职业教育体系，为粤西和广东经济社会的发展提供人才支撑和智力支持，对打响粤西职业教育品牌，提升城市品位，都具有十分重要的意义。

最后，董事长表态，董事会将采取更加切实有效的措施，为教育教学提供强有力的保障，从政治、工作、思想和生活上关心教师。同时也希望广大教职工不忘立德树人初心，牢记育人育才使命，不断提高学识魅力和人格魅力，以高尚的师德、精湛的业务、扎实的工作和丰硕的成果回报社会，共同开创学校发展新局面，早日把学校建成"高水平职业大学"。

党委书记陈健对开展师德师风建设主题教育月活动作了动员和部署。他说，本次动员大会旨在进一步加强师德师风建设，提升全体教职工师德建设的自觉性、主动性和责任感，为学校高质量发展和落实立德树人根本任务提供有力支撑。他要求全体教职工，一要讲政治，确保思想根基不动摇；二要讲担当，保障工作初心不变质；三要讲品德，筑牢师德师风新形象。

我在会上也代表学校领导班子向为学校辛勤工作的全体教职员工致以最崇高的敬意和最美好的祝愿，向刚刚履新的 3 位校领导、50 位处级干部、78 位获得各类优秀荣誉的老师，以及 84 位躬耕教坛为学校辛勤工作 10 周年以上的老教师、老员工，表示最热烈的祝贺和最衷心的感谢。我说，我们今天举行这么隆重的表彰大会，就是要营造尊师重教、尊重人才的校园氛围，也借此机会向每一位教职工清晰传达学校管理层的办学理念和工作思路。古人云"上下同欲者胜，风雨同舟者兴"。只有统一思想，才能统一行动，才能真正做到心往一处想，劲往一处使，才能使广东文理职业学院这艘职教航船，朝着坚定的目标，迈向成功的理想彼岸。

我对上学期的工作进行了简要回顾。我说上学期以来，在党委的政治引领和董事会的正确领导下，学校管理层带领全体教职工，认真勤勉、开拓创新，推动学校各项事业向前发展，成绩令人振奋。思想政治工作稳定，办学规模快速扩大，办学条件不断改善，师资队伍建设卓有成效，实训基地建设得到积极推进，办学内涵不断提升，教学管理不断规范，人才培养质量不断提高。这些成绩的取得，离不开在座每一位教职工的辛勤劳动，每一项成绩都凝聚着大家的心血与汗水。

我说，当前高等职业教育迎来了蓬勃发展的机遇期。党中央、国务院先后出台了《国家职业教育改革实施方案》《关于深化现代职业教育体系建设改革的意见》《职业教育产教融合赋能提升行动实施方案（2023—2025 年）》等不少关于职业教育的利好政策。尤其是 2021 年，中共广东省委、省人民政府《关于支持湛江加快建设省域副中心城市打造现代化沿海经济带重要发展极的意见》明确提出要"提升广东文理职业学院办学水平"。在省级文件中，单独提到一个民办高校的发展问题，这是比较罕见的。另外，无论普职各 50% 的分流政策，还是前几天教育部提出要"扩大高中招生规模"等，对我们高职院校都是利好消息。我们一定要珍惜机会、抢抓机遇，以永不懈怠的姿态和艰苦创业的精神去推动学校实现高质量发展。

为此，我们应做到五个"明确"，抓好七项重点工作。

一是进一步明确学校的办学方向，坚持社会主义办学方向，全面贯彻党的教育方针，落实立德树人的根本任务，培养合格的社会主义事业的建设者和接班人。

二是进一步明确学校"两性两型"的办学定位，即职业性、教学型，地方性、技能型。

三是进一步明确学校的价值追求：质量、特色。在理念层面，我们要追求高质量、高水平；在工作层面，我们要坚持高标准、严要求，要牢牢记住质量就是我们的生命，坚持分类培养，因材施教，打造富有特色的人才培养模式，培养有特色的技术技能人才，建成特色鲜明的高职院校。

四是进一步明确学校高质量发展的三大任务：扩容、提质、建高地，在办学条件许可的情况下继续扩大办学规模；提升内部管理质量、人才培养质量，以质量求生存，以质量求发展；努力打造粤西职业教育高地，把学校办成具有地区影响力的人才高地、首善之区，发挥人才密集和文化先进的优势，为廉江、湛江、广东、粤港澳大湾区的发展做出贡献，使学校成为粤西乃至广东民办教育的标杆。

五是进一步明确学校高质量发展的路径，坚持走好校企合作、产教融合这条高质量发展的必由之路，紧扣行业需求、企业需求、市场需求，联合行业企业，使人才培养对接职业岗位需求，把校企合作、产教融合落到实处。

我还向老师们通报了本学期要重点抓好的几项工作。一是以政治引领，强化作风建设，特别是要认真抓好第二批主题教育，发挥党员先锋模范带头作用，营造风清气正的校园文化氛围。二是以建章立制，规范办学行为，健全以学校章程为核心的现代大学制度，理顺董事会、学校党委、学校管理层三者关系，让"三驾马车"同心同向，相向而行。三是对接产业需求，优化专业结构，重组二级学院，科学规范二级学院名称，建立专业动态调整机制。四是完善薪酬体系，建立既体现"多劳多得"，又体现"优劳优酬"，既有普惠性，又有激励性的新的薪酬体系，使优秀人才能长期留在学校，增强教职员工的归属感、幸福感，激发全体教职员工干事创业的积极性。五是建立和完善预算决算制度，充分调动学校和二级单位两个积极性，强化主体意识、责任意识，发挥财务与资金管理的使用效率，推动学校整体管理水平的提升。六是加强校企合作，深化产教融合，要坚定不移地加强与地方政府的联系，坚定不移地加强与地方企业的联动，通过校地合作、校企合作，深化产学研政企结合，推动产教研融合，促进学校高质量发展。七是想千方设百计，推动"升本"工作，对标职业本科设置标准，练好办学内功，搞好内涵建设，只要有百分之一的希望，就要付出百分之百的努力，推动学校办学层次不断提升。

最后，我也对全体教职员工，提几点要求和希望。

一是不忘初心，弘扬高尚师德。"大学教师"这个职业是崇高和神圣的。师德是教师的生命，是教师的第一智慧，更是对学生最生动、最具体、最深远的教育。习近平总书记讲："一个人遇到好老师是人生的幸运，一个学校拥有好老师是学校的光荣，一个民族源源不断涌现出一批又一批好老师则是民族的希望。"①我们要牢记总书记的要求，做有理想信念、有道德情操、有扎实学识、有仁爱之心的好老师，做学生锤炼品格的引路人，做学生学习知识的引路人，做学生创新思维的引路人，做学生奉献祖国的引路人，以高尚的道德情操和深厚的文化修养，坚守人格底线，守望精神家园，以德立身、以德立学、以德施教。

二是加强学习，提升职业能力。学如逆水行舟，不进则退。延安时期，毛泽东同志曾说："我们队伍里边有一种恐慌，不是经济恐慌，也不是政治恐慌，而是本领恐慌。"②他还打比方说，这就"好像一个铺子，本来东西不多，一卖就完，空空如也，再开下去就不成了，再开就一定要进货"③。我也经常说"昨天的太阳晒不干今天的衣服"。我们有些老师，一年都不读一本书，疏于学习，不想学习，不再学习，这样下去是不行的。要给学生一滴水，我们必须有不止一桶水，还要有一潭水。我们要不断提高思想政治理论水平，多进"理论货"；我们还要瞄准需求多进"专业货"，把专业学习与解决教育教学中的实际问题紧密结合起来，切实增强履职尽责的专业本领；我们还要顺应时代多进"新鲜货"，确保专业技能和教育教学水平与时代同步共进。如果说我们有一点成绩的话，过去我们是依靠学习走向成功，现在更加要依靠学习走向未来！

三是爱岗爱校，共创文理辉煌。希望每一位教职员工都能珍惜在校共事的缘分，爱岗敬业、爱生如子、爱校如家，以全心投入的岗位意识，以实干担当的奉献精神，以追求卓越的雄心壮志，奋发有为、干事创业，在工作岗位上奋斗，在服务学校中奋起，收获人生价值的出彩与精彩、成功与辉煌！

会上，学校对 34 名校级优秀教师、25 名校级优秀教育工作者、19 名获得省级以上荣誉教师和 84 名 10 年以上校龄教职工进行了表彰。优秀教师代表也上台发言，衷心地感谢学校的栽培、领导的关怀和支持以及同事们的无私帮助，倡议全体教师齐心协力，积极进取，立德树人，共同为学校更加美好的明天，奉献自己的才智和力量，培养更多的优秀人才！

---

① 习近平：《论党的青年工作》，北京：中央文献出版社 2022 年版，第 130 页。
② 《毛泽东文集》第二卷，北京：人民出版社 1993 年版，第 178 页。
③ 《毛泽东文集》第二卷，北京：人民出版社 1993 年版，第 178 页。

# 听课

　　今天上午我与教务处、教学质量监控与督导中心及思政部负责人一起听了两节课。

　　学校领导定期深入到课堂听课、巡课是其应尽的职责。教育部、省教育厅对于学校领导听课都有相关的规定，比如要求校领导一学期听课不少于 4 节、分管教学的校领导听课不少于 8 节，目的就是通过听课深入了解教师的上课状态、学生的听课情况以及教学管理情况，特别是通过听课对教师的教学内容和教学方法有一个深入的了解。听课之后，一般校领导都要和任课教师进行简短的交流，对老师的课堂教学给予一个简要的评价，特别是对教师如何改进课堂教学、提高课堂教学质量方面给予指导性的意见。

　　今天上午听的两节课，一节是智能制造学院的老师讲解的关于新能源汽车的内容，另一节是思政部老师讲解的关于中国特色社会主义理论体系的内容。听课之后，我们与两位老师进行了简短的交流。从课堂教学来看，两位老师备课都比较认真、准备充分，讲解清晰，精神面貌良好，课堂上也能够与学生进行互动。总体来看，教学效果是良好的。我们对这两位老师的课堂教学给予了充分的肯定，但是也对两位老师的课堂教学提出了一些改进的意见。比方说对陈老师讲解的新能源汽车的电池部分，我们感觉对于各种电池的优缺点对比方面讲得相对差一些。如果把各种各样的电池，它们的优点和缺点加以相互对照，学生既记得牢，又能够理解新能源汽车电池的发展方向。另外课堂上 PPT 教学中所使用的图表、文字太小，坐在第三排以后的学生很难看清图表上的内容，此外板书也比较少。PPT 教学不能够完全代替课堂教学的其他手段，教师适当地写一些板书，对教学重点进行提示，不仅能突出讲解的重点内容，而且可以引起学生的注意，提高学生的注意力集中度，这对于提高课堂教学质量是必不可少的。思政部王老师讲中国特色社会主义理论体系的相关内容，所讲理论都是正确的，但我们感觉与学生的实际结合得不够。老师在讲授这些大道理时，应把学生的思想实际和今后的工作实际结合起来，这样既能激发学生的学习兴趣，又让学生感觉到这些理论就在身边，否则学生就会认为这些理论与自己的学习工作生活实际没有关联，无法在思想上产生共鸣。一起听课的其他同志也给两位老师提出了具体的一些意见建议，两位老师都表示虚心接受，接下来会进一步改进课堂教学，提高课堂教学质量。

现在的大学课堂教学存在着一些问题。有的老师认为现在的学生不好好上课，"一有三无"的学生大量存在，即"有"就是有手机，"三无"就是无教材、无笔记本、无笔。课堂上学生抬头率不高，注意听讲的学生不多，课堂教学质量堪忧。我们在与学生接触的时候，或者开座谈会的时候，很多学生也反映，个别老师备课不认真，上课照本宣科，教学内容不新，教学方法呆板，讲解不生动，学生不愿意听。这些问题虽然不是普遍存在的问题，但必须引起足够的重视。

现在的课堂教学由于受到信息化的影响和社会环境的影响，老师感觉学生越来越难教了。如何通过课堂教学来提高人才培养质量，是一个非常值得研究的问题。

一门课怎样才能教得好？在长期的教学管理工作中，我个人的体会是，第一，老师要明确学校的办学定位，特别是要明确专业人才培养的目标定位。很多老师特别是年轻老师对这一点不清楚，甚至觉得无所谓。有的说"我就是拿这一本教材来上这一门课"，至于学校办学定位和专业人才培养的目标定位跟我有什么关系呢？这是一个很大的误区。学校办学定位和专业人才培养的目标定位跟老师上好课其实有很大的关系。因为你是在这个学校上课，因为你是在这个专业上课，你是在给这个专业的学生上课，你是在培养这个专业的人才，如果对学校的办学定位和专业人才培养的目标定位一点都不清楚，你的教学设计就是茫然的，你在教学过程中就没有方向，就无法来定位自己的教学内容和所采用的教学方法。比方说研究型大学，它要培养研究型人才，老师不仅要讲清楚科学道理，更要讲清楚科学道理的发现机制，讲清楚最新的科学前景，它要培养的是研究型人才，那么它的所有的课程设置和培养环节，都要按照研究型人才的目标来设计，它重在课程的深度和科学的前沿问题。而在应用型高校，由于专业人才培养的目标定位是应用型人才，重在培养学生的实践能力和应用能力，所以它的课程设置和培养环节，就重在科学技术的应用上，而不是在科学技术的前沿问题上、不是在科学理论的发现问题上。对于课程设置而言，应用型高校基础理论课程的设置，按照著名高等教育学家潘懋元先生的说法就是 4 个字："坚实、够用。"所谓"坚实"，就是理论基础要打牢，"够用"就是在今后的工作当中要能够用得上，要够，而不是追求多，更不是追求深。对于职业院校来讲，人才培养的目标定位是培养技术技能型人才，培养技术技能型人才就比应用型高校更加重视对科学技术的应用，更加重视培养学生的动手能力、专业技能，而不是过分强调基础理论的"深"和"厚"。在职业院校，如果我们偏离了专业人才培养的目标定位，一味地去照搬研究型高校或者应用型本科高校的培养内容和培养过程的话，我们就很难达到职业院校的人才培养目标定位。明确这一点，就可以使老师准确地把握教学内容和所应采取的教学方法，这个问题值得我们深入思考。

第二，要了解学生，因材施教。因材施教是我们国家多年的教学传统，也是教育专家一直提倡的。对于我们广东文理职业学院来讲，我们的学生在中学阶段基础学科的学习成绩并不是十分优秀的，或者说十分优秀的学生不多。这些学生可能是因为高考当中的失误，或者由于个人的兴趣、家庭的愿望，而进入到职业院校学习。我校的学生类型大致可分为三类，一类就是有继续深造愿望的学生，这一部分学生学习态度端正，有强烈的学习愿望，学习认真，刻苦努力。学校不能埋没这部分学生，要帮助他们成长进步，满足他们深造学习的愿望。第二类学生人数最多，他们到这里来学习专业技能，为今后走上社会，为今后的工作打下坚实的基础。对于这一部分学生来讲，我们要特别重视对他们进行专业技术、技能的培养，使他们能够一专多能，真正地学到"一手绝招""一门绝技"，走上社会能成为大国工匠、能工巧匠、高技能人才，这也是我们国家现代化建设过程中所迫切需要的人才。我们教学的立足点就是要培养这样的学生，使他们走上社会能找到一份好工作，能有一份好收入，能够为社会做出应有的贡献。第三类是一小部分"特殊"学生，或者由于家庭条件比较好不需要找工作，或者有其他的原因而无心专注于专业学习，但是这部分学生也一定有他们的专长，我们要把他们的专长发挥出来，开发他们的潜能和素质，特别是要他们锻炼好身体，身心健康，养成文明礼貌的习惯，使他们走上社会能成为一个合格的公民，回到家里也是一个好儿子好女儿，成人之后也能够做一个好爸爸好母亲。具体到一个班级，有多少学生归于哪一类？作为任课老师一定要心中有数，要进行分类分级教学，绝不能千篇一律，更不能用一把尺子来量所有的学生。用一把尺子来量所有的学生，为难的不仅是学生自己，不仅是对学生的不公平和不公正，也是为难教师自己。

第三，要理解所教课程在专业人才培养中的地位和作用。这一点，我认为是我们很多大学老师所缺乏的。作为老师，你教这门课，你这一门课在专业人才培养过程中起什么作用？具有什么样的地位？你心中一定要清楚这门课和其他的课程之间是个什么关系？这样你才能在教学过程中自主选择整合好教学内容，而不是生搬硬套地照着教材内容照本宣科，更不会偏离课程的核心内容，下了很大的力气讲解了一些无关紧要的内容，而将课程的核心内容丢在一旁。我在长期的教学管理过程中发现，有不少老师有这样的倾向，他只教授自己感兴趣的内容，对自己不感兴趣的内容弃之一旁，但问题在于他感兴趣的内容恰恰又不是课程的核心内容，而把一些课程的支流末节当成专业课程的主要内容、核心内容来讲，这种舍本逐末的行为是无法提高专业教学质量的。

第四，要善于将教材体系转化为教学体系。任何一门课程都有一本教材，教材是我们上课的教学内容的重要依据之一，但并不是唯一的依据，也并不是教材上的内容都要一字不漏地全部讲解给学生。在教学改革过程当中，有的老师问我，我这一门课只有 54 个学时，校长你看看，我这一门课的教材这么厚，我怎么能用 54 个学时把这一本教材教完呢？从表面上来看，教师的质疑似乎很有道理，课时就那么多，教材的确是那么厚，但是我反问老师，我是让你来教授这门课程的，有谁说一定要让你教这本教材呢？教材是课程的载体，但是教材不等于课程，课程也不等于教材。教材要有一个完整的体系，它是按照知识体系来编写的。有些内容虽然不是很重要甚至是无关紧要，但是作为教材，它要体现知识体系的完整性，必须要写进教材。我们的教学体系是一个对教学进行重组的体系，要根据教学计划的安排、专业学生的学习内容和后续的课程学习，将课程的核心内容转化为教学体系来进行教授，从而有效提高教学效率，避免出现一些叙述性、重复性的内容。比如，物理学的、化学的、生物学的很多的公式、定理、原理，从近代科学以来到现在都有了很大的进展，是不是我们讲到某一个方面的内容，一定要从近代讲起呢？是否一定要讲清楚它们的来龙去脉呢？针对技术技能型人才的培养，我们讲清楚其成熟的科学原理、技术原理的应用，特别是实际工作当中的应用，这个才是最重要的。所以当好大学老师一定要善于将教材的体系转化为教学体系，否则的话就没有备课这一说。教师备课的过程，写教案的过程，就是要备学生、备教具，还有很重要的一点，就是要备教材，把这些东西综合起来，转化为自己的教案，也就是自己的教学体系。现在由于 PPT 教学多媒体教学手段比较发达，得到了广泛的应用，纸质的教案在很多老师那里省略掉了，这对我们的课堂教学会产生直接的影响。这个问题不能不引起我们的高度重视。

第五，要运用恰当的教学方法来组织教学。教学方法多种多样，讲授式的、启发式的、探究式的、案例式的等。我在这里要说的是多媒体教学，它是教学的辅助手段，而不是课堂教学的主要手段，更不是教学的唯一手段。我在教学巡查过程中发现，我们的多媒体教学实际上是名不副实的，只是播放了 PPT 的幻灯片，很少有真正意义上的多媒体教学。PPT 这个东西本来是为了提高课堂教学效率，丰富教学手段的，可是现在课堂上使用 PPT 教学成了课堂教学的唯一的手段、唯一的方法，好像一个老师不播放 PPT，就不是现代化的教学方法，就是与现时代脱节。有的老师课堂上仅仅就打一个标题，两节课就这一个标题放了两个课时，这也是在运用多媒体教学吗？还有的老师把教材的电子版直接搬到屏幕上，这是多媒体教学吗？我们理工科个别老师用 PPT 来教学，各种公式的推导、思维方法的演进，鼠标一点，结果都出来了，学生的思维能力如何来进行培养呢？公式的推导过程，反复的演算过程，实际上是一个试错过程，也是不同的思维方式演示的过程，如果简单地使用 PPT 教学，鼠标一点结果就出来了，哪能够培养学生的思维能力呢？我经常说，这种貌似现代化的方法、手段，的的确确是千辛万苦、千方百计地把我们的学生培养成傻瓜。个别老师还图省事，事先不备课，反正有 PPT，到时候照着讲就完了，所以 PPT 就成了逃避备课而偷懒的一个手段。有的老师两节课下来，没有一个字的板书，照着 PPT 念，这样的教学怎么能够吸引学生，怎么能够提高教学质量呢？教室里一旦停电，由于念不了 PPT，课就没法上了。这些问题值得我们老师好好地思考，认真地研究。

　　关于思政课教学，这也是目前大学教学的难点之一。抓好大学思政课教学，党中央非常重视。2019 年 3 月 18 日，中共中央总书记、国家主席、中央军委主席习近平在北京主持召开学校思想政治理论课教师座谈会并发表重要讲话。习近平总书记指出，办好思想政治理论课，最根本的是要全面贯彻党的教育方针，解决好培养什么人、怎样培养人、为谁培养人这个根本问题。我们党立志于中华民族千秋伟业，必须培养一代又一代拥护中国共产党领导和我国社会主义制度、立志为中国特色社会主义事业奋斗终生的有用人才。在这个根本问题上，必须旗帜鲜明、毫不含糊。办好思想政治理论课关键在教师，关键在发挥教师的积极性、主动性、创造性。思政课教师，要给学生心灵埋下真善美的种子，引导学生扣好人生第一粒扣子。第一，政治要强；第二，情怀要深；第三，思维要新；第四，视野要广；第五，自律要严；第六，人格要正。对于如何搞好思政课教学，习近平总书记强调，推动思想政治理论课改革创新，要不断增强思政课的思想性、理论性和亲和力、针对性。要坚持政治性和学理性相统一，以透彻的学理分析回应学生，以彻底的思想理论说服学生，用真理的强大力量引导学生。要坚持价值性和知识性相统一，寓价值观引导于知识传授之中。要坚持建设性和批判性相统一，传导主流意识形态，直面各种错误观点和思潮。要坚持理论性和实践性相统一，用科学理论培养人，重视思政课的实践性，把思政小课堂同社会大课堂结合起来，教育引导学生立鸿鹄志，做奋斗者。要坚持统一性和多样性相统一，既落实教学目标、课程设置、教材使用、教学管理等方面的统一要求，又因地制宜、因时制宜、因材施教。要坚持主导性和主体性相统一，思政课教学离不开教师的主导，同时要加大对学生的认知规律和接受特点的研究，发挥学生主体性作用。要坚持灌输性和启发性相统一，注重启发性教育，引导学生发现问题、分析问题、思考问题，在不断启发中让学生水到渠成得出结论。要坚持显性教育和隐性教育相统一，挖掘其他课程和教学方式中蕴含的思想政治教育资源，实现全员全程全方位育人。

　　习近平总书记的讲话为我们怎样搞好思政课建设指明了方向，提供了根本遵循。这些年来，思政课建设成效是显著的，教学方法不断创新，教师乐教善教、潜心育人，教师队伍规模和素质稳步提升，大中小学思政课一体化建设初显成效。同时，我们也要看到，思政课建设中的一些问题亟待解决。有的学校对思政课重要性认识还不够到位；课堂教学效果还需要提升，教学研究力度需要加大、思路需要拓展；教材内容还不够鲜活，针对性、可读性、实效性有待增强；教师选配和培养工作还存在短板，队伍结构还要优化，整体素质还要提升；特别是民办学校、中外合作办学学校思政课建设还相对薄弱。就高校来说，如何贯彻落实好习近平总书记的指示精神，提高思政课教学的针对性、实效性，也仍然是一个亟待解决的问题。

首先，必须理解思政课教学的目的。办好思政课，就是要开展马克思主义理论教育，用习近平新时代中国特色社会主义思想铸魂育人，引导学生增强中国特色社会主义道路自信、理论自信、制度自信、文化自信，厚植爱国主义情怀，把爱国情、强国志、报国行自觉融入坚持和发展中国特色社会主义、建设社会主义现代化强国、实现中华民族伟大复兴的奋斗之中。在大学开设思政课是中国特色社会主义大学制度的重要内容，也是坚持中国共产党的领导，坚持社会主义办学方向的重要体现。思政课教学是立德树人的主渠道，关系到培养什么人这个教育的根本目的。我们办的是社会主义大学，我们要培养的是社会主义事业的建设者和接班人，我们的大学是为党育人、为国育才，要达到这样的一个目的，就必须加强对大学生的思想政治教育，我们绝不能培养社会主义的掘墓人。

其次，要理解思政课教学的知识传授和思想政治教育的关系，也就是习近平总书记说的，要坚持价值性和知识性相统一，寓价值观引导于知识传授之中。我们要通过知识传授来帮助学生树立正确的世界观、人生观、价值观。换一句话说，也就是思政课教学要把思政课当作思政课来上，重在思想政治教育，重在帮助学生树立正确的世界观、人生观、价值观。知识传授不是最主要的目的，但是，思想政治教育不是虚的、空的，它要有载体，这个载体就是知识。思政课教学涉及历史知识、法律知识、经济知识、哲学知识等，在传授马克思主义理论的过程中，要力争进行正确而全面的知识传授，如此才能增进思想政治教育的说服力和效果，才能征服人心。

再次，思政课教学一定要处理好"以大见小"和"以小见大"的关系。所谓"以大见小"，就是从马克思主义理论，从中国特色社会主义理论，从中国近现代史、党史、国史、改革开放史，从我们国家、我们民族，都要联系到我们身边的实际，特别是要联系到学生的个人实际，这样才能够起到真正的教育意义。比方说我们讲中国共产党何以伟大？从近代史到党史有许多的历史事实证明了中国共产党的伟大，但是中国共产党的这种伟大和我们个人的学习工作生活实际有什么关系？要把这个给学生讲清楚，学生才能加深理解，才能从情感上认同。再比如说马克思主义为什么行？我们可以从理论与实践、历史与现实多角度证明马克思主义行，这还不够，还要联系到今天的实际、学生的生活实际，讲清楚我们为什么要坚持马克思主义，帮助学生自觉地理解党的路线方针政策，自觉地用马克思主义的世界观和方法论来指导我们的工作和生活。所谓"以小见大"，就是对当下的热点问题、身边发生的小事情当中讲清楚它蕴含的大道理，比如学校的一些规章制度往往被学生"吐槽"，可以抓住一些典型案例讲清楚"必然与自由"的关系、"自由与纪律"的关系、"个人与集体"的关系等，使学生明白不以善小而不为，或者不以恶小而为之的道理。总之，无论是"以大见小"，还是"以小见大"，都是要使理论与现实密切结合起来、理论与实际结合起来、历史与现实结合起来，把国家民族与个人联系起来，使学生明白我们个人的努力奋斗离不开国家民族的发展，每一个人都努力奋斗，就是为国家的繁荣昌盛和民族复兴作贡献。

最后，在教学方法上专题式教学比照本宣科的效果好。思政课内容比较多，应该根据不同年级不同专业学生的实际，结合当下的社会热点问题、难点问题，有针对性地组织专题进行专题讲解。专题式教学是高校思想政治理论课为改善教学效果而探索的一种新的教学模式。这种教学方法，不再按教材章、节、目进行授课，而是从学生的思想实际和当前的社会热点中去提炼和确立教学专题，对教学内容进行重组，建构新的教学体系，将一门课分为若干个教学专题。在教学任务的分工上，不是一门课只由一位老师主讲，而是由学有专长或确有研究的不同教师实施专题教学。专题教学有利于加强集体备课和教师之间的交流，有利于教学内容的深化，教师可以围绕一个专题将内容讲深讲透，也有利于发挥教师的优势和特长，使学生受到不同学术背景教师的熏陶和训练。

# 教务处班子建设

今天下午，我和李晓豁副校长、薛芳副校长、办公室庞剑云主任及人事处张飞燕处长一起到教务处参加全处的干部会议。这次学校机构改革和中层干部调整，教务处变动比较大。科研处更名为产学研合作处，教务处与产学研合作处、实训中心、网络中心合署办公，处长由张佐营同志担任，副处长由王达斌、刘阳光同志担任，崔敬同志任网络中心主任，林丽佳同志任处长助理，共同组成新成立的教务处(产学研合作处)领导班子。

会上我们宣布了班子任职名单，并对机构重组后提出工作上的要求。会议由张飞燕处长主持。张飞燕同志首先宣读了学校的两份文件，一份是机构的重组文件，另一份就是新成立的教务处(产学研合作处)班子成员的任职文件。接着薛芳副校长作了讲话。根据这一次校领导的分工，教学工作由薛芳副校长具体分管，也就是说在新成立的教务处(产学研合作处)中，原教务处的工作、实训中心的工作和网信中心的工作，由薛芳副校长具体分管。她讲了4点具体的意见：一是守土有责，守土尽责，高质量完成分内工作。她说，作为职业院校，教学工作是我们的中心工作、最重要的工作，教务处承担着学校日常教学的管理工作，要守好这份责任田，认真负责地做好教学的管理工作。二是要潜心研究，勤于探索，创造性地开展工作。薛芳副校长认为，现在我们国家的教育形势，特别是职业教育的形势发生了很大的变化。职业教育的教学工作，还有许多领域需要我们去探索，我们必须带着研究的目的，创造性地开展工作。三是要相对分工，相互合作。她说，新成立的教务处(产学研合作处)是一个大处也是一个新处，几个部门的职能交叉在一起，既有原来教务处的工作、科研处的工作、网信中心的工作，还有实训中心的工作，这些都要在处内形成相对合理的分工，相互之间要围绕中心工作密切配合，共同推进学校工作的顺利开展。四是要换位思考，将心比心，营造良好的工作氛围。她说，我们处在学校的服务岗位，要为教师、为学生提供优质的服务，老师们、学生们有困难、有问题找到我们，我们要积极主动地做好服务工作，努力改进服务态度，提高服务质量。

李晓豁副校长在会上也作了讲话。这次学校领导班子分工调整，李晓豁副校长不再分管教学工作。李晓豁副校长是博士生导师，业务能力非常强，在学校也是德高望重的老同志，鉴于他年事已高，教学工作任务非常繁重，决定把他原来所分管的教学工作，转由薛芳副校长来分管。李晓豁副校长对分管教学期间教务处对他工作的支持表示感谢。他认为教务处的工作非常重要，作为职业院校教学工作是学校的中心工作，培养人才是我们最重要的任务，做好教务处的工作、教学管理工作异常重要。产学研合作处由李晓豁副校长来分管，他说，产学研合作处今后的主要工作任务，就是搞好产学研结合，建好产学研基地，在为地方经济社会发展做好技术推广、技术服务的同时，为学校提高人才培养质量提供支持和保证。

最后我也讲了几点意见：一是要求教务处要提高政治站位，要把思想统一到学校董事会和校长办公会的决定上来。这一次机构调整和中层干部调整是根据学校工作实际，从学校长远发展的大局出发来考虑的。我们学校规模还不大，要把人才培养的资源集中起来，成立一个综合的管理部门，这个部门，就是现在的教务处，它与产学研合作处、实训中心以及网络信息中心合署办公，能够使学校有限的资源得到有效的整合，为提高人才培养质量提供良好的条件和制度保证。全处同志要胸怀学校发展全局，充分理解学校的战略部署，要形成统一的思想，有了统一的思想，才会有统一的意志，才会在学校的管理工作中发挥教务处的统一管理作用，这是一种新的制度安排，请同志们要充分理解董事会的意图。二是要从学校的工作大局出发，加强分工协作。现在新成立的教务处是一个超级大的部门，组成这个部门的几个具体的工作单位都要服从学校工作大局，要特别强调统一性、整体性，绝不能把合署办公搞成"合而不署"，或者是"貌合神离"，更不能像原来一样各自为政。"合"是根本，在"合"的前提下有分工，更要强调合作。三是要以高度的责任心来为提高学校的人才培养质量做出更大的贡献。这里我提出 4 点具体的工作要求。其一要增强工作的计划性。高校工作有一个非常突出的特点，就是周期性比较强，根据这种周期性强的特点，我们的许多工作要提前安排，提前部署，做好周密的计划，避免临时应付。我说，我来了这么长时间，我觉得很多工作没有做好、很多工作处于应付状态，实际上是工作计划性不够造成的。比如，这个学年要做的主要工作是什么？这个学期、这个月、这一周要做的重点工作是什么？都要有明确的计划，在全校安排和布置下去，使各个教学单位能够非常清楚，便于工作的开展。其二要突出工作重点。教务处的工作现在是几个部门合署起来办公，但一定要有所侧重。一学年一学期一个月都要有工作重点，要集中主要精力把重点工作做好，以点带面，带动其他工作的开展。现在我们的工作重点就是要推动教学工作的规范化，抓好规范管理、规范运行，为此就要抓好建章立制工作，做好顶层设计、制度安排。其三要提升服务水平。教学的管理工作实际上就是服务，我们是民办学校，应该比公办学校给老师、学生提供更多的更优质的服务。教学管理部门绝对不能把管理当成是领导，绝对不能"当官做老爷"，绝对不能门难进、脸难看、事难办。为老师服务，为学生服务，就是为学校服务，就是为学校提高人才培养质量服务，要不断地改进我们的服务态度，改进服务方式方法，提升服务水平。其四要提高工作质量。这学期我多次讲过我们的工作理念就是 4 个字：质量、特色。这个质量不仅包括人才培养质量，还包括工作质量，如果没有工作质量，也无法来提高人才培养质量。工作质量是一个综合性的东西，体现在方方面面，大到顶层设计、制度安排，小到发布一份具体的通知，都能够体现出我们的工作质量。工作质量对学校的影响非常大。比如向省教育厅、市教育局提交一份报告，如果不符合教育厅、教育局规定的工作要求，思路不清晰，内容不充实，事例不具体，说明不清楚，这样的一份报告就会严重影响学校的形象和声誉。再比如说一份具体的通知，如果通知的事项不明，要求不具体，这份通知对于教学单位来讲，就无法执行，就影响工作的顺利开展。所以，工作质量代表着我们的工作水平，从某种意义上说，也就是你这个学校的水平，因而我们一定要高度重视。

我强调，希望大家支持薛芳副校长的工作。薛芳副校长刚刚上任，对于广东的教育工作，对于广东文理职业学院的工作，还要有一个熟悉的过程。希望我们教务处(产学研合作处)的同志们，要多向薛副校长提供情况，帮助她熟悉工作、了解工作，支持她开展好各项工作，也希望新成立的教务处(产学研合作处)的同志们，要多支持处班子的工作，班子的工作有一个磨合期，要把班子建设好，尽快形成全力，张佐营同志负主要责任，在班子里面要当好班长，其他的同志要支持、协助张佐营同志开展好工作。

张佐营同志表示，坚决拥护学校的决定，感谢董事会的信任，教务处（产学研合作处）将进一步明确分工，加强相互协作，增强服务意识，提高服务水平，提高工作质量，为提高学校的人才培养质量，推进学校高质量发展做出自己应有的贡献。

# 感恩岭师

今天上午，我到岭南师范学院参加对我和兰艳泽同志任期经济责任审计进点会。

对领导干部进行任期经济责任审计，是对领导干部任期内所在部门、单位财务收支真实性、合法性、效益性的审计，是对其有关经济活动所承担的经济责任的审计，是对领导干部履职情况的一种审计。领导干部经济责任审计将审计监督引入干部管理，既维护了财经法纪，又促进了领导干部自觉遵纪守法、廉洁自律。这次对我本人和兰艳泽同志的任期经济责任审计，时间节点是从 2018 年 6 月我任岭南师范学院党委书记开始到我 2022 年 4 月卸任党委书记时止。

去年 4 月 21 日，广东省委组织部李学同副部长和省教育工委李大胜副书记来到岭南师范学院宣布我卸任学校党委书记，兰艳泽同志任学校党委书记，阳爱民同志任校长。在干部大会上，我发表了离任感言。我简要回顾了在岭南师范学院 6 年多的工作时光，最后，我说：

> 我不会忘记，省委省政府、省教育厅、市委市政府对学校的关心和支持！为了我们申请硕士学位授予权，时任省长马兴瑞同志亲自给教育部长写信争取支持，去年 3 月来湛江批示拨付 2.57 亿元经费支持学校建设；在"不忘初心、牢记使命"主题教育中，时任省委常委、组织部长张义珍同志亲临学校指导，给予我们诸多勉励；分管教育的王曦副省长去年来校指导帮助我们争取"提毛"经费，为了我们申硕亲自到教育部争取。每个学期我们都会到省委组织部汇报工作，部领导对我们的反复叮咛、耳提面命至今仍历历在目言犹在耳。省教育厅罗伟其厅长、景李虎厅长每年都来学校指导工作，给

予我们巨大的鞭策和鼓励。6年多来，湛江市委市政府无偿划拨原湛江教育学院35亩土地解决我们用地急需，无偿划拨1560亩土地为我们建设新校区，在申硕、校园周边治理、疫情防控各方面给予了学校大力支持。所有这一切的一切，岭师人都会永远铭记在心。

我不会忘记，6年多来与同志们一道在朝夕相处、风雨与共的工作中结下的深厚情谊，这是我一辈子最丰厚的精神财富。为准备申硕材料，大家常常一起加班到深夜；我们不顾疫情冒着零下20度的严寒到教育部汇报工作，校领导班子深夜冒着狂风暴雨去教育厅汇报工作。申硕虽然还没有成功，但申硕留下来的精神和经验弥足珍贵，是我们永远的财富。为了新校区建设，校领导和有关职能部门的负责同志，数不清有多少次到省市区镇甚至村民组沟通协调，不惜跑细了腿、磨破了嘴。同志们在一起工作的时候，不讲条件、不计报酬，有盐同咸、无盐同淡，风雨同舟、患难与共，结下了深厚的同事情谊。这几年我远离家人来湛江工作，不仅在工作上，生活上也得到大家的关心厚爱，给大家增添了许多额外的工作负担和麻烦，这份情谊我会永远感念、一生珍惜。

在岭南师范学院工作的6年多，是我职业生涯中最美好、最宝贵的时光。在我心里，岭师就是我的家，老师学生就是我的家人。他们给了我浓厚的温情，给了我积极工作的不竭动力。我会永远记得与大家每一次相遇的亲切问候，记得老同志的关心和期盼，记得校园清晨的鸟语花香和朗朗书声，记得深夜里办公楼、紫荆楼、图书馆、教学楼明亮的灯光。岭师永远在我心里！

这些话都是我发自内心讲出来的。2016年1月，省委组织部副部长郑庆顺同志送我到岭南师范学院任校长。其后，我每学期都到省委组织部汇报学校工作情况，得到分管部长郑庆顺、廉奕和李学同同志的大力指导，每一次去他们都对我耳提面命，教给我工作方法，帮我化解疑虑，指明我努力的方向。景李虎同志任厅长期间是教育战线事情最多、最复杂的时期，不仅意识形态领域事多，而且恰逢新冠疫情，即便工作这么繁忙、这么辛苦，他每一年都要来学校一次，为我们申请硕士学位授予权鼓劲加油，为我们新校区建设召开现场办公会协调各方关系，令我们特别感动。我们班子开会也多次说，如果我们不努力把学校建设好、发展好，真正对不起景厅长对我们的殷切希望。可以说，没有他们的鼓励、支持，我们在岭师做不出今天这样的成绩。

在今天上午的会议上，我和兰艳泽同志又分别作了述职报告。我对在岭南师范学院的工作作了总体概述：

任学校主要领导职务期间，本人以习近平新时代中国特色社会主义思想为指导，在上级党委和主管部门的正确领导和大力支持下，认真履职尽责，全面贯彻党的教育方针和党中央决策部署，推进办学各项事业蓬勃发展。党的领导全面加强，人才培养质量稳步提升，师资队伍建设卓有成效，科学研究水平不断提升，服务地方能力显著增强，国际交流影响力进一步扩大，办学条件不断优化。主要有：2018—2020 年，高校党委书记抓基层党建述职评议考核结果连续 3 年为"好"。2019 年、2020 年在全省领导班子考核中连续 2 年获"优秀"。学校党委获批为省第三批"全省党建工作示范高校"培育创建单位，拥有全国样板支部 4 个、全省标杆院系 2 个、全省样板支部 9 个、全省"双带头人"教师党支部书记工作室 1 个，在同类院校中位于前列。学校被广东省学位委员会推荐为省 2020 年拟新增硕士学位授予单位并上报国务院学位委员会，这是历史性突破。争取到湛江市委市政府无偿划拨 1560 亩土地建设新校区，同时争取到湛江市无偿划拨原湛江教育学院 35 亩土地用于学校建设。向省里争取到 2.57 亿元的建设资金支持，促成总面积超过 10 万平方米的第五教学楼和第十三期学生公寓两个"提毛"工程完成并投入使用。解决了 10 多年来困扰学校的 5 个地块共 147 亩土地的权属问题，完成了校本部所有地块和学生公寓的确权办证手续。消除"后山"通道和"学院里"通道安全隐患。在本人退出领导职务时，与六年前比，学校本科专业由 59 个增加到 73 个，具有博士学位的教师增长了 1.2 倍，高级职称教师增长了 43%；学校总经费增长了近 1 倍，科研经费增长了 4 倍，教学科研仪器设备值增长了 1.05 倍，实现了省级重点实验室零的突破，学生考研录取率首次超过 10%，首次在《中国社会科学》上发表论文，2018 年在"创新强校"考核中获广东省高校最高分，获批省内广州市以外高校唯一的孔子学院。学校由一个校区扩展为三个校区，校舍建筑面积增加了 15.5 万平方米，等等。

最后，我说：

　　总的说来，本人任岭南师范学院主要领导职务期间依法依规认真履行经济责任，在推动学校事业发展上取得了一定的成绩。这些成绩的取得，完全归功于习近平新时代中国特色社会主义思想的指导，完全归功于省委、省委教育工委对我们的领导、关心和支持，完全归功于学校历任领导班子、老同志打下的良好基础，完全归功于班子成员的大力支持，完全归功于全体师生员工的团结一心、共同努力！当然，我更加清醒地认识到，本人的工作与省里的要求相比，与广大师生员工的热切期盼相比，做得还很不够，学校的发展还面临着许多亟须解决的问题。比如，学校办学层次还不高、建设特色鲜明的高水平师范大学还任重道远等。即使退出岭南师范学院领导职务，我也将一以贯之始终关注、关心、支持岭南师范学院的建设与发展，为推动教育强国建设做出应有的贡献！

受省审计委的委托，湛江市审计局派出审计专家组进驻岭南师范学院开展审计工作。会上，审计局领导和专家组成员分别对这次审计工作作了说明并提出明确要求。

# 《广东文理职业学院章程》

　　今天是周一，下午是例行的行政例会。行政例会之后，我们增加一项内容：由薛芳副校长讲解《广东文理职业学院章程》。

　　为什么要搞这个办学章程的学习培训呢？大学章程被视为大学的"宪法"，上承国家相关法律法规，下启校内各项规章制度，这既是依法治国大背景下建设现代大学制度的客观要求，也是大学办学理念、办学宗旨、办学目标的集中体现。教育部《高等学校章程制定暂行办法》指出："章程是高等学校依法自主办学、实施管理和履行公共职能的基本准则。高等学校应当以章程为依据，制定内部管理制度及规范性文件、实施办学和管理活动、开展社会合作。"章程一经核准，将在较长的时间里保持稳定，成为学校今后发展的指南和宣言。但是，大学章程的这种重要性并不是每一个人都能认识到位的，相当多的人把它当作摆设，甚至在管理实践中完全忘记了章程的存在。因此，我认为，思想上的统一、认识上的到位是非常重要的，这也是我在多年的工作中总结出来的一点点经验。如果思想不统一、认识不到位，就很难形成统一的目标，更难有统一的行动。统一思想、提高认识最有效的办法就是学习，学习的内容可以多样，有第一议题，有上级文件、政策要求，有领导讲话，有别的单位的先进经验介绍等，学习之后联系自身实际进行研讨，往往能起到非常好的效果。

　　我国大学章程建设经历了一个相当长的过程。新中国成立后，我国按照社会主义大学的办学要求，借鉴苏联模式对高等教育进行一系列改造。在很长一段时间里，大学既没有办学自主权也没有独立法律地位，政府的指令和政策成为办学依据，既无可能也无必要制定学校章程，尤其是十年"文革"时期，高等教育遭受巨大破坏，大学章程更是无从谈起。改革开放以来，我国对高校的地位和性质进行了重新厘清，明确了大学的事业单位法人地位。大学既然是事业单位法人，就一定要有章程来规范其行为。1995 年颁布的《中华人民共和国教育法》第 26 条明确规定，"章程"是设立学校及其他教育机构必须具备的基本条件之一，这是我国在教育法律法规中最早提到"章程"。1995 年 8 月原国家教委下发《关于实施〈中华人民共和国教育法〉的若干意见》进一步指出："各级各类学校及其他教育机构，原则上应实行'一校一章程'。"

1999 年开始实施的《高等教育法》第 28 条明确规定了章程应规定的内容、校长应在章程范围内行使职权、章程的修改应报审批机关核准等内容。1999 年 12 月 2 日教育部印发《教育部关于加强教育法制建设的意见》提出："各级各类学校特别是高等学校要提高依法管理学校的意识，依据法律、法规的规定，尽快制定、完善学校章程，经主管教育行政部门审核后，按章程依法自主办学。"

2003 年 7 月，《教育部关于加强依法治校工作的若干意见》再次强调："学校要依据法律法规制定和完善学校章程，经主管教育行政部门审核后，作为学校办学活动的重要依据。"同年 11 月，教育部发布《教育部办公厅关于开展依法治校示范校创建活动的通知》指出，"依法制定学校章程，经教育行政部门审定并遵照章程实施办学活动"是依法治校的示范校标准的第一条，且"没有章程"则一票否决。2006 年 6 月，教育部在吉林大学召开了"直属高校依法治校工作经验交流会"，对大学章程制定工作作了明确要求和广泛动员。

2010 年 7 月，《国家中长期教育改革和发展规划纲要（2010—2020 年）》明确提出，完善中国特色现代大学制度，高校应依法制定章程，依照章程规定管理学校。2011 年 11 月，教育部以 31 号令的形式颁布《高等学校章程制定暂行办法》，进一步明确了高校章程制定的原则和应规定的内容，要求全国所有高校全面启动大学章程的制定或修订工作，并将高校章程制定写入《教育部 2013 年工作要点》。

2012 年 3—4 月，教育部连续在全国范围举办了四次"高校章程制定研讨培训班"，大学章程制定工作开始在全国各类高校中全面铺开。

大学章程是法的治理模式、法的精神和法律条规在大学的延伸和具体化、个性化，大学章程作为大学内的"宪法"，正是通过对大学内多元主体之间的权力配置和制度安排，实现彼此权力的分权制衡，以达到大学目标的实现。大学章程一方面明确了学校与政府和社会的关系，使大学这一特殊的公共教育机构回归学术本位，能够按照学术逻辑和教育规律办事，防止大学受到外界干扰，尤其减少行政权力的干预，使大学自主办学有"法"可依。另一方面确定了学校内部的治理结构，通过规范内部秩序的"组织法"、保护各方权益的"权利法"、保障有序运行的"程序法"，使大学自主管理有"章"可循，从而形成大学自我发展自我约束的良性机制，进而保障学校管理的民主化和科学化。这体现了社会主义法治精神，是落实高校办学自主权的重要保障。

正因为如此，我才特别重视对学校章程的学习、贯彻和执行。广东文理职业学院新的章程 2022 年经省教育厅审核批准，全文十三章 127 条。第一章总则，制定章程和依据和学校名称、办学宗旨、主要任务、教育教学形式；第二章举办者与学校，举办者的权利与义务、学校的权利与义务；第三章党的建设，学校党委职责、基层党组织、党政联席会；第四章治理体系，校长和校长办公会议、监事会、学术组织、民主管理；第五章两级管理体制，二级学院、党政管理机构、教辅机构、科研机构；第六章教职工，教职工权利与义务；第七章学生，学生的权利与义务；第八章教学与科研，教学工作中心地位、科学研究、科技交流与合作；第九章学校与社会，学校与政府、社会团体、行业组织、科研院所、企业单位及国际合作、校友会；第十章资产与财务管理，办学经费、资产管理；第十一章后勤管理与法律顾问制度；第十二章学校的变更与终止，学校的分立与合并、终止；第十三章附则。

薛芳副校长是法学专家，对教育法律法规有深厚的研究，又有丰富的高校管理经验，由她来讲解学校章程既有法理的高度，又能贴近学校的管理实践。我们计划用 5 个单位的时间，对学校的办学章程进行全面的讲解。

法律的权威在于必行，章程的生命力在于实践。学校章程建设具有全局性、根本性、稳定性和长期性。对学校章程的学习只是第一步，如何切实有效地、可持续性地保障章程的贯彻实施则是长期的任务。

📝 9月19日

# 教学工作会议

今天下午学校召开期初教学工作会议，主要任务是听取开学初各教学单位教学工作情况汇报，安排布置本学期重点教学工作。

建筑与艺术传媒学院院长马才学、经济管理学院院长幸理、智能制造学院院长李忠、国际教育与文法学院院长刘宝光、体育与艺术学院副院长廉成、生物与健康学院院长陈道海、思政部主任李觐、鼎利学院副院长龚敏芳先后汇报了开学以来的教学情况。总的说来，本学期开学后，各教学单位认真落实学校决定，教师、学生开学顺利报到，各门课程按计划开出，教学秩序平稳运行，有效保证了学校开学稳定的大好局面。各位院领导还对本学期的教学工作提出很多很好的设想和建议，比如，马才学、李忠院长都提出要加大实训基地建设力度，加大与企业的合作力度；刘宝光院长提出一定要解决学生"吃不了""吃不动""吃不饱"的问题，因材施教，分级教学；廉成、刘宝光、陈道海院长都提出要加强对新教师、青年教师的培训，以老带新，加强指导；李觐主任提出思政课要坚持大思政原则，开展项目化教学，要把学生社团搞起来。院长们还对教学过程中存在的问题提出了很好的意见和建议。

教务处长助理林丽佳对本学期的教学工作作了安排，副处长王达斌安排了本学期的实训工作，张佐营处长强调了本学期的重点教学工作。

听了大家的发言，我感到非常欣慰。这几位院长大多在公办本科院校工作过，有的还担任过一定的领导职务，有着十分丰富的教学管理经验。这几位院长来广东文理职业学院工作的时间大多不长，但来到学校之后都把全部精力投入到学校工作中，了解学校情况、适应学校工作环境、研究高职院校人才培养的特点和规律等，为加强教学单位管理、提高教学质量竭心尽力工作。他们的工作态度和工作精神、工作能力和工作水平令我感动和敬佩。

作为分管教学的校领导，薛芳副校长对本学期的重点教学工作作了强调，提出了明确要求。她特别强调，今年将是学校在校生人数最多的一年，学校师资紧张、教学资源紧张的局面会加剧，面临的挑战更多，保证教学秩序的正常运行、提高教学质量的任务更加艰巨，大家一定要打起精神，兢兢业业做好工作。

最后，我也强调了几点工作要求。

第一，在建章立制、规范教学管理上下功夫。一是要做好规章制度的"废""改""立"。近年来高等教育的形势发生了很大的变化，无论是教育部还是教育厅都对加强教学管理、提高教学质量提出了更多、更加明确的要求，特别是对职业教育的发展提出了更多的要求、出台了更多的管理规定。比如，对专业的设置、调整的规范，对人才培养方案制定和修订的规范，对实习实训的管理规范，对教材使用与管理的规范，对实验室实训室安全管理的规范等。我们必须根据学校的实际情况，对教学管理规章制度进行认真的梳理，对一些落后于形势、不再符合学校实际、不再具有现实指导意义的规章制度立即废止，停止执行；对一些基本管理规范总体可用但部分不再适应形势需要的要进行修订调整；同时要根据教育部、省教育厅的最新规定新制定一批具体管理办法、实施细则。二是要通过制度形成常规的教学管理规范。制度的生命在于执行，有制度而不按规章制度办事，制度就是一纸空文，规范管理也就无从谈起。规章制度的执行过程，就是塑造管理文化的过程。正是在规章制度的执行过程中，纠正不良的、不规范的管理习惯，逐步形成良好的、规范的管理习惯、管理行为、管理文化。任何制度都是一定历史条件下的产物，都有其适用的范围和条件，有其历史的局限性；再者，任何规章制度都不可能包罗管理过程的所有活动，如果不顾实际情况死搬硬套地执行规章制度，不仅破坏了规章制度的严肃性，而且会引起教师的极大反感，进而会消解规章制度的权威。但是，在执行规章制度的过程中形成了良好的、规范的管理习惯、管理行为、管理文化会起到长久的作用，也会弥补规章制度本身的局限性。因此，我们要通过严格执行教学管理规章制度来形成良好的、规范的教学管理习惯、管理行为、管理文化，进而提升学校教学管理的规范化水平。三是要通过制度形成教学的激励与约束机制。人的行为既需要激励也需要约束，没有激励就没有动力，没有约束就失去规范。教师的教学行为也是如此。通过制定实施规章制度，激励教师的教育教学行为，调动教师教书育人的积极性，同时也对一些失范行为进行有效约束。

第二，在二级学院重组及专业结构调整优化上下功夫。对二级学院进行重组，对专业结构进行调整优化是学校董事会和领导班子做出的重大决策。由于历史的原因，我校各二级学院存在名称不规范、建制不科学的问题，各学院之间专业大类划分不清晰，甚至存在交叉重叠的现象，专业数量过多，稀释了办学资源，办学方向不聚焦，特色不鲜明，办学资源不足与办学资源浪费同时存在，影响了学校办学质量的提高和办学实力的增强。必须从指导思想上进一步明确和优化学校的办学定位，有所为有所不为，集中学校资源，打造学校办学特色，提高学校办学质量。因此，要认真分析研究学校的办学优势，遵循职业教育办学规律，并借鉴兄弟院校好的办学经验，对我校二级学院进行优化重组；对专业实行"瘦身计划"，淘汰一批传统的、社会需求度不高、报考率低、就业率低的专业，增设一批适应产业需求的新专业，提高专业的集中度，集中优势办学资源，打造具有文理特色的专业群。各二级学院一定要从大局出发，站在学校发展全局的高度，为二级学院重组及专业结构调整优化出谋献策，按照学校要求不折不扣地完成工作任务。

第三，在提高课堂教学质量上下功夫。提高课堂教学质量是一篇大文章，有很多话要说，这里主要讲三个方面：一是因材施教问题。要引导老师们认真了解、研究我们的学生，要对学生的知识水平、接受能力等基本素质有一个全面的了解，如此才能根据学生的实际情况精选教学内容、选择恰当的教学方式方法；要引导老师研究我们的课程，这个专业为什么要开这门课程？这门课程在专业人才培养中起什么作用？前面学生已经学习了什么课程？我们这门课程选用的是什么样的教材？怎么才能将教材的内容转化为我的教学内容？把这些研究清楚，才能有针对性地进行教学，也才能有的放矢有效提高教学质量。如果不管学生的实际情况如何，拿一本教材照本宣科，是不会有高质量的课堂教学的。二是分层分级教学的问题。这个问题从根本上讲也是一个因材施教的问题，我这里主要是就教学的组织形式来说的。我们的学生有参加普通高考录取的，也有通过学考或者技能考试录取的，还有通过现代学徒制形式录取的，即使是通过同一类选拔录取的学生，录取分数跨度很大，要提高教学质量，实行分级分层教学就十分必要，更何况不同专业人才培养目标不同，对相同课程的要求也不相同，对一些公共课更是如此。分级分层教学，才能从学生的实际出发、从专业人才培养的实际出发，才能使不同类型的学生、不同专业的学生都能学有所获，才能真正提高人才培养质量。三是以老带新的问题。我们学校的教师队伍有一个很大的特点，就是"一老一少"，特别是新教师多、年青老师多。今年是我们招聘老师最多的一年，年青老师尤其多。年青老师知识新、有热情、有活力，但是教学经验不足，教学方法欠缺，也还不会与学生交往，这就特别需要老教师多帮忙、多指导。老教师要切实负起以老带新的责任，把培养年青教师作为我们的分内职责，与年青教师一起共同提高教学质量，为学校的高质量发展作贡献。

# 党委会会议
# 第一堂思政课

今天下午，是我入职广东文理职业学院以来第一次参加学校党委会会议。

《民办教育促进法实施条例》第四条规定："民办学校应当坚持中国共产党的领导，坚持社会主义办学方向，坚持教育公益性，对受教育者加强社会主义核心价值观教育，落实立德树人根本任务。"学校章程也规定："学校党委是党在学校中的战斗堡垒，要以党的政治建设为统领，把抓好思想政治工作与德育工作作为首要政治责任，全面加强学校党建工作，发挥政治核心作用。"

无论是在公办学校还是民办学校，党组织都发挥着重要的领导作用。坚持社会主义办学方向，落实立德树人根本任务，培养社会主义事业的建设者和接班人，都必须坚持中国共产党的领导。只是从学校的治理结构来说，在公办高校，党委是领导核心，是决策机构；而在民办学校，党委是政治核心，决策机构是学校董事会。但无论公办民办，都必须坚持中国共产党的领导，党组织在学校管理中发挥着至关重要的作用，加强党的建设也是民办学校的重要任务。

学校党委书记陈健同志是一个严格按规矩办事的人。因为我的党组织关系是这个月才转来学校的，所以我这次才得以以校长身份列席党委会会议。

今天的会议由陈健书记主持，议题有两个，一个是例行的第一议题，另一个是研究支部成员补选问题。开学后有 4 个党支部的 5 位成员辞职离开学校，为加强组织建设，拟增补 5 位同志为各支部委员。

民办高校教师的稳定性不强是个共性问题。离开的老师有各种各样的原因，但大多都是优秀的老师，因为工作出色要换一个环境发展。这学期离开的几位老师都是业务骨干，且大多是党组织负责人，很是可惜。

　　民办高校怎么留住优秀人才是困扰学校发展的一个大问题。我们通常讲，留住人才的三大要素：环境、待遇、感情，即所谓环境留人、待遇留人、感情留人。环境留人，就是要为人才的成长营造良好的环境，创造良好的条件，这既包括工作条件，也包括生活条件，还包括工作环境，也就是公平公正、受人尊敬的工作环境，而对于人才来讲，工作条件、工作环境、工作制度甚至工作氛围都是十分重要的；待遇留人，就是尊重人才的价值，给优秀人才提供优厚的待遇，免除他们的生活之忧；感情留人，就是要给优秀人才以应有的尊重，关心人才、关爱人才、宽容人才。

　　这些留住人才的措施，在公办高校也得到广泛采用。有的偏重于待遇，有的偏重于环境，有的偏重于感情，只是说偏重，不可能只考虑一个方面。至于偏重于哪个方面，则视学校情况而定。以我观察到的情况来看，普通高校待遇留人是首先要采取的措施，尤其对青年人才最管用。青年人才刚刚毕业走上工作岗位，结婚、买房、养孩子等，处于"缺吃少穿"阶段，解决生存问题是头等大事，学校提供的待遇高，能解除他们的后顾之忧，专心埋头学问，在精力最旺盛的时期出成果。环境留人不仅仅是学校的校园环境，更重要的是学校的人文环境。大学要有大学的氛围、气氛，要有学术味、书香味，优秀人才在这里搞学术有必要的资料、实验仪器设备及经费，能够找到知音、找到合作伙伴，遇事能得到公正公平的处理，学校的制度安排适宜优秀人才健康成长。感情留人，是学校与优秀人才之间能够建立良好的沟通渠道，学校能经常听取优秀人才的意见建议，理解他们的所思所想，能包容优秀人才的个性和特别的工作方式方法，能主动为他们的工作和生活排忧解难。对于特别优秀的人才，要留住他们仅靠待遇留人、环境留人和感情留人还是不够的，必须加上事业留人。优秀人才一定有自己的事业，他们为了事业可以舍弃很多东西，事业的成功才是他们为之终身奋斗的动力。因此，高校要留住优秀人才一定要为优秀人才的事业进步提供广阔的空间，为优秀人才的事业成功提供基础和条件，有了这些基础和条件，他们可以忍受生活的困难、工作的艰辛，可以在艰苦的条件下奋勇攀登、勇往直前。有了事业，他们的生命就有了支点，就如万吨巨轮拥有了自己的港湾。

　　公办高校如此，民办高校呢？公办高校的经验可以借鉴，但不能照搬，民办高校有自己的特点，如何是好呢？

晚上7:30，我给2023级新生上一堂思政课。

高校党委书记、校长每学期开学初给学生上第一堂思政课是广东省教育厅创办的思政品牌，已延续多年。书记、校长给学生上思政课，不仅拉近了学校领导与学生的情感距离，而且增强了校领导做好思想政治工作、办好思政课的政治责任。

今天，我讲的题目是《为什么要读大学》。之所以要讲这个内容，是因为据了解，在高职院校有相当多的学生学习目的不明确，学习态度不端正，学习动力不足，学生成才愿望不强烈。我想告诉学生，只有通过学习才能拥有更好的未来，通过学习人人都能成为社会的有用之才。

我说，为什么要读大学，每个人都有不同的回答。就一般而言，不外乎以下几个理由。

1. 读大学可以使我们获得专业知识和专业技能

大学教育与中小学教育最大的不同之处在于：小学、初中乃至高中的教育都是以基础学科为主的教育，而大学无论是工学、理学还是文史类，强调的都是专业学习。

特别是我们高职院校，更是以学习专业知识、专业技能为主。这些专业知识和专业技能，都是针对特定领域、特定行业企业甚至是特定工作岗位需要而设定的，获得这些专业知识和技能将为你未来的就业和职业发展提供坚实的基础。

2. 读大学可以增强我们的就业竞争力

大学学历通常是许多职位的基本要求。大学学历是你求职的利器。学历是就业最"粗暴"的筛选网，有了一份大学文凭，就有可能被更多的企业所录用，你才有资格去那些大公司和企业应聘。学历是工作的第一道"门槛"。有了学历这张纸，才能去更多的公司求职，才能提高你的工作底线。通过获得大学学位，你可以增加自己在就业市场上的竞争力，提高获得理想工作的机会。

不考大学确实也能找到工作，但是却找不到大学毕业生那样或轻松或稳定或收入高、福利好的工作，更找不到技术含量高的工作，也就是找不到发展空间大的工作。

读了大学找的工作往往具有不可替代性。不读大学的人找到的工作，大学生如果愿意他也能做，但是大学生能做的工作，没读大学的人却很可能无法胜任。

大学生也有找不到工作的，但没上大学的人找不到工作的一定更多。

3. 读大学可以提高我们的综合素质和能力

大学不仅注重专业知识，还注重培养学生的综合素质和能力。大学期间正是大学生世界观、人生观、价值观的形成期，形成对世界、社会、国家、人生的基本看法，这种看法决定大家的思维方式、行为方式，也就是决定我们做事的方式方法。

同时，我们的综合能力也是在这一时期得到增强，我们参加社团活动等，可以提高我们的沟通能力、团队合作能力、问题解决能力和创新能力等。这些能力对于个人的职业发展和生活成功都非常重要。大学除了学习，还有各种各样的活动，你可以通过参加各种活动或是加入某个社团，发掘自己的潜能；大学的活动丰富多彩，有各种各样的社团和活动欢迎你去参加，通过这些活动你也可以发掘自己在高中、初中阶段没有条件实现和展示的才能。

4. 读大学让我们真正学会独立

大学能培养你独立思考的能力。在大学里，很多事情都得自己去拿主意，小到一顿饭吃什么，大到写论文找实习单位，你必须学会自己去选择去判断，而把这些能力锻炼出来了，那么你也就会更理性、更成熟了。

大学是一个人真正意义上的自我管理的开始，大学阶段是你步入社会前的演练，可以避免直接步入社会而犯错；大学还有"试错"的机会，可是如果一旦融入社会，"试错"的成本将比大学高得多。

所以，我们经常讲，读书改变命运，知识改变命运，改变的不仅是我们个人的命运，改变的是社会的命运，改变的是国家的命运，也改变人类的命运。

我也经常讲，最值得投入的事情就是读书。在读书这件事上，投入（时间、精力、资金）越多收获越大，没有一个人是因为读书多了而后悔的，都是因为没有读书或者读书少了而后悔莫及。

那么，怎么读大学呢？

1. 读大学重要的是"读"，读什么？最基本的就是读书

自己读。图书馆有丰富的藏书。读大学对大部分同学来说，是这一辈子最集中、最充分的读书时间。"腹有诗书气自华"，你要提升自己的气质，最好的办

法就是读书；你要提高自己的颜值，最好的办法还是读书。

课堂上读。老师们给我们上课，每一节课都是精心准备的，讲堂上认真听讲，与老师一起读书，收获才最大。有的同学不好好上课，或者上课逃课，大家可以算一笔账，我们来上学，一节课我们要付出多高的成本？国家给的奖助学金、自己交的学费、住宿费、生活费等，可以算一下。很多同学家里生活并不宽裕，靠父母打工来学习，要对得起父母的辛苦。

2. 读大学要"读"出自己的专业技能

我们广东文理职业学院是一所高职院校，高职院校最重要的就是要培养学生掌握专业技能。如果说，中学阶段我们所学的基础学科知识是我们的右手，那么现在我们学的专业技能就是我们的左手。如果说在中学阶段，我们的右手不如别人，那么现在我们用左手与他们竞争。砍掉我们的右手！发挥我们的左手！

我们国家在现代化的进程中，既需要科学理论创新，更需要大国工匠、能工巧匠、高技能人才。我们每一位同学都要在学校里学到专业技能，将来走上社会，要有一技之长，要有一两门绝招、绝活，这样才能为社会的发展做出我们的贡献。

我们学校为培养高素质的技术技能人才提供了非常优越的实习实训条件，建立了众多的实训基地。我期待，从我们这里走出更多的大国工匠、能工巧匠、高技能人才。

3. 读大学要"读"出自己的气质和品德

如果说颜值更多是天生的话，那么气质不是天生的，而是后天养成的。这个养成就是修炼，修炼气质的最佳场所就是大学。因为，体现气质的诸多因素，诸如书卷气、涵养、礼貌、文静、优雅、谦虚、礼让、整洁等，这都是大学里最多的元素。耳濡目染，沉浸其中，就能养成我们高雅的气质。在大学更要注重涵养我们自己的品德。品德往往能够弥补智慧的不足，而智慧永远不能弥补品德的缺陷。这方面有很多具体的事例，有的大家可以学习，有的要引以为鉴。

我衷心祝愿大家都能成为品德高尚的高素质技术技能型人才，为我们的现代化建设事业做出我们自己的贡献，成就无悔的人生。

✍ **9月23日**

# 岭师帮扶

今天下午，岭南师范学院党委书记兰艳泽、副校长苏古发同志一行来校，主题是就岭南师范学院对广东文理职业学院对口党建帮扶进行工作交流。

岭南师范学院对这次活动很是重视，组织了科研处、教务处、组织部、统战部、宣传部、教育服务公司等部门负责人参加，我校党委书记陈健、组织部、党政办、学生处、人事处、教务处（产学研合作处）等相关部门主要负责人参加了座谈交流。

我主持座谈交流会议。我代表学校对兰艳泽一行的到来表示热烈的欢迎，对岭南师范学院高度重视，用心用情对广东文理职业学院开展结对帮扶表示衷心感谢。我介绍了广东文理职业学院的基本情况和本学期正在进行的重点工作，比如，开展好第二批主题教育，建章立制规范办学行为，重组二级学院调整优化专业结构，加强校企合作深化产教融合，对标对表推动"升本"工作等。我重点介绍了岭南师范学院党建帮扶队的工作。在岭南师范学院党建帮扶队庞景才同志的带领下，金肖教授、李水清老师认真负责，架起了岭南师范学院与广东文理职业学院的桥梁和纽带。我高度肯定了帮扶队的工作，自开展帮扶以来，帮扶工作队队员思想觉悟高、帮扶工作实、能力本领强，结合文理所需、岭师所能，从党的建设、制度建设、科研帮扶、招生宣传、学工事务管理、心理健康教育等方面，为广东文理职业学院的长足发展做出了积极贡献，推动广东文理职业学院各项工作都有一个明显的提升，帮扶队成员认真负责的敬业精神为我们教职工树立了良好的榜样。

兰艳泽书记在会上发表了热情洋溢的讲话。她说，岭南师范学院和广东文理职业学院同处湛江，都是扎根地方办学的高校，一直有着非常良好的关系。广东文理职业学院办学思路理得清、重点工作抓得准、推动工作干得实，办学规模大、发展成效快，今天来既是岭南师范学院和广东文理职业学院的再续前缘，也是来看望老领导，看望在这里开展党建工作帮扶的帮扶队员。兰艳泽书记从岭南师范学院师资队伍建设、学科建设、教学建设、服务地方、办学条件、党的建设等方面介绍了学校近一年来办学事业所取得的成就，指出今天成绩的取得，是老一届学校党政领导班子奠定的扎实基础，是学校上下精诚一致团结奋斗的结果。她一再代表学校党委对我表示衷心的问候和感谢，希望进一步加强两所学校之间的交流合作，促进双方事业共同进步。

兰艳泽书记说，开展公办高校与民办高校党建对口帮扶，是全面从严治党向纵深推进，切实增强基层组织建设的具体体现，是确保民办高校把党的全面领导贯穿办学治校、教书育人全过程，确保立德树人根本任务落到实处，实现为党育人、为国育才光荣使命的有效举措。岭南师范学院高度重视与广东文理职业学院的结对帮扶工作，严格落实省委教育工委工作要求，成立帮扶工作领导小组，并选派了庞景才、金肖、李水清等3名同志组成"组团式"帮扶工作队，开展周期为3年的帮扶。她代表岭南师范学院党委感谢广东文理职业学院一年来对岭师帮扶队全体队员生活上的关心和工作上的大力支持，对帮扶队员一年来的辛勤付出和帮扶成效给予肯定，并就下一步帮扶工作提出指导意见。她强调，学校将竭尽全力，围绕文理所需、岭师所能，在教学科研、管理服务等方面加强对接帮扶工作的协调落实，努力实现互帮互助，共同提高。希望帮扶队员要提高认识，摆正位置；找到帮扶的"切入点"，扎实推进；当好助手，多提意见建议，用心用情用力把工作做好。

会上，岭南师范学院体育科学学院党委书记、帮扶工作队队长庞景才，工作队队员、物理学院金肖教授，教育科学学院辅导员李水清对帮扶队的工作开展情况进行了汇报。其他部门的同志也对下一步如何更好地开展帮扶工作作了深入的交流，提出了很好的意见建议。

我在最后讲话中对岭南师范学院近期取得的成绩表示由衷的祝贺，对学校新班子上任后为学校发展做出的巨大努力和贡献表示由衷的敬佩并致以良好的祝愿。我说，我在岭师工作期间，无论是工作上还是生活上都得到大家多方面的关心、支持和帮助，是岭师给了我信心和力量，让我和大家一起风雨同舟共同战斗，许多工作没有做好，还请大家多包涵给予原谅。兰书记今天莅校指导工作，将进一步加深两校之间的感情，进一步密切两校之间的联系，她对帮扶工作的指导必将使帮扶工作向纵深推进取得更好的效果，对我们广东文理职业学院的发展也具有很强的指导意义。我们一定不辜负期望，以优异的工作成绩回报岭师的帮扶。

我与兰艳泽同志在岭南师范学院一起合作共事六年多。我到学校时，她任学校总会计师。广东省在高校设置总会计师职务，旨在加强对高校经济活动的管理，让专业的人来管专业的事。2013 年在几所高校试行，总会计师属学校班子成员，专职管理学校财务运行等工作，选拔出来的几位总会计师都是很有造诣的财务管理专家。兰艳泽同志早年毕业于内蒙古财经大学，后来在暨南大学取得管理学博士学位，是会计学教授，做过广东财大会计学院院长、审计处处长，既有很高的理论水平，又有丰富的管理实践经验。我来到岭师后，感觉我们是个小学校，资金总量不大，这么优秀的干部，仅分管财务工作是资源的巨大浪费，就向省里建议把她由总会计师转为副校长以发挥更大的作用。本来就是试行，所以组织上听从建议，很快就把她转岗到副校长职位，其他学校的总会计师也都陆续转岗。兰艳泽同志做事总是能从学校大局出发，能从学校长远发展考虑问题，提出解决问题的措施和办法能够切合学校实际，务实可行。她为人正直，公道正派，工作上既能严格要求，又能体恤下属，有男同志般的宽容大气，又有女性的细致温柔。因此，她群众威信高，深受教职工信赖。后来她做校长，我们一起合作共事，总是互商互量，她为我拍板决策提出过许多很有价值的建议，对我的缺点和不足给予了最大程度的包容。在她的支持下，我们班子有着很强的凝聚力，班子年度考核连年都是优秀，我与她的个人年度考核也是连年优秀（正职考核等次学校不推荐，由省委组织部与省教育工委核定）。书记、校长年度考核连年同时优秀，这是组织上对我们的高度肯定和鼓励，也是对学校班子、学校整体工作的高度肯定，更激励我们进一步做好学校工作。可以说，如果没有她这位优秀的校长，我的党委书记工作很难做。也因此，我卸任党委书记后她众望所归顺利接任。

下午的座谈会后，兰艳泽书记代表岭南师范学院党委给我赠送纪念册，以感谢我为岭师建设和发展的付出。这本纪念册是岭南师范学院党委宣传部的刘坤章、郭莉敏、郑定等几位同志精心制作的，记录了我从 2016 年 1 月任校长到 2022 年 4 月卸任党委书记这 6 年在岭南师范学院的工作经历。一张张火热的照片，一幕幕沸腾的场景，一个个熟悉的身影，就在昨日，就在眼前，成功与失败、经验与教训、珍惜和惋惜，都浓缩在这一本沉甸甸的纪念册中，化作我心中永远的记忆。

纪念册中有一首长诗"感恩有您，永在一起"，多有溢美之词，于我着实有愧。深表感谢！

# 新入职教师座谈会

今天下午，学校组织召开新入职教师座谈会，各教学单位 20 位新入职教师参加。陈健书记主持会议，人事处张飞燕处长介绍学校基本情况。

每一位新入职教师都作了简要发言。新老师们虽然才来到学校一个月，就已经被学校优美的育人环境所吸引，对学校良好的环境赞不绝口。很多老师本着高度的责任心对学校的教育教学提出了很好的意见建议，有想法、有思路、接地气。陈健书记、薛芳副校长都对新入职老师表示热烈欢迎并提出殷切希望，要求他们爱校爱岗，勤奋工作，教书育人，为人师表。

最后，我讲了三点意见。

## 一、感谢大家在学校发展的重要时刻选择广东文理职业学院

广东文理职业学院已经有 17 年的职业教育历史。建校以来，学校牢记公益办学初心，以培养区域经济社会发展急需的专业人才为己任，办学规模不断扩大，办学实力不断增强，人才培养质量不断提高，服务区域经济社会发展的能力不断增强。文理学院校园环境优美，有一定的社会美誉度，高颜值的文理学院需要大批高气质的有志之士、优秀人才加盟，希望大家齐心协力共同把文理学院各方面的工作推上一个新的台阶。我也完全相信，大家一定会爱校如家，会按照陈书记、薛校长的要求兢兢业业工作，为学校的建设和发展做出自己的贡献。

## 二、要立志做一个好老师

我说，大家既然来到文理学院，从事教育事业，就要立志当一个好老师。从我个人的经验来看，我的体会是，好老师有"四个真"：

做个好老师真难。在文理学院当个好老师，不要拿一本教材照本宣科，首先，要了解学校的办学定位。办学定位简单地说，就是我们是一个什么样的学校？我们要培养什么样的人才？我们是一个职业院校，要培养高素质的技术技能人才。学校的每一个专业、每一门课程都是围绕着学校人才培养目标而设置的，具体实现这个目标的就是我们一个个老师。我们各位老师一定要深入了解学校的办学定位。明确了学校的办学定位，才能明确我们共同的奋斗目标，并用实际行动来体现学校的办学定位、实现我们共同的奋斗目标。其次，还要有广博的知识和精湛的专业技能。当老师，就是要"传道授业解惑"，要传道授业解惑就要有丰富的知识储备，正所谓要给别人一碗水，自己必须有一桶水，否则就是误人子弟。广东文理职业学院是一所高职院校，我们不仅教学生理论知识，更要教学生专业技能。因此，文理学院的老师就要文武双全，既要会说，也要会做，不仅自己会做，还要教会学生如何做。再次，要懂得运用恰当的教学方法。有知识、有技能、有本领，要传授给学生还必须有恰当的方式方法。如何把一堂课上好、上精彩，是一门很大的学问，各位新老师在这方面要学的东西还很多。最后，要当一名好老师，还要处理好与同事、学生的关系。能成为同事，就是缘分，要珍惜向同事学习的机会，特别要珍惜向老教师学习的机会，学习他们对事业的忠诚、对教学的用心、对学校的热爱、对学生的爱护。我们学校有许多师德高尚、知识渊博、为人师表的优秀老师，他们既是学校的宝贵财富，更是年青教师学习的楷模、榜样，青年教师一定要从人品、师德、师能各方面多多向他们学习、向他们请教。作为老师还要处理好与学生的关系，向学生传道授业解惑，就是既要教书又要育人，要成为学生的朋友，成为学生成长成才的引路人。从上可见，在广东文理职业学院要当一个好老师，必须准确把握学校办学定位，要拥有渊博的知识和精湛的专业技能，还要拥有良好的教学方法，更要处理好与同事、学生的关系，当个好老师不容易，做个好老师真难！

做个好老师真累。有人开玩笑说，教育文化单位是"清水衙门"，但是，我要说教师绝不是清闲的职业。如果你来广东文理职业学院当老师是图清闲，那一定是走错了地方。高校是做什么的？高校是培养人才的地方，人才要靠教师来培养。教师必须竭心尽力，才能培养出社会需要的合格人才。我们课前要认真备课，课堂上精心讲授；我们要精心指导学生实习实训，教好学生应该掌握的每一项技能；我们要批改学生的作业，批改学生的实习实训报告；我们还要密切关注学生的心理、思想状态，引导学生树立正确的世界观、人生观、价值观，培养他们健全的人格，养成他们健康乐观向上的心理状态等。做个好老师真累！

做个好老师真苦。我们说教师这个职业从来都是清贫的职业，一是说教师清洁高雅，读圣贤书，做人类灵魂的工程师。二是说做老师从来都不会一夜暴富，教师的一生都是贫而乐道，坚守清贫的生活。现时代，社会环境虽然发生了重大变化，但教师职业的本质属性没有变。我们做老师的，要能摆正在社会上的职业定位，有过清贫生活充分的思想准备。我们很多年轻教师要娶妻生子、要买房置业、要孝敬父母、要养儿育女，我们在生活的重压下负重前行，为教书育人奉献青春、奉献一生。

做一个好老师真伟大。做个好老师真难、做个好老师真累、做个好老师真苦，归结起来就是，做个好老师真伟大！夸美纽斯说："教师是太阳底下最光辉的事业。"马克思说："教师是塑造人类未来的园丁，他们以卓越的智慧和无私的爱心，点燃了学生心中的火花。"教师是人类灵魂的工程师，我们塑造的是"人类的灵魂"。还有哪一种职业能获得如此之多的美誉！我们人民教师是社会进步的推动者，我们的智慧和力量，激发了一代又一代人的创新精神，从而推动人类社会不断进步。也正是由于我们的辛勤工作，一代代新人茁壮成长，一批批高素质的技术技能人才正从我们广东文理职业学院这里走出，不久他们将成为大国工匠、能工巧匠、高技能人才，成长为社会主义事业的建设者和接班人。我们肩负的历史使命何其光荣、何其伟大！

### 三、全校各部门要真心实意为老师服好务

教师是立教之本、兴教之源。教师是立教之本，就是说教师是教育的基础和根本，是教育的源头和支柱；教师是兴教之源，就是说教师是教育的推动者和动力，是教育发展和进步的源泉。这充分说明了教师在教育教学中的重要地位和作用。因此，我们就应该对教师的工作给予充分的尊重和支持，必须给教师以工作上的支持，为他们从事教学、开展科研、进行实习实训等提供必须的保障条件；必须给他们的专业发展提供支持，为他们进修培训、参加学术会议、进工厂企业等提供必要条件；必须给他们的生活提供必要的条件，在薪酬待遇、子女教育、

住房等方面解除他们的后顾之忧，让他们一心一意、全心全意搞好教学科研，专心教书育人。

各职能部门一定要站在为党育人、为国育才，办好人民满意的教育，培养社会主义事业的建设者和接班人的高度，为广大教师提供优质的服务。要想教师之所想、急教师之所急、办教师之所需，以自己的实际工作赢得老师的信任和尊敬。

📝 9 月 28 日

# 中心组学习

今天上午，学校党委举行理论学习中心组学习。这是我来到广东文理职业学院之后第一次参加中心组学习，因为没有看到中心组名单，所以接到书记通知就按要求参加了。

陈健书记传达学习广东省委、湛江市委及湛江市教育工委有关会议精神，主要是关于第二批主题教育的会议精神。

按照会议安排，我在学习会上作了学习习近平总书记关于职业教育的重要论述的专题发言，发言主要内容如下。

## 一、习近平总书记为职业教育发展指明了方向，提供了根本遵循

1. 发展职业教育前景广阔、大有可为

2019 年 8 月 19 日至 22 日，习近平总书记在甘肃考察时指出：实体经济是我国经济的重要支撑，做强实体经济需要大量技能型人才，需要大力弘扬工匠精神，发展职业教育前景广阔、大有可为。

2020 年 9 月 22 日，习近平总书记在教育文化卫生体育领域专家代表座谈会上指出：人力资源是构建新发展格局的重要依托。要优化同新发展格局相适应的教育结构、学科专业结构、人才培养结构。要完善全民终身学习推进机制，构建方式更加灵活、资源更加丰富、学习更加便捷的终身学习体系。要大力发展职业教育和培训，有效提升劳动者技能和收入水平，通过实现更加充分、更高质量的就业扩大中等收入群体，释放内需潜力。

2014 年 6 月，习近平总书记就加快职业教育发展做出重要指示：职业教育是国民教育体系和人力资源开发的重要组成部分，是广大青年打开通往成功成才大

门的重要途径，肩负着培养多样化人才、传承技术技能、促进就业创业的重要职责，必须高度重视、加快发展。

2. 培养更多高素质技术技能人才、能工巧匠、大国工匠

2021 年 4 月，习近平总书记对职业教育工作做出重要指示：要坚持党的领导，坚持正确办学方向，坚持立德树人，优化职业教育类型定位，深化产教融合、校企合作，深入推进育人方式、办学模式、管理体制、保障机制改革，稳步发展职业本科教育，建设一批高水平职业院校和专业，推动职普融通，增强职业教育适应性，加快构建现代职业教育体系，培养更多高素质技术技能人才、能工巧匠、大国工匠。

习近平总书记强调，各级党委和政府要加大制度创新、政策供给、投入力度，弘扬工匠精神，提高技术技能人才社会地位，为全面建设社会主义现代化国家、实现中华民族伟大复兴的中国梦提供有力的人才和技能支撑。

2014 年 6 月，习近平总书记就加快职业教育发展做出重要指示：要树立正确人才观，培育和践行社会主义核心价值观，着力提高人才培养质量，弘扬劳动光荣、技能宝贵、创造伟大的时代风尚，营造人人皆可成才、人人尽展其才的良好环境，努力培养数以亿计的高素质劳动者和技术技能人才。要牢牢把握服务发展、促进就业的办学方向，深化体制机制改革，创新各层次各类型职业教育模式，坚持产教融合、校企合作，坚持工学结合、知行合一，引导社会各界特别是行业企业积极支持职业教育，努力建设中国特色职业教育体系。要加大对农村地区、民族地区、贫困地区职业教育支持力度，努力让每个人都有人生出彩的机会。

2022 年 8 月，国家主席习近平向世界职业技术教育发展大会致贺信时指出，中国积极推动职业教育高质量发展，支持中外职业教育交流合作。

2023 年 5 月 29 日下午，中共中央政治局就建设教育强国进行第五次集体学习。习近平总书记强调，统筹职业教育、高等教育、继续教育，推进职普融通、产教融合、科教融汇，源源不断培养高素质技术技能人才、大国工匠、能工巧匠。

**二、坚持职业教育类型定位，深化校企合作、产教融合，推动文理学院高质量发展**

习近平总书记强调，要优化职业教育类型定位，深化产教融合、校企合作。

目前，全国职业学校开设有 1300 余个专业和 12 万余个专业点，基本覆盖了国民经济各领域。调查数据表明，在现代制造业、战略性新兴产业和现代服务业等领域，一线新增从业人员 70% 以上来自职业院校毕业生。奋进新征程，要牢牢把握职业教育的重要使命和类型定位，推动学校高质量发展。

1. 坚持职业教育类型定位，必须培养高素质的技术技能型人才

进入新发展阶段，我国产业结构转型升级加快推进，实体经济发展根基不断筑牢，产业链供应链现代化水平不断提高。从需求总量上看，社会对应用型人才的需求更大；从需求结构上看，对支撑制造强国的紧缺技能型人才的需求更加迫切。这要求职业教育专业设置要更加适应产业结构转型升级，扩大现代制造业、战略性新兴产业和现代服务业等相关人才培养规模，切实做到"学科跟着产业走、专业围着需求转"，专业设置必须与产业需求对接。此外，课程内容必须与职业标准对接，教学过程必须与生产过程对接。真正实现校企育人双重主体，学生学徒双重身份，企业深度参与专业设置、人才培养方案的制定工作。

2. 坚持职业教育类型定位，必须培养多样化人才

职业教育是国民教育体系和人力资源开发的重要组成部分，肩负着培养多样化人才、传承技术技能、促进就业创业的重要职责。不断深化改革创新，加快结构转型，让职业教育纵向贯通、横向融通，才能推动职业教育在高质量发展中由大变强。同时，人才培养有其自身规律，职业教育必须遵循技能提升的客观规律，重点推动技术技能传承创新，为学生开辟广阔发展空间。

要对我们的学生进行分类培养，大胆改革教学内容和教学方法，向改革要质量。

3. 坚持职业教育类型定位，必须加强技能培训

职业教育是终身教育体系的重要环节。各行各业对技术技能人才的需求越来越迫切，职业教育重要地位和作用越来越凸显，包括但不限于学校教育，还有企业培训、继续教育、技能培训等多种方式。职业教育在强化职前教育的同时，必须承担起职后培训的责任，促进职前职后教育一体化发展，推动各类人才从"一技在手"转变为"学技终身"，在推进高质量发展中体现我们的作为和担当。

# 廉江市委编办莅校

今天上午，廉江市委编制办公室主任宣明同志到学校调研。

广东文理职业学院坐落在廉江市。建校以来，廉江市各级领导都给予家乡的这所大学以各种各样的关心和支持，廉江人民以家乡有这么一所花园式的大学而感到骄傲。广东文理职业学院有所求，廉江就有所应。学校董事长宣承志先生经常讲，我们要永远感恩廉江，不能忘记廉江的父老乡亲对我们的帮助，没有廉江社会各界的关心支持就没有今天的广东文理职业学院。

这次市委编办宣明主任一行来学校调研，也是就如何使用好廉江市委已批复给学校的事业编制进行研讨，进一步帮助学校引进人才、留住人才。民办高校引才、留才是一个对学校发展至关重要的问题。廉江市为支持学校引才、留才，给学校特批事业编制 20 名，让优秀教师能安心留在广东文理职业学院、留在廉江。但是，编制谁来管？编制怎么用？费用怎么解决？这些问题必须要有一个妥善的解决办法。市委编办的同志和学校人事处的同志各抒己见，由宣明同志作总结，形成了一个既服务于廉江也服务于广东文理职业学院、既有前瞻性又具有可操作性的比较一致的意见。研讨富有成效，双方表示，接下来要进一步细化、具体化，将事业编制落到实处，真正发挥其应有的作用。

宣明同志是老廉江，他热爱廉江，关心广东文理职业学院。他又是廉江的笔杆子，写过很多作品，满腔热情地推介廉江、推介广东文理职业学院。

**亮剑，向一流学府迈进！**

古代剑客与对手狭路相逢，无论对手何等强大、胜算几何，都要亮出自己的宝剑，即使是倒在对手的剑下，也虽败犹荣，这就是亮剑精神。

敢于亮剑，才可能创造奇迹。这正是广东文理职业学院董事长宣承志的人生信条，也是他开创奇迹的点金石。在一个县级市的荒郊野外，他舞动如椽巨笔，绘出一所粤西最大的民办高校——广东文理职业学院；他不求回报，将经商多年所获收益不断注入这所大学，只为给父老乡亲奉献一处精神家园；他呕心沥血、夙兴夜寐，把缔造一所一流学府作为毕生追求，向着艰巨的征途一往无前。

亮剑，是武者的大勇；大学，是人文的摇篮。一文一武、一动一静，两种气质在宣承志身上为何能如此完美的统一？走进广东文理职业学院，走进宣承志的内心世界，或许可以一探究竟。

### 圆梦家乡，县城荒郊建大学

湛江下辖县级市廉江，是著名的"中国电饭锅之乡"，也是宣承志的家乡，青山绿水养育着这个面容和善中透着威严、身材魁梧而又风度优雅、言谈快捷而又果敢坚毅的中年男子。这里民营经济颇为发达，家电业、房地产业、服务业繁荣，优秀企业家辈出。但从没人做到，甚至没人想到，这里会产生粤西最大的民办大学。

路漫漫其修远兮，吾将上下而求索。早在 1996 年，年仅 26 岁的宣承志就与教育结下不解之缘，他仅用半年时间，就在荒山野岭的廉江市郊，建起了一所花园式的全日制寄宿学校——锦华学校。站在小山顶上，望着这所崭新学校，他梦想有朝一日在那里建一间大学！3 年后，学校又与广东司法警官职业学院合作，开设廉江校区，成立了广东司法警官职业学院廉江分教处，每年招收中专学历的警察专业学生 1000 多人。

多年来，宣承志在广西等地经商，产业涉及建筑、林业、医药、物流等多个领域，并均有不凡的建树。但最让他倾心的事业，依然是教育，心中挥不去的情结是，希望能在家乡创办一所大学。2005 年，他宣布要创办一所粤西一流的大学。

宣承志设想一提出，即遭到家人反对：风险太大。因为家人晓得，如果不办大学，他手中巨额资金可以投资到很多高回报的领域，譬如房地产、金融、建筑等。亲友也不理解：如要办学，就应到中心城市去，何必回到家乡，事事从头做起？一所大学需要的周边配套是一个庞大的工程，这就是几乎所有民办大学都集中在发达地区的原因——办学成本低、招生方便、容易产生影响力。这些因素宣承志心知肚明，但很多人不晓得他心中那创办大学的情结。累积了十年办学经验，他决心去圆梦——为家乡奉献一所大学，让这座充满活力的城市拥有自己的一个精神家园和文化核心！

雷厉风行是宣承志的一贯作风。2006 年，他创办大学的申请就得到了省政府的批准，湛江唯一的一所高职高专院校——湛江现代科技职业学院成立了。由于办学成绩显著，社会口碑好，影响力迅速扩大，2012 年获批更名为广东文理职业学院，招生范围由华中、华南 10 多个省扩展到全国，成为了廉江人的骄傲。

宣承志的学府梦，在廉江大地奇迹般地启航了！

**亮剑精神，为学院注入灵魂**

宣承志最崇尚的人生哲学是"亮剑"——明知山有虎，偏向虎山行。

要办起一所大学，谈何容易？首先资金投入就是一个大问题，没有其他股东，更没有寻求银行贷款，宣承志一个人肩扛创办一流大学的使命，特别是办学初期，走了不少弯路，经历过好几次挫折，每迈出一步面临的困难可想而知；加之学校处在粤西一隅，远离中心大城市，交通不便，配套设施跟不上，教学人才引进和招生更是困难重重。这三座无形的大山重重压在他的肩上。每天傍晚，踯躅日月湖边，他苦苦思索；每天深夜，他辗转难眠：能打退堂鼓吗？开弓没有回头箭，狭路相逢勇者胜！坚持就能胜利。他常说，创业艰辛，面对困境要敢于亮剑，如果没有宝剑在手，磨也要磨一把出来。

宣承志最喜欢看《亮剑》，这部电视连续剧时常令他热血沸腾，凭着对办大学那种锲而不舍的执着，凭着永不言败的信念，凭着过人的胆识和独特的眼光，一路披荆斩棘，他的梦想一步步变成现实：一幢幢现代化教学大楼和高标准学生公寓以及图书馆、艺术馆等各类大型场馆拔地而起，恢宏的餐饮中心坐落湖边，宏伟的实训大楼正在紧张施工建设中。目前学院占地面积达到了 1052 亩，建筑面积 30 多万平方米，馆藏图书 45 万册，教学仪器设备价值 2600 多万元；校园绿树成荫，花木争艳，日月湖碧波荡漾。仅用五年时间，一间千亩"生态园林式"校园坐落在九洲江畔！

回想办学十年来的酸甜苦辣，宣承志感慨万千。他说，就是亮剑精神给他无穷的动力，他要像李云龙一样，把"彰显特色，追求卓越"作为他的办学理念。

宣承志坚信，酒香不怕巷子深。几年来，为使"酒"飘香万里，宣承志打出了五套"组合拳"，破解了办学资金、人才引进、团队建设、学科建设和学生流失五大难题，使学校建设稳打稳扎，步步推进，一年上一个新台阶。

宣承志首先走"以商养校"的路子，将学校管理交给他的团队，而他用更多精力去搏击商海，所得收入源源不断地向学校输送，保障其健康发展。目前，学院累计投资接近 7 亿元，仅仅是实训大楼就投入 1.8 亿元。其次要"做好酒"，人才是关键。为了搜罗教育和管理人才，打造一支富有创新、富有活力、充满激情的精英团队，宣承志跑遍全国各地，为引进某学科紧缺人才，他经常"三顾茅庐"，亲自登门邀请加盟，靠诚意打动各路精英，目前学院聘请了近 100 名国内外著名专家、教授为学院特聘教授和学科带头人，形成了完整的人才培养体系。再次是建设一支剑锋所指、所向披靡的团队。宣承志通晓亮剑精神，那就是上下一心、团结共进的气质，这也是一支团队的灵魂所在！"有能耐的吃肉"，这是李云龙在选拔突击队员时建立的激励机制。因此，宣承志在学校内部建立公平有效的激励机制，尤其是绩效考核及奖惩制度。学院对教授级别的教师，在廉江购房供其居住，副科以上级别的教职员工，学院垫付首期房款帮助其购房居住；为帮助学校留住人才，地方政府非常给力，给学院分配了公办教师编制。宣承志在抓团队建设过程中，注重充分挖掘每个人的潜质，为他们设立一个平等竞争、实现人生价值的舞台，让"有本事的"吃肉，教职工人人奋勇争先，形成了一个战无不胜的钢铁团队。又次是面向市场抓好学科建设。宣承志根据形势发展需要，特别围绕国家结构调整，产业转型升级设置结构合理、市场需求量大和深受学生欢迎的学科。最后是承担社会责任。宣承志对那些品学兼优、家境贫困的学生，一律免去其学杂费和食宿费；学院设立了"学院奖学金"奖励品学兼优学生，近年来共奖励 754 人合计 20 多万元；先后资助贫困生 245人完成学业，合计近 50 万元。至今，宣承志仍保持着每年资助 10 多名贫困学生的义举，资助费用达到 10 多万元。可以说，这所高校深深打上了宣承志发扬亮剑精神的烙印。酒香飘万里，花香引蝶来。学院优厚条件和宽松环境吸引了来自全国各地的优秀人才加盟，目前学院拥有教职员工428人，其中正、副教授等高级专业技术职称教师占38%，博士、硕士学位教师占53%，在校学生6800人。学院设置了涵盖文学、力学、工学、经济学、管理学、法学等多个学科门类的专业群。目前，"千亩生态园林式学府"的名声渐渐享誉四方。

**升格本科，向一流学府迈进**

一路汗水，一路收获！没有豪言壮语，而是埋头苦干！宣承志缔造的奇迹获得教育界的认可；在商界，每谈起宣承志，企业家们无不竖起大拇指，都说宣承志就像一头"狮子"，哪怕带一群绵羊，他都会战无不胜！

短短几年间，学院取得骄人成绩，极大地激发了创业者的士气和勇往直前的信心。但是，宣承志没有停步，他时刻知道学院要向升格本科的目标冲刺，因而只有只争朝夕，勇往直前，才能在风起云涌的博弈中，占领制高点，掌握主动权，才能抵达成功的彼岸。

宣承志秉承中国传统人文理念，因而学院坚持"以人为本，以德施教"的教育管理理念，坚持以就业为导向、以职业能力培养为特色，致力于培育高素质的应用型人才。为加强学生职业能力，学院推进校企合作，打造一批校外实训基地平台。日前，学校与一家高新企业签订战略合作协议，该企业在廉江(顺德)产业转移工业园建设生产基地，学院将为其输送2000多名毕业生，并将该基地作为学院学生的实训场，融生产与教学于一体。在这样的理念指引下，学院的毕业生基础知识扎实，动手能力强，广受用人单位好评，近年学院总体就业率达到98%，高于全省同类学校平均水平。

"有大学的地方，人的精气神都不一样。"宣承志说，他考察过很多国外的顶尖学府，深深感受到一所一流大学对当地社会人文气质的熏陶是无可替代的。经济再发达、产业再繁荣，没有人文核心的城市也只能是声色犬马、无可留恋。这是宣承志心里一个不变的大学情结。因此，他要在荒山上构建一座精神家园和一方文化净土。走在文理学院，无论是图书馆、餐饮中心还是教学楼，学院的建筑风格都是统一的古典中式风格。这些细节，都体现出宣承志对这所学府的精雕细琢，体现粤西地方浓厚的文化氛围。宣承志深知人文精神对学院建设的重要性，因而十分注重校园文化建设，积极开展各种文化活动，营造浓郁的文化氛围；同时建立了教育学院、区域经济发展研究中心、粤西文化研究中心、电子电器研发中心；开设名人讲坛，每年邀请海内外专家、国家级研究所科研人员、著名学者和企业家来校讲学交流等，拓展学生视野，提升文化涵养。

宣承志说，办学不仅要面向全国，更要放眼世界，面向未来，因此学院倡导"中西合璧"的国际化办学理念。宣承志多次赴英国、美国、加拿大等地考察，学习当地办学经验，并实施多元化国际合作办学模式，分别与美国洛杉矶塞拉利昂大学、英国奥斯特大学、马来西亚英迪大学、厄瓜多尔圣灵大学等国外知名院校签署了互通教育、学术交流的合作协议，为学院学生出国深造打通"绿色通道"。

新学期临近，学院正处在繁忙的招生工作中。广东省政府第 17 号文明确提出，要让有条件的大专院校晋升为本科学院。站在学院的规划图前，宣承志说，三年内，学院要力争跃入本科院校的行列。他表示，学院将按在校生 2 万人的规模进行规划和建设，开设专业 30 个以上，科研教学处于领先水平，校舍面积达 38 万平方米，把校园建成 1500 亩的花园式生态一流高等学府。

情与义，是一个优秀企业家不可或缺的品格，也是宣承志选择回乡办学，并将其作为终身事业的根源。他深爱这片土地，并决心将自己的所有托付于此、沉淀于此。他深信，自己的学府梦一定会在家乡开花结果，最终长成参天大树！（宣明改作于 2013 年 8 月）

在这篇文章中，我们读出了宣明对广东文理职业学院满怀的期待！

# 开学典礼

今天上午，学校隆重举行 2023 级新生开学典礼。

学校董事长宣承志及校领导陈健、蓝小云、王南福、李晓豁、薛芳、宣依娜、刘春杰以及各二级学院和职能部门负责人出席典礼，教师代表及全体辅导员和 2023 级新生参加典礼。陈健书记主持开学典礼。

我代表学校领导班子讲话。我说，今年学校招生录取工作开展顺利，学生报到人数有七千多人，这充分说明学校社会影响力不断扩大，教学质量持续提升，办学实力明显增强。我对全体新生提出三点希望：一是坚持学以明理，坚定理想信念，补足精神之钙，将"文通理达、格物致知"的校训刻在心中，苦学成才，成为我们国家现代化建设的主力军。二是坚持学以养心，升华精神境界。在大学期间沉下心，读圣贤书，涵养品德，养成高雅气质。三是坚持学以致用，增强专业技能。

教师代表杨丹发言并分享体会：一是要学会学习，有计划地培养各种职业技能，成为一个专业人才；二是要学会做事，培养较好的事业心、责任心、进取心；三是要学会做人，与他人和谐共处，成为一个受人尊敬的人。老生代表孔德宝在发言中感恩学校领导的帮助与关怀，让家庭不富裕的他读完大学，圆了"大学梦"，让人生不留遗憾。

2023 级新生代表祖拜但古丽·热依木江在发言中说，来自新疆的她觉得坐落在北部湾沿海城市的文理学院让她有眼前一亮的感觉，学校和老师对她的无限关怀让她感觉到了爱和温暖。她表示，一定要在文理学院这个大家庭中，努力提高自己的思想觉悟，端正学习态度，刻苦学习理论知识和各种本领，努力提高个人素质，尊敬师长，团结同学，不辜负老师和学校的关心和厚爱。

　　学校董事长宣承志发表了热情洋溢的讲话。他简要介绍了学校的发展历程和发展现状。他说，广东文理职业学院是广东省人民政府批准成立、教育部备案，面向全国招生的全日制普通高等院校。自 2006 年办校以来，一直坚持"生态文理、人文文理、特色文理、品牌文理"的发展理念，为广东和地方经济社会发展培养了一批又一批德才兼备的专业技术技能人才，受到社会广泛赞誉，学生、家长、社会给予学校高度评价。前两任广东省委书记张德江、胡春华等领导，先后来学校考察调研，高度肯定了学校的办学思路和所作的贡献，并对文理学院的发展寄予厚望。湛江市、廉江市两级市委市政府都全力支持文理学院发展，把文理学院"升本"工作列入两级市委市政府工作报告，在办学空间拓展、政策、资金和人才等多方面一直给予大力支持。学校升格为本科高校工作已在 2017 年 11 月通过了专家组的考核，广东省人民政府以公文形式正式向教育部报批。为支持学校"升本"，国家发改委配套了专项资金 1.3 亿多元，资助学校建设发展。

　　宣承志董事长指出，去年 5 月，学校隆重举行了项目动工活动，启动"升本"项目二期工程，"升本"项目二期工程纳入了广东省重点项目，总投资十多亿元，包括教学楼、学生公寓、教师公寓、专家楼、实验中心、研发中心建设以及仪器设备、设施购置等。他说，目前，第二号教学楼和第 10 栋学生公寓已经投入使用。在一号教学楼后面，共 13 层 300 套的教师新公寓已经完成封顶。在学校正门对面，投资 7.8 亿元的广东奥克体育中心正在开工建设。去年我校获得广东省教育发展专项资金 500 万元，今年 8 月，我校又获得省教育厅 800 万元的教育发展专项资金支持，这是对广东文理职业学院教育教学成绩的肯定与鼓励。

　　宣承志董事长希望同学们立鸿鹄志，做奋斗者，学会做人做事，成为一个有责任感和有担当的人，在广东文理度过一段纯真、充实、绚丽、无悔的大学时光！

# "管理规范年"

今天下午召开校长办公会议。会议议题比较多，有教学工作方面的，有帮扶工作方面的，有学生工作方面的，还有校友方面的，其中最重要的有两项，一是讨论学校关于开展"管理规范年"活动的方案，另一个是关于对奖助学金工作失误的处理。

为什么要开展"管理规范年"活动？经过近半年的学习、了解情况和认真的思考，我认为，目前民办高校面临的最迫切的问题就是规范管理。民办高校办学历史相对较短，大多是在 20 世纪 90 年代到本世纪的前 10 年建立起来的（如以校本部为依托成立的独立学院等）。基于国家大幅提高高等教育毛入学率的需要，大部分民办高校未经长期而充分的筹备便匆忙招生。学校一旦招生，建设发展的任务就重，无论是硬件设施还是软件环境都存在严重不足，特别是制度建设跟不上，规范管理更是存在很大不足。管理不规范，不能依法依规进行教学科研活动和各项管理工作，不是某一个学校存在的问题，可以说是民办学校存在的共性问题，只不过问题严重性的程度不同而已。

广东文理职业学院也存在类似的问题。一是原有的部分规章制度已时过境迁，不能适应当前高等教育形势的需要和学校管理的需要；二是许多管理领域存在着制度空白、规则缺失，没能随形势的发展变化而将教育部、教育厅的制度文件结合学校的实际情况加以细化和具体化，致使一些管理工作无章可循；三是虽然有的工作有明确的制度规定，但是，制度的约束性不强，有的不能得到很好的执行，有的是选择性执行，有的甚至形同虚设。

存在这种情况，后果是严重的。首先，教师和学生的规范意识不强，大家不知道哪些事情可以做，哪些事情不可以做，只是凭感觉去做；其次，师生的活动缺乏导向性，没有规章制度作指引，大家不知道哪些事情应该做、怎么做，哪些事情不应该做；最后，师生的活动缺乏约束性，学校提倡的事情大家做得好也不能得到应有的表彰和奖励，教职工的积极性受到影响；有的教职工给学校工作造成了损失，也无法给予应有的惩处。

学校的规章制度是大学文化的重要组成部分。有健全的、严谨的规章制度，才能有健全的、严谨的大学文化，才能有规范、严格的管理，大学的建设和发展才能行稳致远。

开展"管理规范年"活动，我们分步骤花三年时间完成。第一年，建章立制年，重点是健全和完善规章制度；第二年，规章制度执行年，重点抓规章制度的执行、落实；第三年，规章制度提升年，重点抓规章制度的质量及执行质量的提升。

今年我校"管理规范年"的主要任务是，通过对学校规章制度的全面梳理、完善，确保学校规章制度与党中央全面依法治国方略相统一，与高等教育和高校管理的一系列要求相统一，与教育部、教育厅关于教育教学管理的要求相统一，与学校章程相统一，为加快建设高水平职业院校提供制度保障。

我们要求在工作中，要坚持三条基本原则。一是合法性原则。规章制度必须有明确的上位法依据，且依据充分、有效，必须与学校章程相一致，按照规范的程序论证、审定和颁布，形式、体例、文字等都要符合立法技术规范。二是科学性原则。学校的规章制度必须符合高等教育规律，符合学校发展的新形势新任务新要求；要有利于人才培养和调动教职工的积极性，能切实维护广大师生的切身利益；规章制度还必须具有可操作性，能够执行，能得到师生认可，能在实际工作中提高学校的管理水平。三是统一性原则。各项制度之间要能"自洽"，不能互相冲突、打架，不能自相矛盾，要能形成一个互补的、统一的制度体系。

在工作方式方法上，我们提出按照"适应的保留、过时的废止、需健全的修订或重新制定"的要求，对现行规章制度进行全面的梳理和完善。

一是予以保留。现有的规章制度符合上位法的规定，与学校章程相一致，与当前高等教育改革发展的趋势相一致，适应学校发展和管理实际，应当继续执行的，予以保留。

二是予以废止。现有的规章制度不符合高等教育改革发展形势和构建现代大学制度的现实需要，或主要内容与上位法相抵触，或不符合学校章程甚至相违背，或者适用期已过，适用条件、对象已消失，所有这些都应当废止不再执行。

三是进行修订。已有的规章制度因上级有新的要求或者上位法作了调整、修订，或者有的部分内容时过境迁，或者部分内容与学校章程不一致等，这些都应当予以修订。对于一些"暂行""试行"的文件，在试行过程中发现有部分内容需要调整的，也要予以修订。

四是重新制定。对于现行规章制度没有覆盖到的工作领域，一些"盲区"和"空白点"，都要制定新的规章制度，使学校的每一项工作都有章可依、有规可循。

由于事先已将《"管理规范年"活动方案》印发给了各位校领导，所以在今天的校长办公会上，方案顺利通过。

在今天的校长办公会上，另一件值得重视的事情是关于学生奖助学金错发的问题。

事情的经过是：学生助学金管理部门在发放 2020、2021 级高职扩招生助学金时，由于工作不认真，导致错发 70 多万元，而财务部门未能尽到认真审核之责。这一错误行为，不仅给学校带来不应有的经济损失，也给学生增添了许多麻烦，在社会上造成不良影响。

之所以把这一问题提交到校长办公会议来研究，是重在进一步弄清事件真实原因，在查清原因、分清责任的基础上，对相关责任人提出批评，吸取教训，引以为戒，杜绝此类事件的再次发生。参加会议的相关校领导和部门负责同志就这个问题的原因、过程等来龙去脉都作了详细的说明。但是，在划分责任时却引起了分歧。学生助学金管理部门认为，主要责任不在他们，他们只是提供发放助学金的初步名单及金额，审核是财务部门的事，财务部门审核不严应负主要责任，何况还有校领导已签字认可。财务部门认为，哪些学生应该发放助学金，哪些学生不应该发放，学生助学金管理部门最清楚，财务部门只能负责有没有这笔经费、各分项的合计是否正确，因此主要责任在学生助学金管理部门。

这类工作出错的事情，任何学校都会有，我在其他学校工作时也遇到过，也处理过这类问题。但是，我却很少遇到像这样互相推诿责任的现象。我既震惊又生气。因为自己个人的原因，工作出现纰漏，给学校造成损失和负面影响，首先应该表示歉意，诚恳承认错误并作深刻的检讨，想办法将学校损失降到最低，把负面影响降到最低，吸取教训，改正错误，把工作做好；绝不是想法推卸责任，用他人的过错来减轻自己的过错，这不是改正错误的正确态度。正因为这样想，我才在会议上严肃批评了这两个部门的负责同志，严肃指出他们的错误，尤其指出他们对待这个问题的态度是极其错误的。希望这两位同志吸取教训，想方设法为学校挽回损失。

同时，这件事也提醒我们校领导对工作要进一步认真负责。从具体工作人员，到最后签字的领导，中间经过许多环节，但凡任何一个环节认真一点，哪怕是多问几句，都可以避免这类失误。事实往往是，签字审核流于形式，中间环节越多，越是形同虚设，人人都以为别人看了，其实没有一个人认真去看、去审核，如果起始稿有误，就会一路错下去，甚至连一个错别字也不会有人纠正。在多次会议上我也强调过，各部门交到我手上的材料，部门负责人一定要认真审核，把关之后再交到我手上。可事实上，我发现有些部门的负责人交到我手上的材料，他自己压根就没有看过，他就是把工作人员写的东西直接交给我，当一个"二传手"。因为材料里面有句子不通的、有错别字的、有标点符号乱七八糟的、有数据计算错误的等，这些明显的错误是不需要有多高的水平就能看出来的；此外，我拿着稿子稍微一问，他连最简单的问题都回答不上来，这都足以说明，部门负责人就是在应付工作。更为离谱的是，有一个部门负责人交给我的材料是工作人员起草的一个草稿，由于匆忙，稿子里面有许多句子还来不及写完整，有的段落不完整，中间还有空格、空行，抄袭别人的东西还没有抹去痕迹。部门负责人以为材料搞好了，看都不看一眼，径直把这样的稿子交给我。拿到这样的材料，我为这样的干部而脸红。以这样的工作态度，怎么能搞好工作？如何能实现学校的高质量发展?! 这虽然不是普遍现象，但要引起我们足够的注意，引以为戒。

# 岭师"两办"莅校交流

今天下午岭南师范学院党委办公室、校长办公室的几位同志到学校来交流指导工作。

我来到广东文理职业学院工作之后，感觉学校办公室的工作有许多方面要向岭南师范学院学习，同时我们也有一些地方值得岭南师范学院学习。借岭南师范学院帮扶广东文理职业学院之机，双方办公室进行一次交流学习是十分必要的，特别是对于广东文理职业学院来说，是一次很好的学习机会。

这次岭南师范学院"两办"来了 6 位同志：党办副主任刘天明同志、校办副主任冯凌凌同志、机要科长张敏同志、秘书科长屈志奋同志及综合科陈琼、冼小燕同志。这 6 位同志素质高、能力强，工作积极主动、周到细致，责任心强、任劳任怨。

我在会议室接待了他们，对在岭南师范学院工作期间他们为我提供的周到细致的服务表示诚挚的谢意。岭南师范学院和文理学院办公室双方进行了深入交流，特别是岭南师范学院"两办"的同志毫无保留地介绍了他们办文、办事、办会的一些做法，文理学院办公室的同志就有关问题虚心请教，双方加深了感情，增进了友谊，是一次成功的交流活动。

我对办公室工作不陌生。我从事学校行政工作就是从办公室开始的。1994年 7 月，信阳师范学院中层干部换届，当时我在学校政法系任专任教师，从来没有搞过行政工作。校长办公室需要一位负责文秘工作的副主任，主要工作任务就是草拟各种讲话稿、请示报告、审定规章制度等。1992 年学校申报国家级教学成果奖需要提交电视专题片，学校抽调我写作专题片脚本并参与专题片的拍摄，1993 年学校申报的项目获国家优秀教学成果一等奖。可能是因为这个原因，领导认为我还有点写作能力，就在中层干部调整时让我到校长办公室任副主任。

从 1994 年 7 月到 2004 年 5 月，我在信阳师范学院校长办公室工作了近 10 年时间。其间，为学校两任党委书记和校长服务过。我当了 10 年的专任教师，从来没有做过行政管理工作，没有任何行政管理经验。在领导身边工作，我学到了从事行政管理工作最基本的方法。学校的领导特别是先后任校长的陈铭书和钱远晏校长，教我如何做人，教我如何做事，教我如何接人待物，也教给我许多工作方法。在学校办公室工作的 10 年，我受益良多，既积累了一些工作经验，也有一些工作教训。后来，我做了学校领导才更加明白自己工作的不足。

写到这里我不禁想起我在嘉应学院工作时的办公室主任巫春华同志。巫春华同志是在嘉应学院毕业后因各方面表现优异而留校工作的。他先后做过学生辅导员、外事处副处长、处长，2008 年 10 月底我去嘉应学院做副校长报到的当天，学校正式宣布他为学校党政办主任。他了解到我原来曾经做过学校办公室主任，因而与我交往较多。他善于学习，专科毕业后接着读了本科，又读了研究生，年仅 40 岁就顺利评上了教授。他虽然是物理专业毕业，但英语水平很好，听力和口语都达到相当水平，所以学校让他做外事处长，英语好也是一个重要的原因。他工作特别勤奋，白天事无巨细他都要亲自安排亲自协调，晚上还要起草和修改学校的各种文稿，双休日也很难休息。他协调工作特别周到细致，凡是学校重大事项尤其是涉及几位领导分管的工作，他都非常虚心讲清事情的来龙去脉并提出合理的意见建议，当领导们在具体问题的处理上有不同意见时，他总是寻求"最大公约数"。他为人公道正直善良，从不搬弄是非，处理问题既能坚持原则维护学校利益，又能照顾个人的实际情况，充满人情味。2010 年后，校领导中只有我一个人是异地工作干部，学校先后两任党委书记李俊夫书记和丘小宏书记无论是在工作上还是生活上都给予我多方面的关心照顾，而具体落实者就是巫春华同志，工作上自不必说，生活上吃、住、行、医都给予我无微不至的关怀。我经常跟巫春华同志讲，从你身上我看到了自己做办公室主任的不足，如果有机会再让我做一次办公室主任，我一定会做得更好些。这不是谦虚话，这是我的心里话。2014 年初，巫春华同志被省委任命为学校副校长，这是对他工作的高度认可。然而，2016 年初，他却因积劳成疾身患重病英年早逝。我失去一位优秀的好干部、一位重情重义的好兄弟！2022 年 11 月，我得以因公出差到梅州，专门抽出时间去他墓地寄托我对他的追思。

春华好兄弟，我永远怀念你！

2016 年 1 月我到岭南师范学院工作，先是直接分管校长办公室、后是直接分管党委办公室的工作。这样我与学校办公室的工作接触就更多了。我在岭南师范学院工作了 7 年时间，其间也曾到许多兄弟高校交流学习过，直接感受过兄弟高校办公室的工作质量。不过，我的体会是，岭南师范学院办公室的工作的确是做得好的，与其他高校相比更胜一筹。就以今天来的几位同志的工作为例来说，都值得可圈可点。刘天明同志和屈志奋同志在党委办公室、冯凌凌同志在校长办公室负责文秘工作，许多重要文稿都是他们亲笔草拟的。他们草拟的文稿，与中央、省委的政策要求相一致，与学校的实际相符合，与学校的工作安排相呼应，与学校领导的工作要求相契合；文稿中心突出，主题鲜明，层次清晰，表述准确。很多时候，我只是把材料、讲稿的主要意思告知他们，他们就能拿出一篇非常像样的材料、讲稿。我经常说，让我亲自动笔写，我写不出这样的材料、这样的讲话稿。从他们所写的材料和讲稿中可以看出他们认真学习的态度、对工作认真负责的态度，这些材料和讲稿的水平，是他们综合素质的体现，也是岭南师范学院工作水平的体现。张敏同志是党委办公室机要科长，她原来在校长办公室综合科工作，做过科员、副科长、科长，机要科原科长温笑微同志因职务晋升调离后，她调来机要科任科长。机要科是一个重要的部门，担负着机要文件传递、文件传阅、文件存档、督办、保密等相关职责，责任重大。有的人认为，机要科传传文件，应该是个闲差事。其实不然，仅公文传阅就很复杂，有秘件有普通件，有急件有平件，不同类别的文件在学校不同层次的干部之间传阅绝对不能出错，更不能影响文件的时效。我到岭南师范学院后发现机要科的工作更有其细致周到之处。一大摞文件送来，她们会根据文件轻重缓急的程度排好序，并将文件的核心内容及涉及学校的重要内容——标出，给领导以提示；如果领导因工作繁忙而耽误紧急文件的处理，她们会及时予以提醒，避免工作出现疏漏；如果领导由于匆忙对文件的批示有误，她们也会予以提醒以避免工作失误。机要科还管理着学校的各类印鉴和校领导的名章，节假日加班加点实为常态。陈琼和冼小燕同志是校长办公室综合科的工作人员。校长办公室综合科有着良好的工作传统。我到岭南师范学院时，综合科科长是陈凯珍同志，陈凯珍提拔后，张敏接任科长，然后是崔月同志接任科长，无论谁做科长，耐心、细致、周到的服务一直得到很好的传承。我曾经说，岭南师范学院校长办公室把综合科的工作做到了"天花板"。无论是会务服务、活动组织、车辆管理、办公用品、内务管理、领导出差、来往接待等，事无巨细，到综合科这里都安排得井井有条。很少有人知道的是，为了这些，她们加了多少班、付出了多少辛勤的汗水。每次从外地回到学校，看到办公室文件、材料井然有序，看到宿舍窗明几净、整洁舒适，我总觉得如果自己不努力工作，不把学校建设好发展好，就对不起同志们为我所做的周到服务。

正因为我有办公室工作的经历，又有接受办公室服务的经验体会，学校办公室在进行各单位、各部门办公室主任和综合科长培训时，我几次都亲自参加，谈一谈工作体会。办公室是一个单位的综合部门和领导的办事机构，办公室主任承担着承上启下、沟通内外、联系左右、协调各方的职责使命，办公室好比"部队的司令部"，办公室主任则相当于"部队的参谋长"，其工作水平直接影响部门处室和学院乃至学校的发展。我认为，做好办公室工作必须做到以下几点。

一是承办有章，认真做到办文有章法、办事有条理、办会讲程序。办文是办公室的重要职能，可以说办公室就是学校各种信息的汇集中心、各种文件的"集散地"。对上，有各种汇报、报告、请示；对下，有各种通知、讲话、方案、规章制度等。有些文件是有关职能部门负责起草的，有的直接就是办公室起草的。即使是有关部门起草的文件，办公室也负责审核把关。从公文内容到文字表述再到行文格式，从成文到上报、下发再到公文运转，从公文运转到公文落实执行办结，整个过程都有章有法，要严谨认真，不可粗心大意，更不可率性而为。办事是办公室服务职能的重要体现，这种服务既有政务服务，也有事务服务。政务服务就是为学校特别是为学校领导开展政务提供各种服务，大到为学校建设发展提出战略上的建议，小到为领导调研、出差、出席各种活动提供具体的事务服务。学校在快速发展中，工作千头万绪，办公室为领导服务、为领导办事，就要分清轻重缓急，做到有条有理，使一切工作井然有序。办会更是办公室的一项经常性的职能，无论是重大决策，还是具体问题的处理，很大程度上都是通过会议的形式进行的。无论大小会议都有一个主题，办公室要围绕会议主题准备好相关材料，特别是各个议题的有关材料、领导讲话、领导决策的参考材料等，要协调会议的时间、地点，发布会议通知，会场准备、座位安排、会议记录、新闻记者等都要落实到位，会后还要撰写会议纪要，督办会议决定的落实。任何一项工作都有严格的程序和规矩，一旦出错，就会影响会议效果，达不到会议的预期目的。

二是参谋有度，切实做到心中有数、脑中有路、口中有物、耳中有隙、参中有谋、言之有密。学校办公室就是校领导的参谋部，为领导决策发挥参谋作用是办公室的重要职能。心中有数，就是在为领导出谋划策时，要有边界感，知道在什么事情上可以出主意以及出什么样的主意，在什么事情上是不可以出主意，不能肆意妄为，不能干扰领导决策，更不能误导领导，给领导提供错误信息，给领导出"馊主意"。脑中有路，就是为领导提供参谋意见，要有明晰的思路，问题是什么？是政治问题、经济问题还是其他具体问题？问题存在的原因是什么？解决问题的关键是什么？现行办法能不能解决问题？现行办法解决问题会不会带来其他问题？把这些问题想清楚了才能为领导提供参谋意见。口中有物，就是为领导提供的参谋意见要具体，要有方法、有办法、有措施、能落实，有落实单位、有责任人、有时间节点、有要求有标准，不能笼而统之、大而化之，表面上看来很正确，但具体落实起来却无法实施。耳中有隙，就是要听得进不同意见，只有听得进不同意见，才能了解各方面的信息，才能为领导提供有价值的参谋意见。参中有谋，也包含谋中有参，就是不要把参与谋分开，不能只参不谋，也不能只谋不参。言中有密，就是要注意保密，保守政治秘密、保守工作秘密，这都是办公室的分内之事，在办公室工作比其他人知晓更多的工作秘密，稍不留意出现泄密，就会给工作带来被动甚至带来难以挽回的损失。

三是管理有方，坚持做到勿以事小而不为、不以事杂而乱为、不以事急而妄为、不以事难而怕为。学校办公室是一个综合部门，也是一个"不管部"，没有明确到其他部门的工作都由办公室来负责。只要关系到学校建设发展的事、关系到学校师生员工利益的事，事无大小都要敢于承担，再急再难也要敢于负责。办公室的同志特别是办公室主任在学校领导身边工作，一言一行都代表着学校领导的形象、代表着学校的形象，遇事推诿、不负责任，不担当、不作为，损害的是学校领导的形象，也会给学校干部树立坏的榜样。

四是协调有术，努力做到把握原则、正确理解领导意图、讲究办事策略。综合协调工作是办公室的重要职能。一些重大工作任务，由于涉及部门和分管校领导较多，往往需要办公室先行协调，明确任务性质、明确任务要求、明确任务分

171

工等，办公室把相关部门召集起来商定初步方案后再上升到学校领导层面进行工作任务的安排布置，这不仅使工作任务的布置更具合理性，也提高了工作效率。工作的协调一定要坚持正确的原则，协调是使工作更好地开展以解决问题而不是"和稀泥"，没有原则的"和稀泥"只能是一时掩盖矛盾而不能解决矛盾。工作协调还要正确理解领导意图。学校领导信息掌握全面，站在全校工作的大局，对问题和矛盾的理解及处理考虑更全面、更妥当，学校办公室在协调有关问题时一定要正确理解校领导的意图，贯彻学校领导的想法，把问题和矛盾的处理结果引导到学校领导预定的方案之中，绝不能自以为是，使问题的处理偏离领导预定的轨道、与领导的意图南辕北辙。协调工作一定要讲究方式方法，策略不对，方法不当，协调的效果大打折扣，甚至协调的结果与事先的意愿背道而驰。

要做好办公室工作，还要勤于学习、善于学习，任劳任怨、乐于奉献，加强修养、廉洁自律，掌握正确的工作方式方法才能发挥办公室主任的综合协调作用，当好领导的参谋助手。

✎ 10 月 17 日

# 与健美操运动队师生座谈

今天下午，我与学校健美操运动队师生座谈，对他们参加广东省健美操锦标赛取得好成绩表示热烈的祝贺。

前天，2023 年广东省健美操锦标赛在广州圆满落幕。广东文理职业学院在本次比赛的 148 支代表队伍中脱颖而出，斩获徒手有氧健身操高职高专组第一名、轻器械健身操高职高专组第一名、竞技健美操自选动作有氧踏板成年组第三名，教练李怡老师被评为"优秀教练员"。这对于广东文理职业学院来说是一件大喜事，也是一件很不容易的事，值得充分肯定、鼓励和表彰。今天的会议，就是为了这个目的而召开的。

座谈会上，体育与艺术学院副院长廉成同志汇报了本次比赛的成绩，健美操队教练李怡老师汇报了同学们参加比赛的具体情况并谈了感想和体会。接下来，15 名队员分别谈了参加这次比赛的感想，也谈了许多平时训练的体会，充分表达了对李怡老师的感谢和尊重，是李怡老师带着他们从不懂到懂、从不会到会、从不熟练到熟练、从熟练到精湛，也是李怡老师在他们遇到困难时给予支持、气馁时给予鼓励，正是大家的精诚团结、相互协作，才有今天的好成绩。

座谈会最后，我作了总结发言。首先我对健美操运动队在全省健美操锦标赛上取得优异成绩表示热烈的祝贺！以我们广东文理职业学院的训练条件，我们能取得这样的成绩实属不易，可喜可贺！特别向李怡老师表示祝贺，她不仅获得"优秀教练员"的光荣称号，还带领团队取得了广东文理职业学院有史以来健美操比赛最好的成绩。

其次，我说，全校师生都要向健美操运动队学习。要学习他们刻苦训练的精神。就健美操的训练条件来说，我们还存在很多不足，有些地方甚至可以用"艰苦"来形容，但我们健美操运动队用"刻苦"来弥补，正是他们克服各种困难，冒酷暑战严寒风里来雨里去刻苦训练，才有今天的好成绩。要学习他们敢于与强手竞争的勇气。我们这 15 名队员，来到学校之前大多数都没有任何健美操基础，他们就是凭着对健美操的热爱，凭着自己的刻苦训练，顽强拼搏，不畏强手，敢于与强者竞争，才取得了今天优异的成绩。这种敢于与强手竞争的勇气是青年人身上应该具备的优秀品质，更是文理学院的学子必备的品质。要学习他们精诚团结的团队精神。健美操本身就是一个团队项目，任何个人的努力都体现在团队中，一个人动作不到位就会影响到整个团队的表现。协调、统一、一致的要求，使得健美操运动队更加重视团队精神。这种团队精神就是在日常训练中养成的，已经融入队员们的血液中，成为一种习惯。我们做任何工作都要重视团队精神的养成，任何个人的作用只有在团队中、在集体中才能得到更好的发挥和体现。要特别向李怡老师学习。李怡老师能根据学校的条件和环境，选准竞赛项目，不怕队员起点低、底子薄，艰苦带领队员刻苦训练，并能根据队员的特点，科学合理地安排训练方法和训练内容，有效地提高训练成绩。老师们在工作中都应该向李怡老师这样对待学生、对待工作。

最后我还强调，教务处、学生处和体育与艺术学院等单位要认真总结成绩和经验，将经验复制推广到其他体育项目、艺术项目和学科竞赛项目。各部门要认真研究，如何为学生的各类比赛、竞赛提供更多的机会，创造更好的条件，提供更好的指导，以获得更多更优秀的成绩，为广东文理职业学院的建设和发展做出应有的贡献。

📝 **10 月 25 日**

# 廉江市政府现场办公

今天下午，廉江市政府柯俊市长率领市政府办、市自然资源局、市财政局、市教育局、吉水镇等相关单位和部门的领导到学校来现场办公，解决学校基本建设需要协调的问题。

柯俊市长的到来，让我对廉江市委市政府的工作作风刮目相看，他们雷厉风行的工作作风、为基层服务的真情实意让人大加赞赏。因为，今天上午，廉江市举行下半年重大工程项目集中开工仪式，会议邀请湛江市委书记刘红兵、常务副市长黄明忠参加，同时也邀请我作为广东文理职业学院专家代表参加。柯梭市长主持仪式，陈恩才书记作了一个鼓舞人心的发言。仪式隆重而又简朴，既彰显了廉江招商引资、推进制造业当家的大作为、大担当，又展示了廉江未来美好的发展前景，给人们增添了信心、鼓舞了干劲。会上，我见到陈恩才书记和柯俊市长，请他们关注广东文理职业学院基本建设情况，涉及用地、规划等方面的事宜，请市委市政府抓紧协调，以保证明年开学之需。今天中午我们就接到通知，柯俊市长要来现场办公，解决学校发展面临的问题。市委市政府对文理学院的事情这么重视，效率这么高，让我既惊讶又感叹。

下午的现场办公会，柯市长一行先是实地察看了奥克体育中心、第三教学楼和新的学生宿舍建设场地，了解在用地方面存在问题的具体位置、面积和涉及的村民户数、人数以及村民的具体诉求，在办理用地手续方面牵涉到的相关部门、关键卡点、难点及办理时长等。在学校会议室，柯市长召开了协调会，明确了协调事项，提出了相关问题具体的解决方案和完成时限，对每一事项都明确了责任单位，提出了明确而具体的要求。这是一次富有成效的现场办公会。

广东文理职业学院在建设和发展的过程中一直得到当地各级党委和政府的大

力支持，从项目立项、项目审批、征地拆迁、各项手续办理、周边道路、水电燃气配套等方面，都为广东文理职业学院提供了无私的支持。可以说，没有当地党委政府及社会各界的关心支持，就没有今天的广东文理职业学院。仅仅在这个意义上，广东文理职业学院也一定尽自己的最大力量为廉江的建设和发展服务，服务当地的经济社会发展，这本身就是高校应尽的责任。

此前，我在岭南师范学院工作时，就高度重视与驻地各个方面的关系，从湛江市委市政府到街道办事处及社会各个方面，学校的发展离不开它们的支持，学校一定尽全力支持驻地机关（部门）的工作，服务当地发展。我把我的这些想法写成一篇文章发表在 2019 年 5 月 26 日的《湛江日报》上。

## 了解湛江　学习湛江　研究湛江　服务湛江

任何一所高校都有它生长生根的土壤和环境，都应作为其所在区域社会的重要组成部分。高校主动融入地方建设，服务所在区域的经济社会发展，这是高校肩负的社会责任和历史使命。

岭南师范学院办学历史悠久，长期植根湛江，依托湛江，回馈湛江，与湛江同呼吸、共命运，不忘初心办教育、办大学，积极主动服务湛江发展。当前，湛江迎来了振兴发展的叠加机遇。作为一所省市共建高校，岭南师院提出了要更深入、更好地"了解湛江，学习湛江，研究湛江，服务湛江"，以新理念、新使命、新担当、新作为，努力成为湛江加快建设省域副中心城市、打造现代化沿海经济带重要发展极的积极参与者和助力者。

### 了解湛江，丈量红土地的深厚广袤

了解湛江，是学习湛江、研究湛江、服务湛江的前提。要了解湛江，就要了解湛江的历史、市情、民情，更要了解学校发展与地方教育文化发展的深厚渊源。

岭南师院肇起于雷州半岛，是雷州文化不可或缺的一部分。学校办学源头可追溯到创建于 1636 年的雷阳书院，是明清时期雷州半岛最大的官办学府。校史先贤陈瑸、陈昌齐、陈乔森被称为"雷州三陈"饮誉南粤。谭平山、黄学增等校史人物，为雷州半岛的教育事业、革命事业做出了不朽的功勋。

湛江特有的红土文化风情和蓝色滨海风光，滋养着岭南师院。学校扎根于湛江，兴起于湛江，经过了旧式学堂到新式学校的改制，实现从中师、师专到师院的发展跃升，目前是全省师范教育规模最大的高等院校之一，为湛江、粤西地区乃至广东省的教育文化事业和经济社会发展做出了积极贡献。

## 学习湛江，汲取不竭的精神源泉

学习湛江，是研究湛江、服务湛江的基础。要学习湛江，就要学习湛江艰苦奋斗的精神、奋起直追的勇气、勇于担当的胸怀，为学校的发展注入不竭的精神动力。

雷州半岛的先祖陈文玉在雷州半岛"立我边疆，宁找黎庶"，开教化之风，是一位德政昭彰的地方官，成为"雷神"的化身。千百年来，"雷神"的艰苦奋斗精神，已经融进了湛江人民的精神血脉。

新中国成立之初，湛江人民在党和政府的领导下，以"敢教日月换新天"的豪迈气概筑鹤地水库、修雷州青年运河，在雷州半岛通水网兴灌溉，创造了中国当代水利工程建设的人间奇迹。

湛江港是新中国第一个自己设计施工的现代化深水商港，在当时施工条件十分艰苦的条件下，湛江人民开启了我国港口事业发展的新纪元。今天的湛江港，早已实现亿吨大港的梦想，目前，吞吐量稳居北部湾地区首位，成为亮眼的"湛江名片"。

湛江是全国首批 14 个沿海开放城市之一。党的十八大以来，随着广东省加快部署推进粤东西北振兴发展战略，宝钢湛江基地、中科炼化等一批重大工业项目相继落户湛江，湛江吹响奋勇直追的号角。特别是近年来，湛江瞄准新发展定位，高起点谋划推进发展，进入了高质量发展的快车道。

湛江的发展史，就是一部筚路蓝缕、开拓进取的奋斗史。岭南师院与湛江的发展同呼吸、共命运，通过学习湛江，把湛江人民在历史进程中形成的良好精神品格，内化为全体岭师人的精神动力，转化为撸起袖子加油干的实际行动，为推进特色鲜明的高水平师范大学建设提供源源不断的思想动力，为建设富饶美丽幸福湛江做出新的更大的贡献。

## 研究湛江，找准学校发展的服务定位

研究湛江，是服务湛江的关键所在。研究湛江，就要认清湛江的发展形势、把准湛江的发展定位、对湛江的发展前景充满信心，找准学校的发展方略，着力为湛江的发展提供智力支持。

湛江处于粤港澳大湾区、北部湾城市群和海南自贸区（港）的交汇点，是粤桂琼互联互通、融合发展的枢纽，在全国、全省的战略布局中具有重要地位和作用，正日益受到国家和省的高度重视。

湛江市委市政府以强烈的抢抓机遇意识，从服务全国、全省战略布局的高度，围绕发展定位，精心谋划，倾力推动湛江新时代振兴发展。

当前，湛江正大力推进宝钢湛江基地、中科炼化、晨鸣浆纸、中船重工等大型工业项目建设，加快临港工业园区建设，全力打造现代化临港重大产业的集聚基地，构建高水平高质量的现代化产业体系。积极推动环北部湾和粤西地区城市群一体化发展，融入粤港澳大湾区，对接海南岛，联动北部湾，擦亮全国首批沿海开放城市名片。

岭南师院立足"师范性、教学型，地方性、应用型"的"两性两型"办学定位，认真做好研究湛江这篇文章。一方面通过研究湛江，形成一批研究成果，为湛江发展提供文化支撑和智力支持；另一方面通过研究湛江，对接湛江发展的战略部署，制定学校事业发展规划，努力把学校建成广东优质教师教育的重镇、粤西应用型人才培养与科技研发中心、岭南文化乃至中华文化传承创新基地、粤西公共政策研究和咨询智库、区域教育国际化和开放办学高地，促进校地共融、协同发展。

## 服务湛江，彰显地方高校的时代担当

城市兴，大学兴；大学兴，城市兴。岭南师院的发展与湛江休戚与共，服务湛江发展责无旁贷。作为地方高校，要紧扣湛江高质量发展主题，助力湛江建设省域副中心城市，助推湛江教育现代化。

学校扎根湛江办学，已为社会培养了 20 多万高素质的应用型人才。特别是教师教育成效显著，对湛江基础教育起着重要支撑作用，毕业生在湛江市教师队伍中占比达到三成以上，粤西地区中小学校校长超过三分之一来自岭南师院毕业生。学校每年承担湛江各类教师培训上万人次。

近年来，岭南师院抓住粤东西北高校振兴计划和"冲补强"提升计划、省市共建、转型发展等利好政策，大力推进转型升级、创强提质、内涵发展，建设人才高地，优化学科平台，设立"珠江学者"岗位和博士工作站，成立东岛清洁能源材料产业学院、水产国际商务学院、智慧教育产业学院等多个行业特色鲜明的产业学院，建成了首个亚洲潜水学院。积极搭建平台吸引大批国内外的高层次人才来校，切实面向湛江经济建设主战场，充分发挥人才集聚、学科交叉、国际合作等多方优势。

学校仅在 2018 年，就引进教授 20 多人、博士 130 多名，引进博士数是前七年的总和。一大批国内著名高校的专家齐聚燕岭、共绘蓝图、共谋发展。2018 年体现高质量科研成果的自然指数排名，岭南师院位列全国高校第 130 位、省内高校第 7 位。在 2018 年全省高校"创新强校工程"考核中，总分荣膺全省高校榜首。

为更好服务湛江新时代的发展要求，学校在湛江市委市政府的大力支持下，拟在湛江教育基地征地建设新校区。学校提出了"强师范、厚理工、兴商科"的发展思路，推进"新师范""新工科"建设。学校坚持主业强师范，对标湛江打造"北部湾科教中心""粤西教育高地"的要求，紧抓创建国家教师教育创新实验区契机，大力推进"新师范"建设，全力助推湛江基础教育均衡化、优质化、信息化发展。学校对接产业厚理工，根植地方兴商科，深化与湛江本地行业企业的合作，探索构建"U-G-E"模式，形成高校、政府部门及行业企业三位一体的协同培养人才机制。

岭南师院在今年初召开的第一次党代会上，明确了"申硕、升大、建博"新"三步走"的奋斗目标，着力推进师范创新、教学提质、地方扎根、应用转型的高质量发展"四大战略"，深入实施强师、质量提升、体制机制改革、资源配置优化、民心凝聚、党的建设等"六大工程"，全面开启建设特色鲜明的高水平师范大学新征程，必将为服务湛江新时代高质量发展贡献新的力量！

我想，这篇文章的思想，对广东文理职业学院、对廉江都是一样适用的。

# 新一届教学督导员

今天下午，学校举行新一届教学督导员聘任仪式。副校长薛芳，党政办公室、人事处、教务处等部门负责人，二级学院院长及全体新一届教学督导员出席聘任仪式。学校督导中心主任刘贵昂主持会议。

薛芳副校长宣读了《关于聘任刘贵昂等同志教学督导员的通知》，并为新聘任的 24 名督导员颁发了聘任证书。

我在聘任仪式最后作了总结讲话，对做好新一届教学工作提出明确要求。我首先对新一届督导员表示祝贺。我说，这一届教学督导有三个主要特点：一是规模大，24 名校级督导员队伍，是学校历史上最大规模的督导队伍，覆盖了学校所有的学科领域；二是新人多，近 2/3 的同志原来没有担任过教学督导员，怎么做好督导员、发挥督导员的作用是一个全新的课题；三是水平高，高职称、高学历的老师多，更加可喜的是，相当一部分二级学院院长、副院长担任教学督导员工作，充分说明大家对教学督导工作的高度重视。

学校一直以来高度重视教学督导工作，宣承志董事长多次对教学督导工作提出明确要求。会上我分析了新时代教学督导工作面临的新形势和新任务，并根据董事会的意见对督导工作提出四点要求。

第一，加强教学督导工作，进一步完善教学质量监控体系。

教学督导是教学管理的重要环节，任何教学管理既是对教学资源的调配和优化，也是对教学资源使用过程的控制。教学督导就是在教学管理过程中发挥评价、评估并提出改进措施的控制环节，如果教学管理工作缺了督导这一环节，就不能形成闭环，教学管理工作的改进就失去了依据。教学督导是教学质量监控体系的重要组成部分。教学质量监控体系是一个复杂的系统，从质量监控的主体来看，有教学管理部门组织的各种检查、评比，有上级主管部门的检查、抽查，有学生评教，有同行互评等，但是教学督导的监控也是一个重要的组成部分。教学督导是一支独立的监控队伍，其既可以监控教学管理部门关于人才培养方案的制定修订过程，也可以监控各教学单位对人才培养方案的执行和落实情况，还可以监控教师的教学活动，此外对学生的学习情况也可以进行监控。可见，教学督导是学校教学质量监控体系的一个不可或缺的重要组成部分。教学督导是提高教学质量的重要抓手，这是由教学质量监控的目的决定的。教学质量监控不是为监控而监控，教学督导本身不是目的，目的都是为了提高人才培养质量。学校的专业人才培养目标是教学质量监控的目标指向，质量监控的所有环节和过程都是为了保证专业人才培养目标的实现和达成。教学督导的过程，就是不断提出改进意见、不断完善教学管理、优化教学过程、提高教学效率的过程，进而提升人才培养质量。

第二，丰富督导内容，创新督导方式方法。

由于现代信息技术与教育教学的深度融合，学校人才培养模式发生了重大的变化，这也引起了教学督导内容和方式方法的变化。

从教学督导内容上来看，教学督导不仅要督教，还要督学，更要督管。督教，主要是对教学活动、教学过程、教学质量进行评价与反馈，为教师提供改进教学的建议；督学，就是对学生学习过程进行评价分析，确保老师教了，学生不仅学了而且学到了、学会了，要对学生的学习过程、方法提出意见和建议；督管，就是要对教学管理制度、执行情况、执行过程、执行效果等进行监督与指导，为教学管理提出改进的意见建议。督教、督学、督管三者是一个完整的统一体，三者紧密联系，存在着互为因果的关系。

关于督导方式方法，我提出教学督导的"八字法"：一是"听"，听课是教学督导的基础，我们需要听取教师的教学情况特别是课堂上课情况，同时也要听取学生和家长的意见；二是"巡"，巡查教学环境和教学状态，感受教学氛围，看看是否有需要改进的地方；三是"查"，对老师教学情况进行抽查，查看各种教学文件，如教案、教学大纲、作业、实验报告、实习报告和试卷等，这些都是了解教学情况的重要依据；四是"看"，看实验教学、看学生实习实训、看实训设备使用等情况；五是"谈"，通过召开座谈会等形式与学生、教师进行深入的交流，了解他们的需求和困扰，收集他们的意见和建议；六是"访"，走访老师和学生，有针对性地听取不同层次、不同类型的老师、学生的意见和建议，特别是重大的教学管理改革措施出台前后，注重听取老师、学生的意见建议；七是"诊"，对教学运行过程进行分析，对教学管理规范的执行情况进行分析，进而发现问题、诊断问题，找出教学中的不足，提出改进措施；八是"评"，评就是评估，对整个学校的教学运行状态进行评估，对学校教学质量进行评估，对专业建设、课程建设、师资队伍建设等进行评估，对各教学单位的教学管理、教学质量进行评估，对每一位老师的教学情况进行评估，对各专业学生学习情况进行评估等。总的来说，教学督导的"八字法"是一个系统性的过程，需要我们全面、深入地了解教学情况，然后采取有效的措施。只有这样，才能确保教学质量，培养出更多优秀人才。

第三，严格督导纪律，确保公平公正。

因为督导关系到对教学单位、对教师、对学生的教学和学习的评价，这种评价的结果会通过不同的方式运用到对教学单位和老师、学生的资源分配、评优评先、职称晋级等方面，因此必须确保公平公正。要坚持实事求是，一是一、二是二，好就是好，不好就是不好，这是最基本的要求，有客观才有公正，不能用主观想象代替客观事实；要坚持公平公正，对每一节课、每一位教师，每一位督导员自然有不同的看法，但是一定要坚持原则、坚持督导纪律，要一把尺子量到底，不能因人而异，不能搞"双标"，不能感情用事，这样才能保证公平公正；要坚持科学评价，督导肯定会指出别人的不足，给别人提出意见和建议，但是意见和建议是建立在科学分析的基础上，来自客观公正的评价，来自善意的提醒和帮助，督导不是"鸡蛋里面挑骨头"，不是故意为难别人、刁难别人，也不是显示自己高明，更不是借机打击报复，这是督导纪律所不允许的。

第四，加强督导队伍建设，提高督导水平。

要加强学习。目前在世界范围内兴起了学习革命，学习的方式方法发生了颠覆性的变化，教育教学在互联网条件下更是面临重大变革。我们是高校的教育工作者，不仅要有这种敏感性，更要吸取新知识、接受新理念。作为学校的教学督导员，更要先学一步、学深一层，我们要掌握学习方式方法变化的新特点和新规律，用新的理念来指导新的教学实践，提高人才培养质量。我们各位同志今天之所以能做学校教学督导工作，就是因为我们善于学习，今后要做好教学督导工作，同样需要继续学习，通过学习提升我们教学督导队伍的整体素质。

要树立正确的导向。督导不仅是"督"，更是"导"。"导"，就是带方向性的引导，没有方向就失去指引。方向从哪里来？来自我们的学习领悟，来自我们对教育教学规律的把握，来自我们对高等职业教育规律和特点的把握，这都离不开学习和研究。如果我们的导向不正确，就会把我校的教育教学工作引入歧途。要建立和完善我校教学督导的一系列规章制度，使学校教学督导工作有规可依、有章可循。

要为教学督导开展工作提供必要的条件。开展任何工作都需要一定的条件，教学督导工作也不例外。学校各部门、各单位都要自觉地为教学督导工作的顺利开展提供必要的工作条件和工作环境，站在提高学校人才培养质量的高度，支持教学督导工作，为教学督导工作的顺利开展排忧解难。

# 二级学院重组

今天下午，我们召开二级学院重组及专业结构调整优化领导小组会议。会议由薛芳副校长主持。会议的主要任务是研究《二级学院重组及专业结构调整优化工作方案》，教务处长张佐营同志对方案的制定情况作了说明，薛芳副校长就方案的要点、重点关注事项作了说明；与会人员对方案进行了认真的讨论，提出了许多可供参考的意见建议；陈健书记和李晓黐副校长也发表了很好的讲话，提醒一些注意事项。

我最后讲了三个问题。

## 一、为什么要对二级学院及专业结构进行调整优化

对二级学院及专业结构进行调整优化是学校的一件大事，是学校董事会、党委、行政根据高等职业教育发展的形势，为进一步推动学校高质量发展，经过慎重研究做出的重大决策。

1. 适应我国高等职业教育发展新形势的需要

党的十八大以来，党中央、国务院高度重视职业教育发展，出台了一系列支持职业教育发展的重大政策文件，职业教育得到前所未有的重视。广东是经济大省、工业大省、制造业大省，广东省委、省政府把大力发展职业教育当作一件大事来抓，力争打造全国职业教育高地，建设全国职业教育示范省，在建设社会主义现代化强国的新征程中走在全国前列培养更多的能工巧匠、大国工匠、高技能人才。为促使更多的学生入读职业院校，省里出台多项政策予以支持，比如，增加一次春节高考，推行"现代学徒制"，用学考成绩、职业等级证书、职业技能大赛成绩等作为高考录取的重要依据。推进职业院校办学条件达标工程，对职业

院校予以政策上的支持和扶持等。在这样的背景下，职业教育的发展迎来了前所未有的大好机遇，职业院校抓住这些机遇，就会迎来大的发展。

但是，我们也应该看到，与机遇相伴而生的就是挑战。正因各级党委政府对职业教育高度重视了，社会对职业教育更加关注了，随之而来的就是全社会对职业教育的期待更高了，要求也更高了。在这种背景下，职业教育的发展就不仅仅是扩大招生规模的问题，更是如何提高质量的问题。由此，职业院校必须实现主要任务的战略转移，即由外延建设转到内涵发展上来，把提高人才培养质量作为学校发展的重中之重的工作抓实抓好。

二级学院是我们办学的主体、是人才培养的主体，专业是人才培养的重要依托，对二级学院进行重组，对专业结构进行调整优化，就是适应职业教育发展新形势的需要，就是为了更好提高职业教育人才培养质量的需要。

2. 学校高质量发展的需要

要推进学校高质量发展，必须规范和健全学校教学组织体系。从我校目前的实际情况来看，我们有 8 个教学单位，其中负责专业教育的学院有 7 个。从这 7 个二级学院来看，第一，学院名称不够科学，学院与学院之间在名称上存在交叉重叠；第二，没有按照专业大类及专业类别来组建二级学院，学院内部各专业之间缺乏有机联系，各专业不能有机共生或者优势互补，无法建立真正的专业集群；第三，有的学院专业跨度过大，同时招生的专业过多，有的甚至多达 13 个专业，给教学的组织和管理带来很大困难。对二级学院进行重组，才能优化治理结构，提升治理效能。

从专业结构来看，一是由于学院专业之间缺乏有机联系，给人感觉好像是很多专业简单拼凑在一起，是为建学院而建学院，不能形成高水平专业群，专业特色不够突出，优势不够明显；二是专业设置与社会需求不能很好地实现有机对接，导致有的专业生源特别多，而个别专业生源少、就业率欠佳；三是个别专业的设置论证不够，专业结构不尽合理，办学资源存在浪费现象，办学效益不高；四是有的学院专业教师不足，资源共享率低，教学管理水平不高。因而必须通过专业结构的优化调整进一步增强专业特色，提高专业建设水平。

3. 学校升格为职业本科高校的需要

从"升本"的角度看，"升本"的条件中，与二级学院最密切相关的就是人才培养的质量、专业的水平和社会服务的水平。高职升格为职业本科院校，不是为了升格而升格，而是进一步提高人才培养质量，是要择优选拔的，这样才能进一步保证职业本科的人才培养质量。人才培养质量的重要依托就是专业，专业水平高人才培养质量才会高。在"升本"的标准中，对专业要求很高，特别提到学校要有三个以上的高水平专业群。社会服务的水平也是"升本"的重要条件，而专业建设的水平决定了社会服务的水平。因此，要使学校升格为本科职业院校，必须大力加强专业建设，建好二级学院。

### 二、怎么做？如何把这项工作开展好

一要提高政治站位，深刻理解习近平总书记关于职业教育的重要论述，深刻理解国家关于发展职业教育的相关政策和要求。习近平总书记高度重视职业教育，对职业教育寄予厚望，党中央、国务院出台了一系列鼓励支持职业教育发展的若干重要政策，我们要认真学习领会贯彻落实，努力增强办好职业教育、提高职业教育人才培养质量的责任感和使命感，为现代化强国建设做出我们应有的贡献。

二要广泛开展调研。二级学院重组及专业结构的调整优化要从学校的实际出发，首先就要深入了解学校二级学院的具体情况，摸清家底，分析研究各学院专业现状、存在问题、优化措施，要深入企业和用人单位，了解产业需求、企业愿望，寻找服务区域经济社会发展存在的具体差距。他山之石可以攻玉，要学习借鉴兄弟院校的好经验、好做法，举一反三，扬长避短。

三要认真研究高等职业教育专业设置目录，科学合理地组建专业群。为适应经济社会发展需要，近年来教育部对专业目录不断进行修订完善，我们要准确把握，认真学习研究，掌握专业大类、专业类别和专业各层次之间的关系，体现"以群建院"原则，在一个学院内部实现各专业资源共享、相互促进、共同发展。

四要发扬民主，集思广益。二级学院重组是学校的大事，更是各二级学院的大事，关系到老师的专业发展，关系到老师的切身利益，一定要广泛听取广大教师的意见建议，合理的意见建议一定要采纳吸收，不合理的或者一时不具备条件采纳的意见建议，要给予耐心的说明解释，做好思想政治工作。绝不能把二级学院重组仅仅搞成是二级学院领导的事儿，更不能搞成是学校领导的事儿。还要广

泛征求校外专家的意见建议，尊重专家意见，结合我校实际加以采纳。

### 三、做好这项工作的具体要求是什么

一要高度重视，将这项工作作为学校近期一项十分重要的顶层设计抓紧抓好。

二级学院重组是学校教学机构的重大调整，是学校的顶层设计，关系到学校的长远发展，是学校办学资源的一次重大重组，学校的办学资源——人、财、物等都要随二级学院的重组而进行优化配置，重组完成之后，在一个相当长的时期内要保持相对的稳定性。我们一定要慎之又慎，予以高度重视。这项工作还关系到教师的切身利益，稍有不慎，将会影响教师的积极性，甚至会引起教师队伍的波动。学校董事会高度重视这项工作，宣承志董事长多次听取二级学院重组的汇报，指示我们要积极稳妥地做好这项工作。因此，我们一定要把这项工作作为学校近期的重要工作抓紧抓好。

二要妥善处理好几对关系。

一是学校定位与学院发展的关系。任何一个二级学院都要明确学校新时期发展的定位，要明确学校立足粤西，为区域经济社会发展服务的定位；要明确学校民办学校办学性质的定位；要明确学校职业教育的类型定位；要明确学校高素质技术技能人才的培养目标定位。二级学院的发展必须符合学校的定位要求，用具体生动的办学实践来体现学校的办学定位，绝不能各行其是，另搞一套。

二是现实需要与长远发展的关系。这次的专业结构优化调整和二级学院重组是在现有的基础上进行的，我们必须尊重历史事实，在既定的条件下开展相应的重组工作。因此，无论是从学校层面来讲，还是从二级学院来说，都要立足现实，从客观实际需要出发，务实稳妥地做好专业结构的优化调整和二级学院重组工作。二级学院重组之后，在一个相当长的时期内具有一定的稳定性，这就要求我们必须具有前瞻性，要在立足现实需要的基础上考虑到学校的长远发展、考虑到二级学院的长远发展，搭好二级学院的框架，为长远发展预留发展空间。

三是专业发展与教师个人发展的关系。学校专业结构的调整优化必然影响到教师个人的专业成长。无论是二级学院的重组还是专业结构的调整，一定会涉及教师在二级学院及专业之间的调整变化。我经常讲，教师对专业的忠诚高于对学

校的忠诚，我们在高校工作一定要注意这个特点。我们要经过充分论证，合理地做好专业布局，尽可能使专业的发展与教师的个人成长同向同行，引导广大教师自觉服从学校工作大局，主动把个人的专业发展融入到学校发展中来，为学校发展贡献力量。

三要落实责任，全力推进。

一是要高度负责任。二级学院重组和专业结构优化调整是学校的一件大事、要事，必须本着高度负责任的态度认真开展这项工作。这项工作关系到学校的长远发展，我们有责任做好这项工作。哪些专业保留，哪些专业撤销，专业群怎么组建，都要以高度负责的态度认真研究提出负责任的意见建议。

二是各部门要按照具体分工按时完成工作任务，教务、人事、学生、财务、后勤等部门要提前预判，对重组后的二级学院的专业、师资、学生、办公地点、办公设施等进行认真规划，提前作好充分准备。

三是一把手负总责。各二级学院院长、各职能部门负责人等主要领导要强化第一责任人意识，重组方案要亲自谋划，文稿要亲自把关，各环节要全程参与，各项工作要亲自部署，靠前指挥，体现主要领导的担当作为。绝不能挂个虚名，当"甩手掌柜"。

四要"两手抓"，做到推进重点工作与做好日常工作的统一。

二级学院重组是当前一个时期学校的重点工作，要集中主要精力把这项工作做实、做细、做到位。但在坚持"重点论"的同时，我们也要坚持"两点论"，要坚持"两手抓"，把日常工作同时做好。日常工作做不好，会干扰重点工作，二级学院重组工作也不会顺利进行。特别要注意的是，既要积极，又要稳妥，做好教师、学生的思想工作，听取教师、学生的合理意见建议，对有关事项要做好耐心细致的解释说明工作，切忌鲁莽行事，切实保证人心稳定、队伍稳定和秩序稳定。

# 学生心理健康情况报告

今天上午，学生处送来《2023级学生心理健康情况报告》。

每一年的新生到来之后，为深入了解学生的心理健康情况，学生辅导员要深入到学生之中对学生的家庭情况、成长经历、对环境的适应程度等进行摸底，并对新生进行问卷调查，以掌握学生的情绪变化特别是心理健康情况。在此基础上，对了解的情况及统计数据进行分析，形成《学生心理健康情况报告》，以便有针对性地做好学生的思想政治工作。可以说，这是高校的一项常规工作。

每次拿到这份报告，我都会认真审阅，心情异常的沉重。从冷冰冰的数字中，我能感受到一些学生正在经历心理的痛苦和心灵的煎熬，仿佛听到他们无奈的叹息和求救的呐喊。

帮帮他们!!!

现代社会，生活的节奏越来越快，生活的压力越来越大，竞争越来越激烈，人们生活在这百年未有之大变局之中，心理承受着越来越重的负担。大学生也不能幸免，心理承受能力稍差，就会导致心理障碍甚至心理崩溃。

就新生而言，我们分析认为，有心理障碍、心理问题的学生，其影响原因大致有这些：

首先是家庭关系问题。相当一部分有心理问题的学生来自单亲家庭，这部分学生所占比例最大。部分单亲家庭原本就是因家庭关系紧张造成的，孩子生活在这样的家庭中，缺少父爱或者母爱，心智发育不完善或者存在自卑心理等；有的家庭对孩子教育缺失或者方法失当，与孩子造成严重的隔阂，扭曲了孩子的心理；有的是由于各种原因导致家庭经济困难，孩子不能正确对待，严重自卑，心理不健康。

其次是中小学期间遗留的问题，大多是同学关系处理不好甚至受到校园欺凌。无论是小学还是中学，学生在集体学习集体生活中，都有人际关系需要处理，处理不当就会给当事人留下心理阴影、心理障碍。还有少部分学生在中小学期间受到校园欺凌，存在社交恐惧、逃避正常活动、胆小怕事、怕负责任的心理障碍。

最后是其他方面的原因，比如身体素质问题，体弱多病、残疾、身体过胖或过瘦、身体协调能力差等，还有学习成绩差导致自卑心理，部分学生因谈恋爱导致出现情绪问题、对新的学习生活环境不适应等。

学生的心理健康问题不仅仅是学生自身和学校的问题，而是家庭和社会问题。缓解这一问题，需要方方面面密切配合，共同创造条件、施加影响。

第一，学校要切实担负起应该担负的责任。学生来到学校，家长把学生交给学校，寄托着家长对学校的信任，也对学校寄予厚望。学校是教书育人之地，是培养人才的殿堂，也是养育人心灵的圣地。无论是从立德树人的高度，还是从启迪心智的视角，学校都责无旁贷。心理有问题的学生也是我们的学生，也有权利来接受高等教育，也有权利成长成才。正因为他们有心理上的障碍，我们更应该给予他们更多的关怀和关爱。学校可以多多关注他们，让他们更多的融入到集体中，多参加社团等学生活动，打消他们心理上的疑虑；对他们取得的点滴成绩都要及时地予以肯定和表扬，鼓励他们的每一点进步；支持他们多参加有益的社会活动，在服务社会、帮助他人、扶危济困中得到情感上的升华；理解他们情感上的特殊需求，宽容他们的想法和做法，与他们一起分享他们的喜悦、感受他们的悲伤，为他们的情感释放留下更大的空间等。

第二，家庭教育异常重要，家长绝不能把有心理问题的孩子简单地推给学校，要永远担负起孩子健康成长的责任。我们了解到，相当多有心理问题的学生，根源在家庭关系，家庭负有不可推卸的责任。夫妻关系紧张甚至破裂，最受伤的是孩子，孩子往往会感到自己被父母抛弃，从而对父母失去信任，进而对所有人失去信任和理解，出现心理问题。有的家长对孩子教育失范，溺爱放纵的有之，一味苛求的有之，听之任之"自然生长"的有之，凡此种种，都没能正确地对待父母与子女的关系，更不能正确处理好对孩子的教育问题。因家庭原因导致学生的心理问题，学生家长一定要认真反思，站在孩子的角度，正确予以引导。

第三，社会各方面也要形成合力，为学生的身心健康创造良好的条件。要有良好的社会环境，形成对有心理障碍学生包容、理解的氛围，提供必要的条件和设施，让有心理障碍的学生更多地走向社会、接触社会。

📝 11 月 5 日

# 嘉应学院 110 周年校庆

昨天，嘉应学院举行建校 110 周年庆典活动。我作为曾经在学校工作过的老同志，被邀请回来参加校庆。

说来我与嘉应学院很有缘分。

2005 年 7 月上旬，我从宁夏来到仲恺农业技术学院（现仲恺农业工程学院）报到。因宁夏那边还没放暑假，我的工作尚未交接，加之学校当时只有 4 位校领导，工作任务相当重，所以我到仲恺报到后即立即返回宁夏，善始善终把学校本学期工作做好。

8 月底，我与家属一起到仲恺正式报到。当时恰逢全党开展"保持共产党员先进性教育"活动，其中一项重要内容是到革命纪念地接受党性教育。当天我与家属从广州火车站赶到学校时，学校的大巴车已停在大门口，社科部的老师们正等着我。我将我家的位置告知爱人，随即上车，开赴梅州。梅州是叶剑英元帅的故乡，是中央革命苏区的一部分。我们在梅州参观了叶剑英纪念馆和叶剑英故居，顺访了梅州唯一一所高校——嘉应学院。这是我第一次与嘉应学院结缘。

2008 年 10 月，广东省委搞人才选拔的"双百工程"，我参加的是高校"公推公选"，在 32 所本科高校推荐的 32 人中选拔 8 人进入校级领导班子。我觉得我的能力和水平都不行，不愿意参与，无奈学校党委决定让我参与，王安利书记和崔英德校长都鼓励我"重在参与"，说发挥好自己的水平就行了。十分侥幸，参加完选拔考试后，我顺利入围。当时，有人问我会分配到哪所学校，我说服从组织安排。后来有人说我会留在仲恺，还安慰我说，仲恺毕竟还在广州，有人分配到嘉应学院，梅州离家多远！我觉得留在仲恺也很好，我来的时间不长，但对仲恺很有感情，农业院校的老师、干部都十分纯朴、厚道，做任何事情都是实实在在，认真而又严谨。但富有戏剧性的是，10 月份我正在台湾随团考察，组织上通知我月底到嘉应学院报到，我被分配到嘉应学院工作！这样，10 月 31 日省教育工委副书记谭泽中同志和学校党委书记王安利同志送我来到嘉应学院报到，由此开始了我在嘉应学院的工作历程。

梅州市位于广东省东北部，地处闽、粤、赣三省交界，是明清以来客家人衍播四海的主要出发地，是全球最有代表性的客家人聚居地，被誉为"世界客都"。梅州是全国重点侨乡、港澳台同胞重要祖籍地，祖籍梅州的华人华侨和港澳台同胞 700 多万。梅州是叶剑英元帅的故乡、著名革命老区、海峡两岸交流基地、广东唯一全域属原中央苏区范围的地级市。梅州市是国家历史文化名城、国家生态文明先行示范区、国家级文化生态保护区、东亚文化之都、中国优秀旅游城市、国家园林城市、国家卫生城市、国家森林城市，是著名的文化之乡、华侨之乡、足球之乡、将军之乡、长寿之乡、金柚之乡、温泉之乡、客家菜之乡、平安之乡。客家人祖先大部分是河南人，我能来到崇文重教的客家人的集聚地梅州工作，倍感亲切，十分高兴。

嘉应学院的前身是创办于 1913 年的梅县县立女子师范学校，因梅州在清朝时称嘉应州，由此得名。1982 年在梅县地区师范大专班的基础上成立了嘉应师专，1985 年梅州乡贤筹资兴建嘉应大学，1986 年两校合署称为嘉应大学（至今梅州人仍然习惯将嘉应学院称为嘉应大学）。2000 年学校升格为本科高校，更名为嘉应学院。

我在嘉应学院工作了 7 年多时间，很庆幸我遇到了好领导、好同事。我去时，学校党委书记是李俊夫同志、校长是程飚同志。李俊夫书记曾长期在地方工作，做过县里主要领导、市人大常委会领导，2005 年到学校任党委书记。李书记阅历深，工作经验丰富，气质儒雅，为人和善，能虚心听取大家的不同意见，讲究工作方式方法，关心干部成长进步。学校班子在他的带领下，人心舒畅，凝聚力强。李书记对我这个外来干部格外看重，政治上信任，生活上关心，教给我很多非常管用的方式方法。比如，他经常跟我讲的"事缓则圆"，帮助我克服了工作中的急躁情绪，教育我遇事都要认真思考，等到解决问题的条件成熟后就会得到圆满的解决等，使我受益匪浅。后来，组织上调他到梅州市人大常委会主持工作，他对学校发展和我本人依然十分关心。

程飚同志是江西南昌人，曾任暨南大学商学系党总支书记、暨南大学经济学院党委书记、常务副院长等职；2002 年 1 月任广东经济管理学院（现并入广东技术师范大学）党委副书记、副院长，2005 年 11 月到嘉应学院任党委副书记、校长。他事业心、责任感强，勤奋敬业，为人正派，作风民主，工作有思路，办法点子多。我分管教学方面工作，不仅对教学工作，就是在其他工作方面，他也非常注重听听我的意见建议，我与他形成很好的工作配合关系。遗憾的是，2009 年 9 月中旬他即调到广东商学院（现广东财经大学）任党委书记，不幸于 2015 年底因病去世。在他患病期间，我曾多次到医院探望他，与他进行过多次长时间的交流。即便在他生命的最后时刻，他依然对嘉应学院充满着无限的感情。

深深怀念程飚同志！

2011 年 6 月，李俊夫书记调任梅州市人大常委会党组书记、常务副主任，丘小宏同志来校接任党委书记。丘小宏书记也是一位阅历非常丰富的领导同志，他曾任梅州日报社社长、县委书记和梅州市人大常委会副主任。丘书记是一位颇有诗人气质和艺术家形象的领导，温文尔雅，和善亲切，为人谦和，尊重每一位同志，重才爱才惜才，在工作中特别能发扬民主、集思广益，广泛听取大家意见建议。像李俊夫书记一样，他对我厚爱有加，十分信任，工作中特别尊重我的意见，生活上予以我无微不至的关心照顾。我多次与他促膝谈心，受益于他的谆谆教诲。他多次向上级部门推荐我，为我创造各种进步的机会。也正是在他的支持、鼓励下，在当时的环境中我的工作才得以顺利开展，才能为嘉应学院做一点微不足道的工作。

在嘉应学院，我不仅遇到好领导，还有很多很好的同事。比如，副职领导侯宪华、薛访存、李友文等同志，以及张晨、廖志成、蒋沈毅、张德生、王赢利、钟明、徐文生、黄晓锋、王金道、李保民、吕建国、梁芹生、杜德栎、索光举、陈梓云、邓育文、徐学奏、叶亮晖、邓维勋等，不能一一列举，这些同志在工作上不仅支持我、帮助我很多，而且对我的缺点、不足给予了最大限度的理解和宽容，我们在工作中结下深厚的友谊。

这次回来参加校庆，看到学校的面貌发生了很大的变化。

嘉应学院现已是广东省硕士学位授予立项建设单位、广东省创建国家教师教育创新实验区建设高校，建有广东省博士工作站、广东省博士后创新实践基地。

学校现面向 21 个省（自治区、直辖市）招生，有普通全日制学生 2.5 万余人，成教学生近万人。学科涵盖文学、理学、工学、法学、医学等 11 个学科门类，有省级重点学科 7 个；本科专业 62 个，有国家级和省级专业 37 个。学校设江北、江南、程江、黄塘 4 个校区，校园占地面积 1800 亩，建筑面积近 70 万平方米，教学仪器设备总值 3 亿多元，纸质藏书 260 多万册，是求知治学的理想园地。2017 年通过教育部本科教学工作审核评估，2018 年列入广东省高等教育"冲一流、补短板、强特色"提升计划建设高校，2021 年办学体制调整为"省属本科高校"。这个办学体制的调整是嘉应学院多年的追求。我在嘉应学院工作时，学校是省市共建、以市为主的管理体制。省里只拨付师范生办学经费，非师范生经费由梅州市拨付。但是，梅州是革命老区，也是财政穷市，无力按省里标准拨付足额的办学经费，因此学校人才引进、学科建设等，一直受困于经费不足。2021 年学校真正成为省属高校，实现了办学身份上的重大转变，为学校的后续发展创造了十分有利的条件。学校现有教职员工近 2000 人，其中，专任教师 1500 多人（正高职称 140 多人、副高职称 400 多人、博士及硕士 1200 多人），聘请了丘成桐、罗锡文、陈志杰、刘仲华等 20 多位院士、长江学者、国家杰青为荣誉教授。学校赓续文化根脉，弘扬苏区精神、传承客家文化，培育时代新人。依托"苏区精神（广东）研究中心""广东省原中央苏区研究中心"，构建起课堂教学、校园文化、主题社会实践和网络教学"四位一体"的红色文化育人体系，打造苏区文化浸润式校园文化。成立了客家研究院（含客商研究院），设立了"客家文化研究基地"，获批首个"全国性客家学研究团体——中国人类学民族学研究会客家学专业委员会"、广东省高校中华优秀传统文化（客家音乐文化）传承基地、中国侨乡文化研究中心，推动传统文化创造性转化、创新性发展，提升文化育人实效。可以说，经过近几年的努力，学校各个方面都上了一个大的台阶。为了建设学校、发展学校，我的同事们努力了、尽力了！

# 赴阳江、茂名交流学习

这两天我们一行 6 人先后到阳江职业技术学院、茂名健康职业学院和茂名职业技术学院交流学习。

我虽然来学校工作了一段时间，但是对于职业教育仍然相当陌生。职业教育怎么办？别的职业院校人家在干什么？怎么干的？这些是我迫切需要了解的。刚好，这几天没有什么特别紧急的工作需要处理，我和薛芳副校长及几位处长一起到这几所学校学习取经。

在阳江职业技术学院，我们受到李德豪校长和刘和平副校长的热情接待。李德豪校长是我的老朋友。他原是广东石油化工学院的副校长，曾经分管过学校人事和师资队伍建设工作。我在嘉应学院工作时，与他分管过同样的工作，因此工作中多有交集。他是梅州丰顺人，我在他家乡工作，因而又多了几分亲切感。他工作有想法有思路，学问做得好，为人谦虚低调，每次与他交流，都从他那里受到很多启发。他小我几岁，我已退休，他仍然在岗位上兢兢业业奉献。这次相见，格外亲切。刘和平副校长分管学校教学工作，他向我们详细介绍了学校的基本情况和办学特色。

阳江职业技术学院的前身是创办于 1916 年的阳江师范学校，2001 年在此基础上成立阳江职业技术学院。学院以"崇德远志，精艺博才"为校训，以建设省域高水平高等职业学校为目标，建设"以工为主，农、管、艺、文、教、卫协调发展，海洋特色鲜明、智能制造见长，省内一流、国内有影响力的高水平职业技术学院"，办优师范、办强工科，突出优势，凝聚特色，注重实践能力的培养和人文素质的教育，培养人民满意、社会需要、具有持续竞争力的高素质技术技能人才。学院有全日制在校生 1.1 万余人，教职员工 601 人，其中专任教师 482

人，高级职称136人，双师型教师312人。学校坚持走内涵发展之路，按"一体两翼"（以工科为主体，以现代管理及艺术设计为两翼）办优教师教育专业的发展思路，持续优化专业结构调整。重点打造智能制造、海洋与食品、人工智能、现代商贸、蓝色旅游、融媒体与创意设计、教师教育等专业群，初步构建了效应明显、优势专业突出、特色专业协调发展的专业群体系，为粤港澳大湾区经济社会发展提供人才和智力支撑。学校通过实施"集中优势、错位发展"战略，2022年9月成功入选省域高水平高等职业院校建设计划培育单位，成为粤东西北地方高职院校5所入选学校之一。

随后，我们来到茂名健康职业学院。梁德萍校长和梁明进副校长热情接待了我们。我们参观了校园，考察了学校中药标本馆、大参林模拟药房、中药炮制室、生命科学馆等实训中心，观看心肺复苏应急救护现场展示。梁明进副校长在座谈会上介绍了茂名健康职业学院的基本情况以及近年来发展成效。茂名健康职业学院是2015年在国家级重点中专茂名卫生学校的基础上创办的，前身是1960年设立的茂名市业余医科专修学校，后相继更名为茂名中医学校、市人民医院附设中医班、茂名市卫生进修学校，1987年更名为茂名卫生学校。该校是粤西地区唯一一所公办医药卫生类高职院校，坚持"立足粤西、面向广东、辐射全国，服务粤西及粤港澳大湾区基层卫生和健康事业"办学定位，秉承"厚德精业，健行康民"校训，以人为本，依托大健康产业，培养医药卫生类高素质技术技能人才，致力于打造特色鲜明的医药卫生类优质高等职业学校。学校占地面积549.5亩，建筑总规划面积31.5万平方米，现有22个专业，教职员工400余名，在校生1.1万余人。学校办高职的历史不长，但是，发展速度很快，教学、科研、服务社会各方面都有可圈可点的成绩。学校的中药标本馆小巧精致，保存有全国各地有代表性的中药材标本，并配有详细的说明，给每一位参观者都留下深刻的印象。

我们还到茂名职业技术学院交流考察。茂名职业技术学院党委书记扶国热情接待了我们。扶国书记介绍了学校的基本情况，重点介绍了学校在专业调整、高水平专业群建设、人才引进与教师学历提升等基本情况。副校长杨云介绍了辅导员队伍建设及学生实习的组织和管理以及学生心理问题处理的做法。我们还参观了学校录播实训室、茶艺实训室、数字电商产业学院等校内实习实训场所。茂名职业技术学院 1986 年创校，占地面积 66.6 万平方米（约 1000 亩），分北校区、南校区、人民南校区 3 个校区。学校秉承"修德 强技 求实 创新"校训，坚持"价值观+知识+技能+创新"的人才培养目标，弘扬"艰苦奋斗、自强不息"学校精神，培养了大批高素质技术技能人才，为建筑行业、石化行业以及地方经济社会发展做出了重要贡献。学校拥有一批优秀的教师队伍，具有高级职称人员 100 余人，具有博士、硕士学位人员 500 余人，双师素质教师 130 余人，聘请客座教授 70 人。近年来，教师参加省级教学能力比赛获奖 26 项。一批教师荣获广东省劳动模范、南粤优秀教师、南粤优秀教育工作者、茂名市拔尖人才及优秀专家等称号。学校的电商专业和茶艺专业给我们留下了深刻印象。

📝 11 月 15 日

# 二级学院重组

今天下午召开二级学院重组领导小组会议，薛芳副校长主持会议，领导小组成员参加会议。

各二级学院院长汇报了本学院专业结构调整优化的基本思路及工作方案设想，教务处张佐营处长汇报了前期调研情况及二级学院重组方案的分析报告。薛芳副校长对教务处的分析报告作了详细的说明，有些地方作了特别的强调。大家对各学院专业结构调整优化的基本思路及工作方案、教务处二级学院重组方案的分析报告进行了认真的研讨，对有的专业是否予以保留还有比较激烈的争论，对二级学院重组后的名称也各有不同的意见。但总体说来，大家对前期的工作思路非常肯定，认为各学院提出的专业调整优化方案特别是教务处提出的二级学院重组的基本设想和基本框架，符合学校实际，总体可行。

我在最后讲了话，一是对前一段时间的工作取得的阶段性成果予以充分肯定。我说，从各二级学院看，大家本着对学校高度负责的态度，高度重视专业结构的调整优化工作，分析了行业产业需求，进行了广泛而充分的调研，跑企业、下工厂、到车间，走访乡村；分析了省内同行、国内同行的专业建设情况，到兄弟院校现场考察，学习取经；分析了广东省高职高专院校招生就业的现状及发展趋势，特别是对我校近年来各专业的生源情况及毕业生就业形势进行了全面的梳理和认真研判，因此大家提出的专业调整优化和二级学院重组的基本方案，遵循了职业教育的发展规律，契合学校办学定位及发展前景，充分体现了学校关于专业结构调整优化和二级学院重组的指导思想和基本原则，大家的态度是端正的，思路是清晰的，工作是卓有成效的。

二是我对今天会议的成果运用提出明确要求。我说，大家在今天的会议上提出了许多很好的意见建议，有关部门特别是教务处、校办要集思广益，在初步方案中认真加以吸取，要进行进一步的科学论证，丰富方案、完善方案，以最快的速度拿出一个令方方面面都比较满意的方案。

三是各职能部门要主动提前介入，为专业结构的调整优化和二级学院重组落地创造良好的条件，特别是教务处、组织部、人事处、学生处、后勤处等部门，要根据初步方案的安排，提前做好研判，教师如何分配、各专业学生如何划分到各学院，组织关系、基层组织建设，实验实训室，资产调配等，都要提前有预案，发现问题要及早提出。

📝 12 月 11 日

# 中国民办教育发展大会

这两天在北京参加会议。

12 月 9 日至 10 日，由中国民办教育协会主办的"第十三届（2023）中国民办教育发展大会"在北京召开。全国政协副主席、民进中央常务副主席朱永新；第十三届全国政协常委、教科卫体委员会主任，教育部原党组书记、部长袁贵仁；第十四届全国政协常委，教育部党组成员、副部长孙尧；第十四届全国人大常委会委员，民建中央专职副主席，中华全国总工会副主席孙菊生；第十三届全国人大常委会委员、教科文卫委员会副主任委员，教育部原党组成员、中纪委驻教育部纪检组组长，中国教育发展基金会常务副理事长王立英；全国政协委员，教育部原党组成员、副部长郑富芝；十届十一届十二届全国人大常委会委员、教科文卫委员会副主任委员、中国民办教育协会名誉会长王佐书；十届十一届十二届全国人大常委会委员、十二届全国人大法律委员会副主任委员，中国民办教育协会名誉会长李连宁；全国政协委员，国家督学，中国民办教育协会会长刘林；中国法学会副会长、教育部高等学校法学类专业教学指导委员会主任、中央政法委原副秘书长徐显明；教育部政策法规司司长邓传淮；教育部发展规划司副司长、一级巡视员田福元；教育部基础教育司一级巡视员于长学；教育部政策法规司副司长王大泉；教育部校外教育培训监管司副司长杨剑波；教育部教师工作司副司长韩劲红；教育部学位管理与研究生教育司副司长栾宗涛；教育部教育督导局二级巡视员唐保国；中国教育学会常务副会长、教育部基础教育司原司长吕玉刚；中国教育发展战略学会常务副会长、原国家教育发展研究中心副主任韩民等领导嘉宾出席会议并作报告。

这是我第一次参加民办教育高规格、大规模的会议。

全国政协副主席朱永新是民进中央常务副主席。他在讲话中首先回顾了民办教育与民进的关系。他说，作为以教育为主要界别的中国特色社会主义参政党，民进近 20 万会员中有 60%来自教育界，被称为"教育党""教师党"。民进与我国民办教育发展有着不解之缘，对我国民办教育发展做出了重要贡献。20 世纪 80 年代，在我国人口众多、经济不发达时期办教育，需要依靠"两条腿走路"，人民教育人民办，民进积极呼吁推动社会力量办学。1984 年，在时任民进中央副主席雷洁琼先生的关心支持下，民进会员汤有祥在浙江湖州创办了新中国第一所私立高中，成为我国民办教育史上具有里程碑意义的重要事件。1989 年，民进中央设立社会服务部，发挥教育界优势开展教育服务和"社会办学"，举办讲座、培训班和学校，帮助群众学习。在民进中央连续多年呼吁和推动下，各级各类民办教育机构如雨后春笋般建立，成为社会主义教育事业的重要组成部分。

朱永新说，民办教育为国家教育事业做出了重要贡献。他说，截至 2022 年底，全国共有各级各类民办学校 17.83 万所，在校学生总数达到 5282.7 万人，分别占全国学校数及在校生总数的 34.37%和 18.05%。同时还有大量的社会教育机构也是由民间举办的。可以说，民办教育已经成为我国教育事业的重要组成部分，的确是"新时期改革开放的一项标志性成果"。

改革开放以来的实践表明，民办教育事业快速发展，在增加教育机会、满足多元需求、促进教育公平、激发教育活力以及推进学习型社会建设等方面发挥了重要作用。一是扩大了教育供给。在我国义务教育普及、学前教育快速发展以及高等教育大众化、普及化的进程中，民办教育发挥了不可替代的作用，做出了重要贡献。二是丰富了教育样态。民办学校在教育融资体制、现代学校制度、人才培养模式等方面所进行的诸多富有成效的改革探索，为深化公办学校办学体制、管理体制和育人机制改革，积累了丰富经验、提供了有效借鉴。三是满足了多元需求。民办教育多样化特色化发展，较好满足了人民群众个性化的教育需求，也为解决流动人口子女教育和农村留守儿童就学问题发挥了重要作用，有力扩大了弱势群体公平接受教育的机会。四是促进了教育消费。各级各类民办学校的建设和发展，不仅解决了一千多万人的直接就业问题，还带动了数万亿规模的基础设施建设，带动了众多周边产业发展，间接创造了大量就业岗位，形成了不少教育新产业、新业态、新产品和新的商业模式。此外，民办教育在改善教育公平方面也发挥着特殊作用。通过市场机制改善教育公平的积极作用，是民办教育存在的正当性的重要体现，而且对于教育理论的发展也具有非常重要的价值。

朱永新认为，民办教育仍然是新时代中国教育的重要力量。针对民办教育行业所出现的新情况、新矛盾，国家层面相继推出并实行了一系列新的规制措施，全面强化了民办教育的办学规范和行政监管。需要强调指出的是，发展需要规范，规范是为了发展；规范是手段，发展才是目的。为此，在新的形势下，我们需要重新认识民办教育的地位和作用，并立足特定发展阶段，进一步明晰民办教育所应担负的功能和责任。首先从教育发展现状看，尽管我国已建成世界上规模最大的教育体系，教育现代化发展总体水平已跨入世界中上国家行列，但是与世界主要教育强国相比，我国教育仍有较大差距。其次，我国义务教育优质均衡发展水平仍有较大提升空间，高中阶段教育普及水平还存在着地区差异，高等教育普及水平也仍需提高，对于占各级各类在校生总数五分之一的民办教育，同样责任重大。总之，在推进教育强国建设、促进人口高质量发展的历史进程中，民办教育的作用不应被忽略。

朱永新说，民办教育要在未来社会扮演积极角色。首先，民办教育要发挥教育组织形态灵活的优势，全力投身于多样化学习中心的建设。其次，民办教育要发挥自身资源禀赋及办学机制的优势，积极参与创新人才的系统培养。健全拔尖创新人才培养的"科学选拔、贯通衔接、系统培养、共育共享"全链条培养机制，同样需要民办教育的积极参与。再次，民办教育要发挥善于积聚社会慈善资源的优势，更好提供各类公益性教育服务。慈善公益教育作为"第三次分配"的一种重要形式，应让使用慈善捐赠资金的各级各类教育机构和受教育者都成为受益对象。最后，民办教育要发挥办学类型多样和办学资源丰富的优势，更好参与学习型社会、学习型大国建设。着力打造多样化、多层次、多类型的终身学习资源供给体系，在助推服务全民终身学习的教育体系构建以及参与学习型社会、学习型大国建设中，扩大自身的生存空间，实现学校的转型发展。

朱永新希望民办学校举办者进一步端正办学思想，全面贯彻党的教育方针，全面落实立德树人根本任务，秉承公益属性，做到依法、规范、诚信办学，不断优化办学定位，不断凝练教学特色，不断提升教育质量，讲好民办教育的中国故事，努力办好让人民满意的教育，为推进中国式教育现代化和建设教育强国做出新贡献！

朱永新的这个讲话，充分肯定了民办教育在我国经济社会发展中的重要地位和作用，也对民办教育寄予厚望。大家听了，深受教育和启发。

教育部党组成员、副部长孙尧在讲话中，代表教育部对本届大会的召开表示热烈祝贺，并对协会近年来在服务大局、行业引领、行业自律等方面所作的工作给予了充分肯定。他指出，民办教育要按照党的二十大报告要求把"育人的根本在于立德"落实到实际行动中，通过大量细致工作将行动转化为育人成效；希望在实现教育强国的征程中，各级民办学校要确立好自身目标和规划，为丰富区域教育生态、构建区域高质量教育体系努力做出新贡献。他强调，协会要进一步发挥团结引领、凝聚共识、统一思想的重要作用，带领行业共同努力，为中国的教育事业贡献更大力量。

中国民办教育协会刘林会长在致辞中表示，本次大会既是一次近年来难得的规格高、代表性强的年度行业盛会，更是一次在经历了三年疫情重大考验、民办教育新法新政全面实施、人口等市场因素深刻变化的背景下，迫切需要深入贯彻新发展理念、进一步凝聚共识、共谋行业发展大计之际，召开的行业发展推进会。希望大家共同努力，把这次大会开成一次符合中央指引的方向、深度回应社会各界的期待、共同答好"教育强国建设，民办教育何为"的时代课题的大会，开成一次提振精气神、团结奋进的大会。

# 湛江市科技局领导莅校考察 九中帮扶

今天上午，湛江市科技局赵钢局长和罗林、钱成副局长一行来校指导工作。

他们参观了校园及办学设施，随后我们在会议室座谈交流。我向几位领导汇报了广东文理职业学院的基本情况特别是学校产学研合作情况、为地方经济社会发展服务的情况。

几位领导对学校优美的办学环境和良好的办学条件高度赞赏，也对学校的进一步发展提出了很多有价值的指导意见。他们都说，每来学校一次，都能看到学校新的变化，都有新的感受、新的体会，都感到欣喜和兴奋，他们为湛江有这么一所具有大视野、大胸怀、大境界、大手笔的民办高校而感到高兴和自豪！他们说，廉江是湛江最具特色的一个县级市，这里有山有海，山海相连，自然禀赋优良。湛江的好东西几乎都集中在廉江，享有盛名的湛江鸡就是廉江鸡、湛江猪肉就是廉江猪肉、湛江红橙就是廉江红橙，这里是中国小家电之乡、水果之乡，人文荟萃，人杰地灵。学校在这里，一定会得到很好的发展。

大家都认为，宣承志董事长深具教育情怀，投资办学，造福乡梓，令人敬佩！广东文理职业学院办学定位准确，办学思路清晰，管理严格，治学严谨，人才培养质量高。文理学院是一所职业院校，一定要贴近湛江、贴近廉江产业办学，扎扎实实与区域产业发展对接，服务区域经济社会发展。不要盲目与别的大学攀比，文理学院就是文理学院，我们不是清华、北大，也没必要做清华、北大，要踏踏实实做好我们自己的事，做好我们自己。我们这里有这么好的办学基础，有这么好的产业条件，这是我们办好学校的根基。我们也会全力支持广东文理职业学院对接产业，为学校培养人才搭建平台，为学校服务社会提供条件。

科技局几位领导的讲话，既是对我们的鼓励，也是对我们的鞭策。

今天下午，我与陈健书记、刘春杰副书记等同志一起到廉江第九中学进行帮扶对接工作。高校对口帮扶中小学是湛江市帮扶举措的一部分，按照分工，我校对口帮扶廉江市九中。

我是第一次走进廉江市的中小学。来到九中，察看了校园、校舍及其他办学设施，深入教室观摩师生上课情况，随后召开座谈会。九中校长雷炳云同志汇报了学校的基本情况。这个学校始建于 1981 年，学校占地面积 91 亩，有 28 个教学班，在校生 2043 人，教师 82 人。存在的困难有：教师严重缺编，教师工作量大、工作任务重；教室紧缺，班额过大，平均每班 70 多人；教师没有办公室，只在临时搭建的简易房中办公，夏天奇热、冬天奇冷；学生宿舍严重不足，24~28 人一间宿舍，空气难以流通；实验室、图书室严重不足。学校操场是一片沙土地，下午正好风大，风一刮，尘土飞扬。即便在这样的办学条件下，学校广大教职工克服各种困难，发扬艰苦奋斗精神，本着为党育人、为国育才的初心，本着对党的教育事业的高度忠诚，不讲条件，不讲待遇，潜心教书育人，教育教学质量不断提高，在各种比赛、竞赛中不断取得好成绩。

陈健书记介绍了广东文理职业学院的基本情况，刘春杰副书记就帮扶工作提出一些基本的设想，廉江市教育局黄炎同志补充介绍了九中的情况并对帮扶工作提出要求。

在座谈会上，我对九中的老师表达由衷的敬意。我说你们的工作条件这么艰苦，可是你们为了党的教育事业，依然兢兢业业、孜孜不倦工作，尽心竭力培养社会主义事业的建设者和接班人，一代代新人在这里茁壮成长。你们不抱怨、不埋怨，你们心中有大爱，真正做到了无私奉献。你们的精神值得我们学习，值得我们敬佩，值得我们敬重！来到这里看了之后，深受教育，深受感动。广东文理职业学院帮扶九中，是办学条件上的帮扶，在思想上、精神上是你们帮扶我们。我们一定要在思想上认识到位，要认识到帮扶工作既是上级组织的要求，更是我们应尽的责任；要采取具体有效的措施，本着九中之所需、文理之所能的原则，列出任务清单，从最急需解决的问题入手，帮助九中办几件急事、要事、实事。

对一时我们不能解决的问题，要逐步创造条件解决，有些要通过我们向市教育局、市政府反映，汇聚各方资源，帮助九中改善办学条件，为九中的师生营造良好的学习工作生活环境，进一步提升九中办学质量，为廉江培养更多更优秀的人才。

# 2024年

✍ 1月9日

# 期末工作

　　今天下午，学校召开二级学院重组及期末工作安排会议，校领导、各部门负责人和二级学院主要负责人参加会议。刘春杰副书记主持会议。副校长薛芳宣布了二级学院重组之后的人事任免名单。党委书记陈健对二级学院的重组方案进行了详细的解读。陈健书记指出，此次重组方案经过了充分的论证，确保了程序的规范性和科学性。他强调，重组的目的是为进一步凝练办学特色，推进学校高质量发展，深化校院两级管理制度，优化资源配置，推进教学管理重心下移，激发二级学院和广大教职工的主动性、积极性和创造性。学校将持续完善校院两级管理体制机制，完善人、财、物等制度配套改革，提升校院两级管理水平。

　　最后，我就二级学院重组及期末工作作了安排。

　　关于二级学院重组，我讲了三个问题。第一，要充分理解二级学院重组对学校长远发展的重大意义，把思想统一到学校重组方案上来。首先，要充分理解二级学院重组的必要性。这个问题我们之前虽然也讲过，但还是要进一步明确，真正从思想上认识到位。二级学院重组是适应我国职业教育发展形势的需要，是学校高质量发展的需要，也是学校"升本"的需要。其次，要准确把握重组方案的精神，唱响主旋律，增强正能量。二级学院重组方案经过多次认真研讨、论证，体现了职业教育最新发展趋势，符合职业教育发展规律，切合学校推动高质量发展的实际，科学合理。因此，必须唱响高质量发展的主旋律，以推动学校高质量发展为核心，落实好二级学院重组工作。再次，要顾全大局，敢于担当，认真谋划二级学院发展。大家一定要清楚，任何方案都不可能做到十全十美，最终的方案一定也只能是一个大多数人能接受的方案，我们要寻求的只能是"最大公约数"。这就需要大家站在学校发展全局的高度，顾全学校工作大局，多理解、多包容。站在二级学院新的起点上，要敢于担当，善于谋划，做好二级学院的顶层设计工作。

第二，要提高执行力，把二级学院重组方案落到实处。我说，今天方案已经正式公布，各单位、各部门要立即行动起来，落实方案内容。要把各专业落实到每一个学院，包括课程、实训室、实训设施设备、教学档案等；要把师资落实到位，认真细致地做好老师的思想政治工作，自觉服从学校工作安排；要把学生落实到位，辅导员要靠前指挥，防止因二级学院调整而引起学生的思想波动；要把办公场所、办公设施设备等落实到位，要明确统一标准，做到合理配置、物尽其用。党组织、团组织建设要跟进落实到位，随着二级学院的调整重组，基层党、团组织也必然要调整重组，要细化工作安排，发挥好党、团组织在二级学院重组中的重要作用。

第三，要认真谋划好二级学院的发展，在学校高质量发展中建功立业。要认真学习研究职业教育的政策及规律，增强办好职业教育的行动自觉。我们的很多教师、二级学院院长，大多缺乏职业教育经历，要在把握职业教育的特点和规律上多下功夫，绝不能照抄照搬普通教育或者本科教育的做法，要自觉转变观念，把思想观念和行为方式转到职业教育、转到大专教育上来，认真谋划好二级学院的发展，制定好二级学院的发展规划，为学校的高质量发展做出贡献。要进一步明确二级学院的地位，二级学院是我们办学的主体，是人才培养、科学研究、服务社会的主体，是立德树人根本任务的具体落实者，也是我们办学特色的体现者。从某种意义上说，办大学就是办学院，学院办好了，大学就办好了。因此，二级学院任务艰巨，责任重大。要进一步明晰二级学院的办学定位，有了定位才有愿景，有了定位才有目标。要进一步厘清二级学院的办学思路，教学上，人才培养质量如何提高？专业、课程、师资队伍如何建设？科研上，如何出成果，出什么样的成果？服务社会上，如何推进产学研合作取得新的成效？如何为区域经济社会发展提供有效的智力支持和技术支撑？如何在服务社会的同时提升学校的社会价值？要进一步突出二级学院的工作重点，各学院专业不同、特点不同、面临的情况不同，工作重点也必然不同，要分清轻重缓急，在专业建设、课程建设、队伍建设、特色发展、社会服务等方面采取得力措施，努力获取标志性成果。

对假期前后工作，我特别强调了两点：一是对部分挂科比较多的学生要给予学业预警，不能放任自流；二是要给每一位学生家长去封信，个性化的，讲讲学生的成绩、表现，让家长配合学校共同做好学生的教育工作。

# ✍ 1月13日

# 全国教育工作会议

这两天，我都在认真学习领会 2024 年全国教育工作会议精神。

1月11日，2024年全国教育工作会议在北京召开。会议以习近平新时代中国特色社会主义思想为指导，深入学习贯彻习近平总书记关于教育方面的重要论述，总结工作，分析形势，安排部署全年教育工作。中央教育工作领导小组秘书组组长、教育部党组书记、部长怀进鹏出席会议并讲话。

会议对 2023 年的教育工作作了充分的肯定。一年来，在习近平总书记亲自关心、亲自部署、亲自推动下，教育系统牢记嘱托，砥砺奋进，深入开展学习贯彻习近平新时代中国特色社会主义思想主题教育，干部师生深刻领悟"两个确立"的决定性意义、做到"两个维护"的政治自觉、思想自觉、行动自觉进一步增强；全力推进教育强国建设规划纲要编制工作，认真思考和回答"强国建设、教育何为"的时代课题；坚定落实立德树人根本任务，持续促进学生德智体美劳全面发展；紧紧锚定党和国家重大战略需求，加速推动教育、科技、人才深度融合；持续践行以人民为中心的发展理念，不断破解人民群众急难愁盼等教育问题；纵深推进教育领域综合改革，进一步构建教育高质量发展新格局；坚定不移贯彻总体国家安全观，推动教育系统持续保持安全稳定良好局面；着力加强教育系统党的建设和全面从严治党，推动党的全面领导持续走深走实。一年来，教育系统始终坚持从政治上看教育、从民生上抓教育、从规律上办教育，推动教育事业取得新突破，教育高质量发展打开新局面，为党和国家工作大局做出了新的贡献。

今年的会议精神有三点最值得我们学习领会。

一是锚定 2035 年建成教育强国目标。今天中国的教育已经站在新的历史起点上，应该怎样来看教育？会议认为必须跳出教育看教育，聚焦推进中国式现代化这个最大的政治，深刻认识教育强国的主攻方向和战略布局，增强历史主动精神和战略思维，书写好以教育强国建设支撑引领中国式现代化的新篇章。要牢牢把握教育的政治属性，更加突出从国家利益的大政治上看教育，坚定不移培养社会主义建设者和接班人。要牢牢把握教育的战略属性，更加突出从教育科技人才一体推进的大战略上办教育，坚定不移服务社会主义现代化强国建设。要牢牢把握教育的民生属性，更加突出从经济社会发展的大民生上抓教育，坚定不移促进发展成果更多更公平惠及最广大人民群众。要准确把握教育与中国的关系，在中国式现代化的进程中找准定位，明确方向，想明白如何破局、如何开新局。准确把握中国教育与世界的关系，在国际新格局中补短板、锻长板，加快建成有重要影响力的世界教育中心。

从政治属性、战略属性和民生属性这三个方面来看教育，凸显了教育在中国社会中的重要地位，阐明了教育现代化与中国式现代化、建设教育强国与全面建成社会主义现代化强国的关系，有力增强了教育界人士的责任感、使命感。

二是今年教育系统的工作重点是什么？会议指出，要坚持教育服务高质量发展这个硬道理，以习近平新时代中国特色社会主义思想为指导，构建中国特色、世界水平、与中国式现代化相匹配的高质量教育体系，扎实推动教育强国建设重点任务落地见效。一要着力构建落实立德树人根本任务新生态新格局。坚持不懈用习近平新时代中国特色社会主义思想铸魂育人，启动实施立德树人工程，全面加强教材建设和管理，以身心健康为突破点强化五育并举，促进高校毕业生高质量充分就业，引导学生坚定听党话、跟党走。二要强化高等教育龙头作用。持续抓好"两个先行先试"，深化科教融汇，充分发挥高校基础研究主力军作用，深化产教融合，以技术转移为纽带推动"四链"融合，服务治国理政，推进高校哲学社会科学高质量发展。三要进一步夯实基础教育基点。着眼人口变化趋势加强前瞻性布局，深化基础教育提质扩优工程，巩固深化"双减"成果，为学生全面发展和社会全面进步、为国家富强和民族复兴筑牢根基、积蓄后劲。四要增强职业教育适应性和吸引力。坚持与产业结合、与地方和政府政策结合、与社会区域结构结合、与个人终身学习结合，稳步推进省域现代职业教育体系建设改革，推动市域产教联合体、行业产教融合共同体建设尽快取得突破，以人的成长为中心，以助力经济社会发展为基本要义，实现办学质量高水平、产学合作高质量。五要不断开辟教育数字化新赛道。坚持应用为王，走集成化道路，以智能化赋能教育治理，拓展国际化新空间，引领教育变革创新。六要坚定推进高水平教育对外开放。完善战略策略，找准参与全球教育治理的切入口，不断增强我国教育的国际影响力。七要以教育家精神为引领强化高素质教师队伍建设。大力弘扬践行教育家精神，拓展教师队伍培养培训新思路，推进教师资源配置优化和管理制度改革，营造尊师重教、尊师重道社会风尚，以教师之强支撑教育之强。

这七点重要工作，除基础教育工作外，其他都与我们密切相关，对我们的工作具有特别重要的指导意义。比如，深化科教融汇，深化产教融合，以技术转移为纽带推动"四链"融合，这正是我们要大力加强、切实予以推进的重要工作。更加重要的是，会议对职业教育发展提出新要求，提出要增强职业教育适应性和吸引力，坚持与产业结合、与地方和政府政策结合、与社会区域结构结合、与个人终身学习结合，稳步推进省域现代职业教育体系建设改革，推动市域产教联合体、行业产教融合共同体建设尽快取得突破。这"四个结合"是我们高职院校努力的方向，推动市域产教联合体、行业产教融合共同体建设是我们的重要任务。还有，开辟教育数字化新赛道，以教育数字化赋能职业教育提升人才培养质量，这也是我们在实践中要认真研究、认真落实的大问题。对教师队伍建设，这次会议高度重视，特别提出，要大力弘扬践行教育家精神，营造尊师重教、尊师重道社会风尚。加强教师队伍建设，提升教师队伍素质，践行教育家精神，抓好师德师风，也是我们今年的重点工作之一。

三是今年的工作怎么做、会议精神怎么落实？在这方面，有很多新的要求、新的语言，值得好好学习领会。会议要求，要以挺膺担当、奋发有为的姿态，不折不扣抓落实、雷厉风行抓落实、求真务实抓落实、敢作善为抓落实，做党中央决策部署的执行者、行动派、实干家，不断开创教育强国建设新局面。一是从政治上提升抓落实的能力，增强政治敏锐性，巩固深化主题教育成果，加强政治机关建设，时刻拧紧安全这根弦。二是从战略上把握抓落实的路径，把握教育、科技、人才一体推进的内在规律性，加强科教融汇、产教融合、人才培养间的纽带联系，加强世界各国教育政策和教育自身规律研究。三是在方法上以试点推动抓落实，鼓励各地各校积极推进试点，分析把握试点过程中的本质与核心问题，及时总结复盘，不断积累经验，形成可复制可推广的解决方案。四是在作风上强化抓落实的各种保障，深刻领悟习近平总书记关于党的自我革命的重要思想，坚持一体推进"三不腐"，深入开展党性党风党纪教育，严格落实中央八项规定精神要求，持续纠"四风"树新风。会议强调，要做有理想、负责任的行动主义者，把握抓落实的方法和机制，围绕界定的目标任务，设计评价体系、制定制度政策、总结形成解决方案，迅速落实，突出实干。

"一分部署，九分落实。"部署安排得再好，不落实就是空话。因此，会议指出要不折不扣抓落实、雷厉风行抓落实、求真务实抓落实、敢作善为抓落实，要做执行者、行动派、实干家，不能做旁观者、口头派、空谈家，要从政治、战略、方法、作风上落实好各项工作任务，将习近平总书记重要指示精神和党中央决策部署转化为教育强国建设的生动实践。

📝 1月17日

# "湛江市绿色精细化工工程技术中心"揭牌仪式

今天下午，广东文理职业学院与岭南师范学院共同申报获批的"湛江市绿色精细化工工程技术中心"揭牌仪式在我校举行。

由我主持揭牌仪式。岭南师范学院党委书记兰艳泽、原党委书记郑永辉、组织部长赫云鹏、党办主任陈恕平、科研处长刘群慧、化学化工学院院长周小松、离退休办主任欧海清、科研处副处长韩进和连海山以及广东文理职业学院党委书记陈健、副校长李晓豁、党委副书记刘春杰，岭南师范学院帮扶队队长庞景才，帮扶队成员金肖、李水清等，参加了揭牌仪式。

学校党委书记陈健对岭南师范学院帮扶工作组一行参加挂牌仪式表示感谢。他说，岭南师范学院组团式的对口帮扶，加强了我校党建、科研教学、学工队伍等的建设工作，这个技术中心就是帮扶的一个标志性成果。副校长李晓豁希望在双方共同努力下，湛江市绿色精细化工工程技术中心能为区域经济建设发挥作用，做出贡献。

岭南师范学院党委书记兰艳泽在仪式上发表了热情洋溢的讲话，她说，湛江绿色精细化工工程技术中心是两校联合申报成功的，双方优势互补、密切合作，共同服务地方、服务社会。她说，这个中心成立也是组团式帮扶的一项重大成果，标志着双方的合作向前迈出了一大步。她希望未来两校将在更多领域展开深度合作，共同把湛江市绿色精细化工工程技术中心建设好，多出好成果，为区域绿色化工产业发展贡献力量。

湛江市绿色精细化工工程技术中心是我校第一个市(厅)级工程技术中

心。非常感谢岭师科研处、化学化工学院的无私援助,使学校得以搭建工程技术平台,期望通过这个平台,产出更多的成果,更好地服务湛江经济社会发展。

揭牌仪式后,兰艳泽书记还代表岭师给我送上新年慰问金。我已离开岭师,他们还没有忘记我,着实令人感动。

# 《南方+》专题采访报道

今天，广东新媒体《南方+》发表了《南方日报》记者对我的专题采访报道：《广东文理职业学院校长刘明贵：培养高层次人才，支撑廉江家电产业高质量发展》，全文如下。

2月18日是农历新春第一个工作日，省委、省政府召开全省高质量发展大会，促进产业和科技互促双强，全面提升科技高水平自立自强能力。

"广东文理职业学院作为粤西唯一一所民办高职院校，将紧紧围绕科技人才培养，助力广东高质量发展。"广东文理职业学院校长刘明贵说。

职业院校是服务区域经济社会发展的重要力量。

刘明贵表示，学校将坚持做好专业设置与产业需求、教学内容与产业标准以及教学过程与生产过程等三个方面的对接，为廉江家电产业高质量发展提供智力支持和人才支撑。

"首先专业设置要与廉江家电产业需求对接，不断调整和优化专业结构，更加适应产业发展需求。"刘明贵介绍，广东文理职业学院位于廉江经济技术开发区，园区内有上千家家电企业。为紧密对接产业升级需求，学校优先发展智能制造、数控技术等家电制造急需的新兴专业，新增大数据技术、电子商务等家电营销人才紧缺的专业，同时撤并淘汰一批供给过剩的专业。

专业设置要匹配产业需求，教学内容也要适应产业标准。

刘明贵介绍，为培养适应廉江家电产业急需的高层次技术技能人才，学校在国家专业教学标准的基础上，大幅度改革教学内容，及时更新教学标准，将新技术、新工艺、新规范、典型生产案例及时纳入教学内容。同时，每年都邀请家电企业代表、专家一同修订和完善人才培养方案，切实为家电企业培养掌握实用专业技能的高素质人才。

"同时，我们促进校企深度合作，保证教学过程与廉江家电企业生产过程紧密对接。"刘明贵说，学校各专业按照家电生产实际设计开发了新课程近20门，并选派教师深入企业考察、实习，将企业真实的项目、生产案例引进到教学过程之中，共建产业学院、产学研合作基地、"厂中校""校中厂"等，实现产教深度融合，"接下来，学校将努力增强自身科技实力，进一步与廉江家电企业建好校企合作、产教融合共同体，培养更多高素质技术技能人才，为加快发展新质生产力、推动高质量发展做出更大的贡献"。

# 引导规范民办教育发展

寒假结束，新学期就要到来了。

有人说，假期是身体的休整、精神的放松。但就我而言，假期更多是对工作的回顾总结，是静下心来的"充电"，是对下一阶段工作的谋划。寒假期间的所思所想、所言所行，无不围绕着"工作"二字，沉迷其中，也乐在其中。

利用假期时间，我又集中学习了职业教育特别是民办教育的政策及理论，思想认识得到进一步提高。

其一，关于引导规范民办教育发展问题。我们国家对民办教育发展的政策提法，从"鼓励支持"到"引导规范"，这是随着社会发展水平的进步而对民办教育政策重点的调整。现在提"引导规范"是不是国家不再鼓励支持民办教育了？我认为不是，现在的重点不是鼓励支持，而是转移到"引导规范"上了，国家为发展民办教育出台了一系列政策法规，目的就是引导规范民办教育发展。怎么引导规范？就是要运用法治思维和法治方式来引导规范民办教育发展，让民办教育在法治的轨道上实现高质量发展。用法治来规范是最根本的规范，也就是民办教育的一切都要有法可依、有规可循。这就要求民办学校必须增强法治思维、法治意识，合法是合规的前提，要通过法治的方式方法来解决学校发展中的问题，用法治的方式方法也最能规避风险。"守法律，防风险"，守法最安全，守法是抵御风险的最好办法。因此，依法办学最安全。发展需要规范，规范是为了更好的发展，如果用所谓的"规范"限制了发展，那就背离了初衷。规范是手段，发展才是目的。

其二，关于民办教育改革创新问题。要坚持改革创新，发挥民办教育体制机制的独特优势，激发民办教育发展的动力和活力，遵循教育规律，加强内涵建设，走特色、质量发展之路。民办教育的改革创新这两年提的不多，从民办学校特别是民办高校的实际来看，一方面，规范化建设的任务很重。规范化建设，说到底就是按照教育规律办学的问题，就是要把民办高校的一切都纳入到符合教育规律的轨道上来，不能违反教育规律办学。另一方面，民办高校改革的任务也很重。因为民办高校办学历史普遍较短，初建时大多以公办高校为参照，处在改革浪潮中的公办高校从管理体制到运行机制都在发生剧烈的变化，而一些民办高校往往将公办学校已经丢掉的东西奉为圭臬。改革创新是要真正体现出民办高校体制机制的独特优势，如果一切都像公办学校一样，民办高校的存在就失去了它应有的价值。加强学校的内涵建设，坚持走特色、质量发展之路，是我们一直很注重的。

其三，关于优化民办高校办学定位问题。如果说，深化民办教育改革是为了激发内生发展动力的话，那么优化民办高校定位就是为了实现民办高校的优质发展。定位怎么优化？就是定位要更加准确，要有新的定位和认识，就是面向市场、服务发展、促进就业。民办高校特别是民办高职院校，一定要面向经济社会发展主战场，贴近市场需求，为服务区域经济社会发展而建，重点培养区域产业转型升级急需的高层次技术技能人才；为提高企业效益而建，办在企业身边，为企业尤其是中小企业提供人才支撑、技术支持和培训服务；为更高层次就业而建，使无业者有业，使有业者乐业，使乐业者兴业，共同创造更加美好的生活。

学习这些理论，有了这些思考，我感觉新学期开学回到学校更有思路、更有底气。

一放假，学校就像一部高速运转的机器突然熄火一样，立即寂静无声。可是一开学，学校这个庞大的"机器"就要轰隆隆运行。为保证这个机器的正常运转，开学前必须做好相应的各项准备工作。为此，这两天，我交代学校党政办和有关职能部门做好开学前各项准备工作：一是安排全校进行卫生大扫除，要以干净整洁的校园环境展现新学期的新面貌、新气象；二是准备召开校长办公会有关事宜，收集各位校领导提交的议题，研究新学期的工作要点；三是集中开展开学前教学检查，重点是实训室准备工作及实训室安全、后勤准备工作；四是做好召开中层干部会的会务准备工作，中层干部会要总结上学期工作、安排部署本学期重点工作；五是安排好开学初校领导、中层干部教学检查及听课、巡课；五是有关部门做好学生、教职工报到事宜等。

## 3月1日

# 新学期开学

今天，全校教职工都正式报到上班。下午，我们在图书馆七楼视频会议室召开新学期中层干部会议。校领导、各二级学院领导、各部门主要负责人参加会议，李晓黐副校长主持会议，并传达了上级会议精神。

为开好这次会议，我们作了充分的准备。2月29日，我们召开了校长办公会议，对上年度的工作进行了回顾总结，就党政办草拟的本学期学校党政工作要点进行了充分认真的讨论。各位校领导就自己分管的工作发表了很好的意见建议，对学校工作要点作了进一步的丰富和完善。校领导们对工作认真负责的态度使我深受感动。

在中层干部会上，主要由我作《凝心聚力，务实进取——努力开创学校高质量内涵式发展新局面》的讲话。

我首先回顾总结了学校2023年的工作。

我说，2023年学校以习近平新时代中国特色社会主义思想为指导，全面学习贯彻党的二十大精神，笃学笃行，砥砺奋进。在学校董事会和新一届党政班子的带领下，全校师生同心同德、奋发有为，各项工作稳步提升。

新一届党政班子把上一年定为"管理规范年"，建立以学校章程为统领，以章程、基本制度、专门制度和部门制度为框架的制度体系，坚持合法性、科学性和统一性的原则，共废止了规章制度13项，修订了73项，新增41项，推动了学校体制机制创新，有效提升了治理效能。

基础设施不断完善，办学条件大大改善。"升本"项目二期工程全面开工，工程总投资4.5亿元，包括教学楼、学生公寓、教师公寓、教学科研设备设施购置等，全部项目将在2025年前完工并投入使用。其中新建了建筑面积3.5万多平方米的第 10 栋学生公寓，完成了建筑面积 1 万多平方米第二学生饭堂（好食代）建设，完成了教学楼电梯安装以及图书馆 3~7 楼的装修工程，基本完成了建筑面积 1.7 万多平方米教职工宿舍楼建设。建筑面积近 5 万平方米的第三教学楼和建筑面积 7.5 万平方米的第 11、12、13 栋学生公寓已完成选址及规划设计；投资 7.8 亿元的广东奥克体育中心也在紧锣密鼓推进中。

推进校企合作，提升育人实效。积极寻求与企业合作，对接产业、推动产教深度融合。走访了湛江市科技局、廉江市科工贸与信息化局、廉江智库等政府机关部门，以及威王电器集团等企业，组织接待了广州粤嵌通信科技有限公司、深圳大风传媒有限公司、伟达电梯有限公司等企业来校洽谈合作事宜。

大力提升教师队伍水平。引进教师 71 名，其中教授 13 人，副教授 6 人；博士 5 人，硕士 39 人，研究生教师占比 55%，副高以上职称占比 21.1%。引进的教师人数创历史新高，优化了教师队伍的职称结构、学历结构、年龄结构和学缘结构。招聘辅导员 32 人，行政教辅人员 25 人，充实了行政管理队伍。同时，我校认真组织开展新员工入职教育培训，177 人参加了入职教育培训；组织 71 位新入职教师参加广东省高校教师岗前培训，培训人数创历史新高。鼓励教师访学进修和在职提升学历。教师节期间对优秀教师进行了表彰，提高了教职工工资福利待遇。精心设计教研活动促进教师快速成长，本学期调整了教学运行时间安排，将每周三下午作为全校统一教研活动时间，围绕打造高质量课堂，精心设计了系列讲座，组织了全校的示范公开课和说课比赛。安排校内外高水平专家教授开展专题讲座，发挥专家教授的传帮带作用，使新教师得到了快速成长。

对二级学院进行重组，调整优化了专业结构。制定并出台《广东文理职业学院二级学院重组及专业结构调整优化工作方案》，根据近年来各专业的招生情况和报到率，结合服务地方产业的需求，对二级学院进行了重组，学校由七个二级学院调整为十个二级学院，名称更规范，建制更科学。同时对全校 65 个招生专业的大类及人才培养目标进行分析，对现有专业结构进行优化调整，缩减招生专业 11 个，新增招生专业 1 个，新申报国控专业 2 个、非国控专业 1 个。调整后我校二级学院的专业建设、人才培养及服务面向等更加明确，为今后形成集中度较高的优势专业，打造专业特色提供了可能、打开了空间。

增强了办学成就的显示度。支持学生参加各级各类专业技能大赛并取得较好成绩。参与了 2023 年广东省健美操锦标赛、广东省大学生广告艺术大赛、"5·25"大学生心理健康月系列活动、广东省大学生田径锦标赛等赛事，斩获 11 项奖项。同时，我校获批广东省民办教育发展专项资金 800 万元，获得省教育厅特色创新项目立项 8 项，湛江市社科联项目立项 1 项，与岭南师范学院合作获得省级科研项目立项 11 项，首次获得湛江市工程技术中心立项。项目立项数量居历年之最。

校园活动丰富多彩。持续开展特色学术活动"文理大讲坛"，相继开展国际教育周系列活动、迷你马拉松、2023 美好生活节、第十一届"承思维底蕴，辩青春风采"校园辩论赛、学生篮球赛、羽毛球赛等活动，促进学生德智体美劳全面发展。举办了因疫情原因停了四年未开展的校运会，共 9 人 10 次打破了校运会的纪录，营造了崇尚健康、热爱运动的浓厚氛围。

我说，在看到成绩的同时，也应该看到，过去的一年我们的工作还存在许多不足，比如执行力不强，工作落实不到位；工作效率低下，拖拉推诿；个别干部攻坚克难意识不够，不敢打硬仗，不敢迎着困难上等，这些都是在今后的工作中需要加以改进和克服的。

我对我们面临的形势和挑战作了简要分析，以进一步增强大家办好职业教育的责任感和使命感。

党的十八大以来，我国职业教育改革在诸多方面取得了一定成就，为国家经济发展和社会进步做出了积极贡献。然而，面对未来，职业教育改革也面临着一系列严峻挑战。

一是人工智能带来的挑战。

首先，伴随人工智能在生产领域的广泛使用，由于其相对高效、低价、安全等特点，将会使一些低技能或重复性较高的岗位被人工智能取代，比如流水线上的电子元件组装工人被机器人手臂取代；即使是一些专业性较强但缺乏创新性的工作，也可能被人工智能取代，比如会计。而当前职业教育特别是中等职业教育和专科层次的职业教育主要培养的是工厂流水线上的工人，难以适应人工智能背景下产业变革的需求。其次，随着人工智能在职业教育领域的应用，职业教育的教学模式突破了时空限制，衍生出众多新的职业教育模式。例如，通过建设职业教育虚拟仿真实训基地为社会提供职业技能培训等。如何衔接不同层级的职业教育信息化教学平台，共享职业教育信息化教育资源，避免平台的重复建设和资源的浪费对职业教育信息化建设来说是一个挑战。最后，人工智能融入职业教育对职业教育的教育者与受教育者的信息素养也提出了挑战。教育的数字化转型对教育特别是职业教育提出了许多亟待解决的问题，如何形成职业教育数字化思维方式、如何利用好职业教育数字化资源、如何使用好职业教育数字化手段，是职业教育的教育者与受教育者需要面对的问题。

二是产业升级带来的挑战。

当前，我国经济社会发展已经进入高质量发展阶段，产业结构也发生了显著变化，传统的依靠人口红利的劳动密集型产业对于经济发展的贡献率逐渐降低，新兴的依靠知识、技术的知识密集型和技术密集型产业对于经济发展的贡献率逐渐提高。这使得社会对于高素质技术技能人才的需求量大幅增加，特别是新一代信息技术产业、生物产业、高端装备制造业、人工智能等新兴战略产业的快速发展以及工业化、城市化的快速推进，对技术技能型人才的培养规模、培养规格以及培养层次都提出了更高的要求。

三是人口变动带来的挑战。

首先，人口增速放缓，新生儿数量减少，与之相对应的学前教育等专业规模将会缩小，对职业院校的专业设置带来挑战。其次，人口老龄化加速，老年人口数量增加，对养老服务等专业的需求量也会增加。再次，随着人口向城市移动加速，从事第一产业的人口数量减少，现代农业生产的规模化要求更多高素质的职业农民，如何通过职业培训提高农民的农业技术水平面临新挑战。同时，农村人口迁移到城市，意味着城市第二和第三产业劳动力人口增加，对职业培训的需求也相应增加。

四是乡村振兴带来的挑战。

首先，随着我国全面建成小康社会，农村职业学校的硬件设施水平已经大幅提高，但是如何利用好这些资源，并将乡土职业教育资源融入其中既是对农村职业教育管理者的挑战更是对农村职业教育教师的挑战。其次，在城市化高速推进的背景下，乡村人口逐渐减少，农村职业教育的价值定位就显得尤为重要，这是农村职业教育改革必须面对和回应的问题。最后，现有职业教育政策并未建立起与农村职业教育相配套的实施细则，给农村职业教育改革措施的具体落实带来一定困难。

分析了面临的挑战后，我说，职业院校应该如何应对挑战呢？

一要主动对接人工智能。职业院校应承担起职业教育信息化改革的主体责任，实现人工智能与职业教育的深度融合，并为人工智能的持续发展提供智力支持。要紧跟产业变化，完善专业动态调整机制，早日布局与人工智能相关的专业，并根据专业发展需要，推动人工智能与传统专业的融合。通过产教深度融合提升人工智能与职业教育的融合度，有效整合教育链和产业链，充分发挥人工智能服务职业教育人才培养的作用。

二要助力产业升级。以产业需求为导向，设置与产业升级相适应的专业，实现专业设置与产业需求的对接；改革教学内容，实现教学内容与生产标准的对接；创新教学方式方法，实现教学过程与生产过程的对接。

三要积极应对人口变动。优化职业院校的专业设置，如应对新生儿的数量减少，需要适时调整学前教育等专业的招生数量，增设新的专业；凝练办学特色，凸显学校专长，增强办学优势；提升办学质量，以质量求生存，以质量求发展。

四要全面服务乡村振兴。增设服务乡村振兴需要的新专业，培养扎根乡土的职业农民，培养走向城市促进城乡融合的新市民；精准服务农村人口的职业培训需求，对接所在区域的农村职业培训需求，精准开展技术技能培训。

职业教育前景可期，大有可为。我说，我国已建成世界规模最大的职业教育体系，但与发达国家相比，仍有较大差距，我国25岁及以上人口平均教育年限仅有9.5年，与教育强国平均水平(12.7年)相差3.2年；高技能岗位就业人员的占比仅为19.6%，与15个教育强国相比差距明显(近50%)。在重要领域技能型人才缺口仍然很大，技能型高职人才就业前景依然广阔。我们要充分认清当前职业教育发展面临的形势，以及学校发展存在的优势与劣势，抢抓学校发展关键机遇期，努力推动我校高质量内涵式发展。

关于本学期的工作，我说，今年是新中国成立75周年，是全面贯彻落实党的二十大精神的关键之年，是实施"十四五"规划的重要一年，是全面贯彻落实省委"1310"具体部署，推动高质量发展的发力之年。本学期学校工作的指导思想是，以习近平新时代中国特色社会主义思想为指导，全面贯彻党的教育方针，以制度落实为抓手，坚持稳中求进、以进促稳、先立后破的总基调，进一步完善体制机制建议，以提高人才培养质量、增强办学实力作为主攻方向，以深化改革为动力，加大高水平专业（群）建设力度，创新高层次人才引进措施，深化产教融合和校企合作，推动学校高质量发展出亮点、有突破，答好"教育强省，民办何为"的时代答卷。

我说，本学期要重点抓好十项工作：一是加强党的建设，引领学校高质量发展；二是加强制度执行，提升治理能力；三是加强专业建设，培育特色专业群；四是加强教学科研改革，提高教学科研水平；五是加强实习实训，提高学生实践能力；六是加强师资队伍建设，激发教师积极性；七是加强学生管理，促进学生全面发展；八是加强后勤保障工作，为学校事业发展保驾护航；九是加强招生就业指导，确保学校可持续发展；十是其他工作。

回顾过去一年工作上的不足，从干部队伍来说，主要是工作效率低下，攻坚克难意识不够，缺乏解决问题的方法、办法。我曾多次与干部谈话交流，要求他们在工作中一定要牢牢把握"三法"，即想法、办法、说法。"想法"，就是工作一定要有思路，要进行认真的谋划，"思路决定出路"，没有思路盲目去做工作，是不会有成效的；"办法"，就是解决具体问题的方案、措施、步骤，如果仅仅停留在想法的层面，而不去付诸行动，没有解决问题的具体办法、手段、措施，那就只能是空谈；"说法"，就是问题解决以后、工作完成之后，一定要进行认真的总结，成功在哪里，失误在哪里，怎么样做还可以做得更好些，要总结出一套可复制、可推广的经验。这样，才能真正把工作做好，而不是简单地应付工作。

# 向董事长汇报工作

今天下午，我到宣承志董事长办公室向董事长汇报工作。

经过大半年时间的磨合，我和董事长在很多事情上达成共识。随着交流的不断深入，也知道彼此的想法。董事长对我给予充分的信任，工作上放手让我大胆干，他多次讲："刘校长的意见就是我的意见，大家都要自觉服从校长的领导"，为我在全校树立威信。在生活上，董事长也给予我无微不至的关怀，从日常起居到身体健康都给予我特别的关心爱护。董事长越是信任我，我在工作上就越是更加认真、更加负责，要对得起这份信任，不能辜负这份信任，更不能让董事长失望、让学校师生失望。

新学期的工作怎么做？寒假期间我虽然也一直在认真"备课"，但是，是否符合学校的实际情况，我还拿不准。在校长办公会议上又进行了认真的讨论研究，心里才有点底儿。今天下午，我主要就新学期要开展的重点工作及开学初的几项工作向董事长作了简要的汇报。

宣承志董事长完全同意我对新学期工作的安排。他着重强调了几点：一是要加强实训工作。他说，我们是职业院校，培养的学生一定要有很强的动手能力、实操能力，这些能力从哪里来？就是通过实训来的。他说，我到国外去看过，德国、日本等国家的职业院校实训室都建得特别完备，学生的素质和能力就是用设备"堆"出来的。我们的一些老师，还习惯在课堂上上课，黑板上、白板上是培养不出学生的动手能力、应用能力的，要把课堂搬到实训室，真正把"理实一体"做实。董事长说，缺什么仪器设备，你们打报告，凡是对提高学生培养质量有用的，董事会坚决支持。一定要把现有实训室的仪器设备都用起来，真正为人才培养发挥作用，闲置是最大的浪费。

　　二是要抓学风建设。董事长说，学风反映一个学校的教风、校风，没有好的学风，不可能有好的教风、校风，更不可能培养出高质量高素质的学生，这个学校也不会得到社会的认可。董事长说，家长把孩子送到我们学校，我们有责任把学生培养好教育好，"可怜天下父母心"，我们不能对不起学生家长。如果学生家长来到学校看到孩子活泼开心，充满正能量，埋头学习，长见识了，有礼貌了，身体强壮了，那该多么高兴！反之，家长不是很失望吗？家长的失望，这就是对我们学校的失望啊！学生家长的失望，就是我们的失职、失责！要抓好学风，一定要发挥激励作用，要表彰先进，要树立榜样，要让学生知道，榜样就在我们身边，要使好学上进、文明礼貌在全校蔚然成风。

　　三是一定要抓好校园安全特别是学生安全工作。董事长说，我们学校地处城乡接合部，周边治安环境复杂，一定要加强对学生的安全教育，尤其是要有可行的办法来加强对学生的安全管理。学生管理部门要切实负起责任，要充分发挥辅导员的主力军作用，要把辅导员队伍建设好，提高辅导员队伍的整体素质。要对辅导员进行培训，要学习新的理论、新的管理方法。对有能力、表现好的辅导员要敢于提拔重用，对不负责任的、屡出事故的辅导员，要加强教育，太差的，可以解聘。如果没有一支好的辅导员队伍，学生工作是做不好的。家长把孩子送到我们学校，如果连安全都无法保证，我们有何面目面对学生家长？

　　宣承志董事长着重强调的这几点，我觉得非常到位。这既体现了一个办学者的理念和情怀，也体现出他作为学校董事长为提高人才培养质量、办好学校的使命感、责任感，既有高度，又非常贴近学校实际，对做好学校今年的工作具有重要的指导意义。

# 校企合作、产教融合

今天下午，我们组织部分校领导及各二级学院和部分职能部门的负责人深入学校董事会下属企业走访调研，与企业共同探讨校企合作、产教融合的新路径。

这项活动筹划已久。学校董事会下辖有 8 个企业，其中有相当规模的企业有 5 个。这些企业集中在农林经济开发领域，具有相当大的集中度、关联度。同时，这些企业也是广东文理职业学院办学重要的经济后盾和财力支撑。学校正在积极推进校企合作、产教融合，与董事会下辖的这些企业建立密切的校企合作、产学研合作关系，具有更加得天独厚的条件。企业的发展也需要人才的支撑和技术服务，因此，董事长宣承志先生多次要求学校的相关领导、专家要到所属企业走走看看，了解企业需求，寻求校企合作契机，建立校企合作机制，提高技术技能型人才培养质量。经过一段时间的准备，今天下午终于成行。

考察期间，大家先后到访了广东省重点农业龙头企业——广东岭南红橙有限公司的廉江红橙产业园及省级现代农业产业园红橙深加工项目的生产车间，省级现化化农业产业园品种提升培育基地——广东名龙农牧有限公司廉江市湛江鸡祖代场育种中心，国家现代农业示范区——广东茗龙茶业有限公司 2000 亩茶叶标准化种植基地及广东茗龙（檀香茶）产业基地。企业相关负责人向大家介绍了企业近年来的生产经营情况。

广东岭南红橙有限公司成立于 2014 年，是廉江市红橙现代农业产业园牵头实施主体单位，也是广东省扶贫农业龙头企业及第二届海南岛国际电影节官方指定唯一鲜橙合作伙伴。岭南红橙种植基地位于中国红橙之乡、国家现代农业廉江红橙产业示范核心区——廉江市石颈镇，规划种植廉江红橙 10000 亩，其中首期种植的 3000 亩红橙生长旺盛，已进入结果投产期。2022 年公司产值 3857 万元，

2023 年产值 3905 万元。公司以打造绿色健康食品为理念，规划建设生态种植基地、优质温室大棚、专业育苗基地以及技术先进的果汁生产线等。目前，主要产品有：岭南红·廉江红橙以及 NFC 廉江红橙汁、红橙酥、橙花蜜、小青橙·红茶等深加工产品，凭借优质的产品质量和领先的品牌形象，进驻盒马鲜生、沃尔玛、京东商城等全国渠道，深受各地消费者青睐，先后获得"生态原产地保护证书""中国绿色食品 A 级认证"以及"第十六届中国国际农产品交易会参展农产品金奖""全国巾帼现代农业科技示范基地""入选中国名特优新农产品目录""广东省名牌产品""广东十佳最美果园"等多项荣誉。公司坚持一二三产业融合发展，采取"公司+基地+农户 ( 合作社 )+互联网+扶贫"的经营管理方式，创造性提出"农业+教育"的产业新理念，构建集"农业种植+农产品深加工+乡村旅游+大学生教育实训+产业孵化"等功能于一体的田园综合体，致力于促进区域农业产业结构调整优化，助推精准扶贫和乡村振兴，促进农民持续增收。

湛江鸡祖代场育种中心位于廉江市石颈镇细径村，占地 386 亩 ( 一期 )。基地实行分区建设，规划建设有孵化区，占地约 16 亩；核心育种区，占地约 80 亩；父母代生产区，占地约 189 亩。各区的规划和设计已全部完成并全面启动建设。基地围绕畜禽良种化、养殖设施化、生产规范化、防疫制度化、粪污无害化的"五化"要求，建设高标准"湛江鸡"现代农业产业园，实现生产全过程智能化、自动化监控和管理。通过科学制种模式，从核心群—祖代—父母代—商品代各个代次实行"金字塔"式层级扩繁，严格执行产业园制定的名龙湛江鸡选育规程和净化程序，确保为社会提供优质健康的湛江鸡种苗。基地核心育种区 10 栋全自动化养殖鸡舍已全部建成并投入使用，目前存栏 8 个纯系素材鸡群，存栏 2.4 万套，其中成熟稳定祖代鸡群 1.2 万套，可年产父母代 50 万套。父母代生产区 14 栋全自动化养殖鸡舍已建成 11 栋，其中 7 栋全自动化养殖设备处在调试阶段，预计今年投产后可年产商品代 1500 万羽。基地计划在未来 2 年建成年产 100 万套父母代种鸡，年孵化 1 亿羽商品代鸡苗，年出栏 1000 万羽以上肉鸡的大型产业基地。同时，充分利用养殖区生产的有机肥进行红橙、凤梨、荔枝等经济作物的种植，实现"鸡—肥—果 ( 林 )"的种养结合、农牧循环的发展新方式。

广东茗龙茶业有限公司成立于 2003 年，是广东省重点农业龙头企业、广东省扶贫农业龙头企业，是集农业生产、教学、科研、示范推广功能于一体的民营

企业。生产车间 5000 多平方米,配备有红茶机械连续加工生产线一条、乌龙茶
生产线一条、绿茶生产线一条、金花茶烘干、冻干生产线一条、茶树籽一级油提
取线一条、茶叶萃取及罐装生产线一条。2023 年度,广东茗龙茶业有限公司产
值达 4700 多万元。产品注册有"茗龙茶""宣府"系列商标,按照有机茶标准进行
生产管理,先后通过国家权威机构"有机食品""生态原产地产品保护"认证等,
并被评为"全国百佳农产品品牌""广东省名牌产品",是第二届海南岛国际电影
节官方指定的唯一礼品用茶,茗龙绿茶入选首批"湛品"产品品牌。公司种植基
地面积 3000 多亩,规模引进培植珍稀名贵的"植物黄金"印度檀香茶、"植物熊
猫"金花茶以及沉香茶、台湾金萱、福建红心铁观音、云南梅占、安吉白茶、福
鼎白茶、潮州单丛、山茶籽茶花、小青橙红茶等。茗龙茶种植基地位于气候适宜
的北纬 21°产区,这里环境优美、生态优良,有粤西地区著名的谢鞋山原始山脉,
有中国内陆现存的唯一数百亩连片野荔枝群落,特别是引进培植珍稀名贵的"植
物黄金"印度檀香茶约 12 万株,给茶园带来了独特的檀香风味和文化价值。因为
檀香是半寄生植物,主要通过根部盘吸从寄生植物获得养分,不能离开寄主独立
生存,因而特意在檀香周边种植了一批黄花梨等珍贵植物,给檀香提供足够的生
长养分。公司还规模引进和培植了"植物熊猫"金花茶和沉香茶、云南梅尖等,
同时在茶园各处散植了神秘果、巴西樱桃、菠萝蜜、龙眼、木瓜等近 100 种各类
热带植物,形成原生态混合共生的有机茶园。

在对企业考察之后,宣承志董事长在广东茗龙茶业有限公司产业基地会议室
主持召开了校企合作座谈会。大家与企业负责人就校企合作事宜进行热烈的交流
与探讨,每一位二级学院院长都作了交流发言,谈了感想和体会。大家认为,宣
承志董事长目光远大,在农林经济开发领域许多事情都超前谋划、做在前面,岭
南红橙品牌响亮,打出了在全国的知名度;湛江鸡从种苗抓起,抓住了根本,做
出了正确的战略决策;茗龙茶小而精、精而特、绿色、环保无公害,是高品质的
保证。大家说,这几个现代农业产业基地都是在荒山坡上建成的,充分利用了当
地资源,是因地制宜发展农林经济、推动乡村振兴的典范。宣承志董事长带领一
班人风里来、雨里去,在泥水里摸爬滚打,在乡村艰苦创业,带动农民脱贫致富
实现乡村振兴,这种精神难能可贵,值得我们在办学过程中学习并发扬光大。

大家还就成立乡村振兴产业学院,扩大湛江地区红橙、茶叶、小家电等名特

优产品影响力，建立湛江鸡地理标志产品的行业标准、产业生态链打造，发展智慧农业、企业生产设备及工艺改进等方面提出了许多有价值的意见建议，并针对企业对口需求专业的人才培养、实习实训和产学研合作等方面的项目达成合作意向。

董事长宣承志介绍了几个企业的基本情况，着重讲了董事会所属企业与学校发展的关系。他说，广东文理职业学院是在一穷二白的基础上建起来的。学校原址是一片荒山坡、烂泥塘，当年我们把建校地址选在这里，许多人嘲笑我们，群众认为我们是有钱没地方花了，瞎胡来；一些领导也不理解，认为我们是哗众取宠，这个地方能建大学？在别人都不理解的情况下，董事会的决心和意志就起了很重要的作用。董事会下属的企业积累有一定的资金，没有这个资金，我们就没有这个胆量，也没有这个决心。如果我们把董事会下属企业的资金都用到个人生活上，我们个人生活得会很滋润。但是，如果有能力又有机会为社会做些事情，又能造福乡村，为什么不去做呢？为办学，可以说我投入了全部家当，生活水平与以前相比直线下降，吃方便面、吃咸菜这是常事，但是我不后悔。近年来，我们每年投入学校建设资金一个多亿，看到一座座大楼拔地而起，看到校园越来越漂亮，看到一批批学生走向社会服务社会，这种幸福感、成就感、自豪感就会油然而生！我没有读过大学，可是我让千千万万的人圆了大学梦，比我自己读大学还要高兴！董事长说，从这里，大家也可以看到，我们董事会办学是有产业支撑的，这些产业过去是现在是以后永远是我们广东文理职业学院办学的强大后盾！他说，董事会将全力支持广东文理职业学院的建设发展，希望大家不要辜负董事会的期望，不要辜负董事会办学的一片良苦用心。他说，现在，我们有这么好的企业，又有这么好的学校，一定要把二者有机结合、融为一体、优势互补、相得益彰，实现学校人才培养质量和企业经济效益的双提升。大家也一定要在刘明贵校长的带领下，扎实做好各项工作，发挥各自优势，把企业办好，把学校办好。

宣承志董事长的讲话赢得了大家热烈的掌声。董事长情真意切，每一句话都发自肺腑，特别是他讲到学校初创时期的艰难，我们每一个人无不动容，深深地被感动；当他讲到董事会所属的企业这么大力度支持学校办学，让我们对董事会、对董事长充满了敬意；当他讲到董事会的企业和学校的光明前景时，又让我们对美好的未来充满了坚定的信心。

座谈会上我也发了言。我说,广东文理职业学院必须坚持"产教融合、资源共享、相互促进、共同发展"原则,积极推动校企合作走深走实。"产教融合",就是实现"三个对接",专业设置与产业发展需求对接,教学内容与生产标准对接,教学过程与生产过程对接。我说,现在我们有董事会所属的企业这么得天独厚的条件,实行产教融合,实现"三个对接",就更加方便、更加快捷,也可以更深入、更持久,完全有条件打造一流的项目、一流的品牌。"资源共享",就是学校与企业深度合作,有效实现资源共享。比如,在人力资源方面可以实现共享。企业的专业技术人员、管理人员可以被学校聘为兼职教师、企业指导老师;学校的专任老师可以到企业锻炼,增长知识、增长才干,可以发挥专业特长对企业人员进行培训和技术指导,与企业专业技术人员一起进行技术革新、技术发明,一起申报科研项目、科研平台,共同完成科研成果,共同申报科研奖励等。还比如,在仪器设备资源上可以共享,学校的教室特别是实训室可以设在企业,企业的实验室、质检室可以设在学校,实验室、实训室的仪器设备、人员都可以共享,可以承担共同的工作任务和人才培养任务。还有,在社会资源方面可以共享,学校的社会资源就是企业的社会资源,反之亦然,可以把学校的形象和企业的形象、学校的品牌和企业的品牌一起策划、整体打造,增强整体形象,扩大整体影响等。"相互促进、共同发展",这是我们最终的目的,做到了产教融合、资源共享,就一定会实现学校和企业相互促进、共同发展的目的。我说,我们一定不会辜负董事会、宣承志董事长的期望,进一步统一思想、提高认识、增强信心,领会好、落实好董事长的讲话精神,把今天交流探讨的事项进一步细化、具体化,逐件落地实施,走出广东文理职业学院校企合作、产教融合的新路子,把学校办得越来越好。

# 后勤工作、国际交流合作

今天上午，宣依娜副校长来汇报工作。

自去年 9 月担任副校长后，宣依娜同志分管财务、后勤、基建、港澳台事务、国际交流与合作、学校品牌管理与发展等。经过大半年的历练，她对分管工作越来越熟悉，也逐步有了自己的想法和工作思路。

今天，她主要汇报了三个问题：一是学校资产清理的问题。她说，学校虽然历史不长，但是也有近 20 年的积淀，这 20 年不仅积淀了管理经验、办学经验，也积累了不少办学资产。但是，目前学校的资产究竟有多少？有多少在使用、在发挥作用？有多少闲置的？为什么会闲置？闲置的资产目前是什么状况？还能否正常使用？闲置的资产有哪些种类，存放在哪里？学校的资产账、现金账是否相符等，就高校的规范管理来说，这些都是必须要搞清楚的。

她说，我们成立了一个工作小组，对学校的资产进行了全面的清理，认真查阅了资金账和资产账，特别是对现有存放资产的库房进行了彻底清查。我们把清理出来的资产作分类处理，已经废弃、失去使用价值的资产清理出来作报废处理，还有部分使用价值的学校能用的资产待完善后放到该用的地方去，或者捐赠给中小学、乡镇企业继续发挥作用。对能用的资产要重新登记造册，尽快投放到各单位、各部门，使这些资产尽快发挥其使用价值，为学校的建设发展发挥应有的作用。她说，通过这次清查，初步摸清了家底，盘清了资产状况。同时，更重要的是为今后资产的采购、使用和管理提供了经验。

宣校长说，清查之后，我们开会作了认真的讨论和研究，重在理清楚今后学校物资采购、验收、登记、入账、保管、领取、使用、报废及奖惩等的全部流程，将这些流程形成规范性的文件，做到有据可依。

对于资产清理清查工作，我来到学校后就十分重视。在教学检查过程中，我们经常发现有的实训室因仪器设备配套不完善而无法正常使用，而有的实训室里放有很多仪器设备却很少使用，在工作中还发现，物资供应流程不畅，即使是日常办公用品有时也不能及时到位，而某些地方却有大量库存。这说明资产的管理存在诸多问题。依娜副校长能注意到这个问题，并采取有效措施予以解决，真让人欣慰。我对她的看法和将要采取的措施高度肯定，大力支持。

二是关于国际交流合作事宜。宣校长说，我们学校地处廉江，远离中心大城市，越是地方性高校，越是要加强国际交流与合作，越是要大力推进国际化办学，以弥补学校区位短板。原来我们学校有较好的国际交流与合作的基础，曾经设立以世界跳水冠军劳丽诗冠名的"劳丽诗奖学金"支持、资助学生到国（境）外学习，也与许多国家的高校建立了密切的合作关系，活跃了学校的学术氛围，扩大了学校的影响，提高了学校的知名度。但是，由于受疫情的影响，近年来对外交流与合作工作大幅萎缩。她说，我校虽然受到疫情影响，但是，对外交流与合作的基础还在，我们应坚定信心，迅速恢复与有关国家高校的友好关系。

宣校长说，目前我们可以立即着手开展的工作是与韩国、英国和俄罗斯这三个国家的有关高校建立联系。韩国庆南大学、白石大学，我们已进行过多次联系沟通，基本达成开设双方学分互认班的意向。为补上学生的韩语短板，对方派语言老师为有意向的学生进行语言培训。在英国主要是与朴茨茅斯大学的合作，也已沟通了多次，就双方合作的基本问题达成共识，可以在我校开设"3+1"班或者学分互认班。与韩国和英国的这几所学校的合作，近期我们抓紧细化，力争新学年招生。对俄罗斯高校的合作，目前也有了基本的眉目，接下来继续跟进，抓紧落实。

此外，与我国香港、澳门的几所高校也加强了联系，拟于下个月去交流学习。

宣校长曾在加拿大留学并取得硕士学位，目前又在联合国和平大学攻读博士学位。这是一位观念前卫、思想敏锐、头脑灵活、开放进取，具有国际视野的年轻有为的校领导。她是分管国际交流与合作的最佳人选。这次她汇报的国际交流与合作的几件事情，有思路、有想法，有理念支撑，有校情依据，符合学校目前实际，又有具体措施，可以落地实施。我完全同意。

　　三是关于学校的品牌建设。宣校长说，学校的品牌中心已成立好几年了，成立以来，开展了大量卓有成效的工作，宣传了学校，提高了学校的知名度。但是，与兄弟高校相比，还存在不少问题，有许多需要改进的地方。主要是工作任务繁重，人手不足。品牌中心负责学校重大节日、重大活动的策划、组织及学校日常活动的宣传报道，学校网站、公众号、官微及各种新媒体的管理、运行，学校品牌、标识、纪念品的设计、使用、管理等，还兼管董事会所属企业的品牌管理，因而任务繁重、庞杂，但是人手紧张，品牌中心的同志工作压力大。另外，学校品牌目前没有形成统一的整体管理，学校的统一标识不够鲜明，对外宣传力度不够，声音还不大，学校的许多好故事还没有讲好。学校的网站建设滞后，网页更新速度慢，新闻报道质量不高。宣校长说，这些问题亟须解决。解决这些问题的办法，一是增加品牌中心人手，选拔优秀人才充实品牌中心队伍；二是对品牌中心人员加强业务培训，现在对新媒体的要求非常高，必须大力培养高素质的工作人员；三是加强对学校品牌、标识的管理，构造学校统一的形象标识，进一步擦亮学校品牌，提高学校知名度；四是对学校网站所有网页进行清理，对各单位、各部门网页负责人员进行培训，提高网页质量；五是加大奖励力度，对为学校品牌推广做出贡献的个人和单位给予表彰、奖励。

　　学校的品牌建设也是我来学校工作之后非常重视的一个问题。在信息时代，品牌建设搞得好，学校故事讲得好，会有效提高学校声誉，扩大学校影响，在社会上树立学校的良好形象。宣校长一直负责品牌中心的建设和管理，为推广学校品牌操了很多心，付出了大量心血。她对品牌中心存在的问题看得清、认得准，分析透彻，找得准症结所在，提出解决问题的建议措施切实可行，应予以马上落实。

# 教学工作会议

今天下午学校召开教学工作会议。

各二级学院院长汇报了开学以来各学院的基本情况，重点汇报了本学期工作思路和具体工作计划。从各位院长汇报的情况来看，各学院开学准备充分，师生基本都能按时到位，师生精神面貌、精神状态良好，开学运行平稳，教学秩序正常。但是，大家也谈到，教学过程中还存在一些困难，集中表现在部分学院师资紧缺，教师周学时过多、工作量过大；个别实训室仪器设备还有缺口，需尽快完善。

各位院长也对本学期工作计划作了汇报，集中表现在：抓好常规教学，保持教学秩序稳定；抓好教师队伍建设，引进人才，提升教师队伍整体素质；加强教学基本建设，在专业建设、课程建设上多发力；深化产教融合、校企合作，提升人才培养质量；抓好学风建设，营造良好校风。教学质量督导中心刘贵昂、教务处的几位负责同志都对自己去年分管的工作进行了总结，对本学期的工作作了具体安排。教务处长张佐营同志分析了学校教学工作面临的形势，特别是与兄弟院校作了比较，指出了我们与兄弟院校之间的差距。他说，差距就是压力，压力就是动力，要埋头苦干，迎头赶上。他对本学期教学工作的重点作了进一步的说明。

分管教学工作的副校长薛芳同志对上学期学校的教学工作作了全面的总结。她说，上学期学校教学工作方向明确，思路清晰。学校教学工作紧紧围绕培养高素质技术技能人才的目标定位，全面梳理教学基本建设存在的短板和不足，寻找问题之所在，寻求破解之策；我们开展了教师教学技能比赛，锻炼了教师队伍，在比赛中取长补短，学有榜样；开展了常规教研活动，邀请专家作高质量的报告，请老教师传经送宝，使广大教师开阔了眼界，进一步熟悉了教学基本规范，特别是通过二级学院重组，调整优化了专业结构，教学组织结构更加科学合理，为进一步提升专业建设水平和人才培养质量创造了良好条件。她说，上学期我们还配合有关部门，顺利接受了教育厅的教学检查，完成了教学质量年报等。所有这些工作，都是在二级学院的大力支持和参与下完成的，是大家齐心协力共同完成的。

薛芳副校长又对本学期教学工作重点作了进一步强调：一是要继续抓好教学工作的规范管理。她说，去年是学校规范管理年，以此推进学校方方面面的工作实现规范管理。教学工作是学校的中心工作，教学工作的规范管理是学校规范管理的基础。上学期我们在这方面做了大量工作，但是，制度建起来了，接下来要狠抓落实。学校把今年定为制度落实年，教学管理制度的落实是重中之重。二是要抓好实践教学，特别是实习实训。要注重实训项目的开出率，应开尽开，能开尽开；要保证实训效果，提高实训课质量；要统筹安排好学生实习工作，确保学生实习安全。三是要继续组织好教研活动，要有明确的目的，进一步丰富内容，采取更加多样的形式，鼓励更多的老师参与教研活动，在参与教研活动中提高教师素质。四是要做好教学运行的信息化保障。她说，这是保证教学管理秩序平稳运行的重要条件，必须高度重视。

最后，薛校长说，学校教学工作是学校的中心工作，必须进一步明确"一个中心"，这个中心就是教学工作，这与以学生为中心、以教师为中心是完全一致的，都是以人才培养为中心，培养人才就是我们的根本任务；必须进一步明确"两个出发点"，以日常教学实践活动为出发点、以教师专业成长为出发点，这两个出发点与教学工作这个中心是完全一致的；必须进一步抓好"三个内容"，课程、专业和教学成果奖，一定要在这三个方面取得突破性进展。

我在会上也讲了话。首先，我充分肯定上学期的教学工作，肯定了本学期开学的教学工作。上学期教学工作可圈可点，成绩是有目共睹的，感谢大家的付出，特别是各二级学院为学校教学秩序的稳定和教学质量的提高所作的贡献。开学以来，在大家的共同努力下，教学秩序平稳正常。我们校领导这几天也深入课堂听课，都感觉无论是教师还是学生精神面貌都很好，很少有迟到、早退的，教室里秩序井然，整个校园学习氛围浓厚。我觉得，这就是学校最美的风景。

其次，我充分肯定今天的会议。我说，今天的会议开得很好，总结了成绩，明晰了工作思路，明确了工作重点。我们对上学期的教学工作进行了回顾总结，既看到了成绩，更看到了不足，使大家对今后的工作要做什么、怎么做，有了更加清醒的认识。刚才，各位院长、教务处的负责同志和薛校长都对本学期教学的重点工作作了安排和强调，只要真正落实好我们的各项工作安排，我相信本学期的教学工作一定会取得更大的成绩。

最后，我说，我们一定要进一步落实责任，打造特色，提升办学质量。一是要将质量、特色理念贯彻到学校人才培养的方方面面。"质量、特色"是我们总的理念，一定要体现到我们的各项工作中。我说，质量、特色这四个字，我在各个场合都讲过，具体含义大家也非常清楚，共识也已经形成，在这里我不再复述。但现在的问题是，要有具体的措施和办法把质量和特色的理念贯彻到、落实到我们的各项工作中。

二是要在规范管理中突出工作重点。我说，前面薛校长就教学工作重点作了强调，我这里再强调三个问题。第一是如何实现"三个对接"的问题。我们是职业院校，产教融合、校企合作是我们提高人才培养质量的必由之路，为此，必须实现专业设置与产业需求对接、教学内容与生产标准对接、教学过程与生产过程对接。不如此，就无法培养出产业、企业所需要的合格人才。每个学院、每个专业，都要认真谋划，切实做到"三个对接"。第二是教师队伍建设问题。教师队伍建设不仅是学校的事，更是各学院的事，学生在各学院，专业在各学院，搞好师资队伍建设义不容辞、责无旁贷。没有一支优秀的教师队伍，就不可能培养出优秀的人才。要破除等、靠、要的观念，主动作为，引进人才、培养人才，建设一支素质优良的教师队伍。第三是加强实践教学的问题。我说，重视实践教学，提高学生的动手能力是我们职业院校的特色。我们经常讲"理实一体"，就是不能只在黑板上讲操作，只靠讲解、演示是不能提高学生动手能力的。要把实训室建设好、管理好、使用好，要像宣承志董事长说的那样，用仪器设备"堆"出学生较强的动手能力，培养高素质的技术技能型人才。要把实习安排好，既要保证实习效果、实习质量，也要保证实习生的安全，不能出任何纰漏。

三要强化育人意识，落实立德树人根本任务。习近平总书记多次提出，高校的根本任务是立德树人，落实这一根本任务是我们应尽的职责。二级学院是教书育人的主体，学生和教师都在二级学院，教书与育人实为一体不可分离。因此，各二级学院一定要扛起立德树人的主体责任，把立德树人的根本任务落到实处。二级学院要将教学工作和对学生的思想政治教育工作一体谋划、一体实施，与各职能部门一起，共同营造良好的学风、校风。

# 辅导员队伍建设

今天上午，应刘春杰副书记之邀，我给全校学生辅导员作了一场报告。

辅导员是学校开展思想政治工作的骨干力量，是学生工作的主力军。学校历来高度重视辅导员队伍建设。宣承志董事长就多次讲过，要做好学生工作，没有一支素质优良、思想过硬的辅导员队伍是绝对不行的；如果辅导员"三观"不正，怎么能培养、教育出"三观"皆正的学生？他也多次指示，要加强对辅导员队伍的培训，以提高辅导员队伍的整体素质。春杰书记多年从事学生管理工作，与许多辅导员建立了密切的联系，积累了丰富的管理经验。他现在仍然兼任学生处长、招生与就业指导中心主任。他多次与我商量，让我跟辅导员谈谈心，在业务上进行指导。今天终于有时间完成这一任务。

今天，我讲的主题是"当好大学生健康成长的引路人"，主要讲了三个内容。

## 一、辅导员的定位

我说，讲辅导员的定位，就是讲"我是谁"，要明白自己是谁，才能知道自己应该做什么。

我国改革开放恢复高考之后，直到 1990 年代中期以前，大部分高校在二级院(系)配备有班主任、团委书记、党总支干事负责学生工作，很少有专职辅导员。2000 年之后，辅导员配置才较为普及。2005 年教育部发布教社政 2 号文《教育部关于加强高等学校辅导员班主任队伍建设的意见》，这里仍然将辅导员与班主任并列。这个文件对辅导员给予明确定位："辅导员、班主任是高等学校教师队伍的重要组成部分，是高等学校从事德育工作，开展大学生思想政治教育的骨干力量，是大学生健康成长的引路人。"

2006 年，教育部出台了《普通高等学校辅导员队伍建设规定》，2017 年对这一规定进行了修订，新修订的《普通高等学校辅导员队伍建设规定》自 2017 年 10 月 1 日起施行。这个规定对辅导员给予更加明确的定位："辅导员是开展大学生思想政治教育的骨干力量，是高等学校学生日常思想政治教育和管理的组织者、实施者、指导者。"

从上面几份文件可以看出教育部对辅导员的职业定位。一是教师队伍的重要组成部分。这是一个很重要的定位，辅导员也是教师，是教师就要承担教书育人的职责，是教师就应该享有教师应有的尊重，是教师就可以像教师一样评定职称。二是开展思想政治教育的骨干力量。这里说的是"骨干力量"，是主力军，是学校开展思想政治工作的重要依靠对象，任务极其艰巨，责任极其重大。三是开展思想政治教育和管理工作的组织者、实施者、指导者。辅导员是开展思想政治教育和管理工作的组织者、实施者、指导者，简单讲，就是具体去做、去行动、去执行，要组织、实施，还要负责引导、指导。四是大学生的人生导师、知心朋友，是大学生健康成长的引路人。辅导员是大学生的人生导师，还是其知心朋友，使命何其伟大，任务何其光荣！

### 二、辅导员的职责

讲辅导员的职责，就要先明确"我是做什么的"？

辅导员有九项职责：

（1）思想政治教育和价值引领。这是首要的职责，就是引导大学生牢固树立正确的世界观、人生观、价值观，践行社会主义核心价值观，拥护中国共产党的领导，热爱社会主义国家，崇尚科学，文明诚信，为实现中华民族的伟大复兴而努力奋斗。

（2）党团和班级建设。这是辅导员的基本职责。目前，高校的辅导员都要求具备中共党员这一基本政治条件，其不仅是政治要求，也是履行职责所需。班级是大学生最基本的组织单位，进行班级建设也是锻炼大学生组织能力、管理能力的有效手段。党团组织是大学生基本的组织，特别是团组织，把党团组织建设好、管理好，既是大学生的必备功课，也是辅导员的基本职责。

（3）学风建设。学风关系学校的校风，任何一所高校都非常重视学风建设。

有了良好的学风，就会形成优良的校风，对学生的成长成才起着重要的影响作用。加强学风建设，树立优良学风也是辅导员应尽的职责。

（4）学生日常事务的管理。这方面的事情很多、很具体。

（5）心理健康教育与咨询工作。随着生活节奏的加快以及受社会各方面因素的影响，大学生心理问题越来越突出，调节学生的情绪，消解学生的负面心理，减轻学生的心理压力，解决、疏导学生的心理问题，也是辅导员应尽的职责。

（6）网络思想政治教育工作。网络空间是大学生的生活空间，网络空间非法外之地。辅导员有责任通过网络开展思想政治教育，引导学生在网络空间树立正确的世界观、人生观、价值观。

（7）校园危机事件应对。一般来说，辅导员是校园危机事件的最早知情人，也是处理校园危机事件的直接参与者。

（8）职业规划及创业就业指导。目前，大学生就业创业被政府和学校提上重要的议事日程。辅导员有责任指导大学生做好职业生涯规划，指导大学生创业就业。

（9）理论和实践研究。辅导员要勤于学习，只有掌握先进的理论，才能更好地做好学生的思想政治工作。要研究青年、研究大学生、研究思政工作的理论和方法，更好地把握思政工作的发展规律。

### 三、"五心齐备"，当好大学生健康成长的引路人

我说，我在高校工作几十年，做过班主任，没有当过专职辅导员。我结合自己当班主任的经历及学校工作要求，谈一点体会。

我来到学校工作已大半年了，因工作关系，接触到学生工作，也接触到一些辅导员。我认为，学校广大辅导员热爱学校、热爱学生，有的辅导员在这个岗位上工作了 10 多年，如果没有对学校的爱、没有对学生的爱，这是做不到的。他们以学生为中心，关心学生、服务学生，加强对学生的日常管理，引导学生积极向上，树立正确的世界观、人生观、价值观。辅导员在维护校园安全和和谐稳定、维护学生安全、守护学生身心健康方面功不可没。此外，在招生、就业、学校公益活动方面也做了大量工作。这是一支靠得住，能打硬仗、能打胜仗的队伍。

但是，毋庸讳言，我们的辅导员队伍建设也存在这样那样的不足。比如，个别辅导员责任心不强，工作落实不到位；有的辅导员纪律散漫，关键时刻掉链子，不到岗、不到位；有的辅导员工作方式方法欠妥，思想政治工作不得法，自己很累，但工作效果欠佳，甚至与学生形成对立情绪；有的辅导员对自己的职业生涯规划不清晰，不学习、不上进，工作没目标，做一天和尚撞一天钟等。

怎么样才能做好辅导员工作，怎么样才能当好学生健康成长的引路人？我以自己工作的经验体会认为，必须"五心"齐备、"五心"并举。

1. 忠心

所谓忠心，一是忠诚，对党的教育事业的忠诚，这是关系到"培养什么人、为谁培养人、培养什么样的人"这个教育的根本问题。我们肩负着培养社会主义建设者和接班人的重任，这份使命光荣而伟大。因而，必须永远保持对党的教育事业的忠诚。

二是诚心诚意当辅导员，一心一意当好辅导员。我们辅导员所从事的工作，是我们的一份职业，但又不仅仅是一份职业，教书育人是我们党的事业，也是我们个人所选择的事业。有多少人几十年如一日，在学生工作战线无私奉献，努力书写着属于自己的精彩人生。

有了忠心，工作苦点、累点就不会觉得委屈，就有充沛的精力、饱满的热情对待学生工作，就有做好辅导员工作的不竭动力。

2. 苦心

苦心，就是苦苦用心，苦苦用心，就是责任心。这个责任来自党的嘱托、国家的期望，来自学生家长的叮咛和托付。

我说，责任就是奉献。蜡炬成灰泪始干是责任，学为人师、行为世范也是责任。我一直认为，讲师德，最重要的就是四个字，一个是"责任"，一个是"爱心"，我觉得这四个字就是师德的核心。意识到肩上沉甸甸的教书育人的责任，就要在学生身上费尽心思，苦苦用心。有了苦心，才能对工作上心、在心、挂心，才能时时担心，以高度的责任感把学生的成长进步放在心里，才会为学生的成长进步而开心，为学生成长道路上出现的偏差而忧心，为学生出现的错误、失误而痛心！

3. 爱心

责任心很重要，责任心来自爱心。我说，教育就是爱的事业，没有爱心就不要从事教育事业。

我讲，老师对学生的爱，是无差别地去爱。就是像孔子所讲的那样"有教无类"，不问出身、不管贫富、不论贵贱、不分美丑，凡是我们的学生都要无差别地去爱。有的人说，有的学生调皮捣蛋，整天惹是生非，这样的学生我们也要去爱吗？是的，不仅要爱，还要给这样的学生更多的关爱。就像一座森林，里面什么的树木都有，有大的小的、直的弯的，这都不奇怪，很正常，我们爱这座森林，就要爱这森林里所有的树木。我们当老师、当辅导员的，应尽可能使弯树长直，去掉影响它发育生长的枝枝丫丫。

爱心就是好心、善心，就是对学生的关心、关爱。我们对学生固然要严格要求，该批评的一定要严肃批评，不能姑息学生的错误。但是，批评学生，要有爱心，其本意是要学生改正缺点、弥补不足，使学生走上正确的轨道。如果没有爱心，是为批评而批评，抑或发泄个人情绪，那不仅无法取得正面效果，反而激起学生的反感。有爱心，才会有包容心，才会有耐心，才会为学生的成长进步而操心、费心！

4. 知心

什么是知心？我说，知心，就是要了解学生、要知道学生在心里想什么。要知道学生心里想什么，就要对学生的家庭状况、成长环境等有一个全面而深入的了解。我说，我当班主任时，一个班 54 名同学，我都牢牢记着他们的家庭住址，甚至具体到乡镇、街道；他们的家庭状况，人口状况，收入状况，父母兄弟、排行第几等；他们毕业的中学情况，在中学是否当过班干部等。我能清楚记得他们住在哪个宿舍，甚至是哪个床铺。即使是毕业几十年之后，我都记得他们都跟哪位同学住一个宿舍，多年不见面，凭电话听声音，许多同学我都能叫出他们的名字。对学生有这么具体的了解，就不可能做不好学生工作。学生都把我当知心朋友，多少年后依然如此。

与学生知心才能贴心，贴心才能交心，交心才能掏心，掏心才能以心换心。在多年的工作经历中，我深深感到与人交心的重要性。人是有感情的，你带着感情去工作，你与工作对象有了感情，人家就信任你，你做得对，人家就大力支持；你做得稍有差池，人家也能给予谅解。做学生工作也是如此，你与学生有感情，你就有人格魅力，学生就听你、信你、拥护你；反之，你的工作就很难做。

5. 公心

我说，辅导员既承担着服务学生的职责，也承担着管理学生的职责。无论是服务还是管理，评优、评先、批评、处分等都要做到公平公正。有公平公正才有威信，失去公平公正，就难以服众；不能服众，就不能引导学生正确地看待人和事，就会扭曲学生的世界观、人生观、价值观。我送给辅导员们四句话：

一要公平公正对待每一位学生；

二要看到每一位学生的优点和长处；

三要看到每一位学生的成长进步，哪怕是微小的进步；

四要为每一位学生的成长提供机会——机会平等是最大的平等，机会公平是最大的公平！

每一位辅导员想在人生的道路上走得更远，就一定要杜绝私心、杜绝贪心！

最后我说，希望每一位辅导员都能为党的教育事业、为广东文理职业学院的建设和发展做出更大的贡献！

## ✍ 3月26日

# "创新强校规划"

今天，学校在岭南师范学院园府酒店举行"广东文理职业学院（2023—2025）创新强校规划"论证会。

月初，省教育厅就发出通知，要求高职院校制定新一轮"2023—2025创新强校规划"，3月底上报。规划涉及学校方方面面的工作，时间紧、任务重。

3月8日，我们召开了制定规划的学习动员会。会上，我召集有关校领导和职能部门的负责同志一起认真学习领会教育厅的文件精神，分析我校校情，总结上一轮学校创新强校成果，查找不足。与会同志都作了很好的发言，对新一轮创新强校规划的指导思想、基本思路、总体目标、标志性成果、项目的选择统筹、经费安排、任务分工等都作了认真的讨论研究。

我集中大家的意见，提出"2023—2025创新强校规划"的总体思路：以办学特色进一步凸显、人才培养质量持续提高的高水平职业院校为建设总目标，以深化教育教学改革为动力，以深化产教融合、校企合作为抓手，以完善治理结构、提高治理水平为核心，以条件改善和队伍建设为保障，以对外交流与合作为促进，通过"创新强校工程"建设，推动学校各项工作高质量发展。同时，我对工作任务进行了分工，明确了责任部门、责任人、质量标准、时间要求等。

经过两周多的紧张工作，各部门基本完成工作任务。教务处、薛芳副校长和我，又分别对初稿进行了审阅、修改。按照教育厅的要求，今天我们组织专家组进行论证。专家组成员有：岭南师范学院刘群慧教授（组长）、董仁忠教授、金肖教授，茂名职业技术学院陈平清教授，湛江科技学院范云峰教授，湛江幼儿师专陈候贵教授和湛江市科技局钱成副局长。

论证会上，薛芳副校长对创新强校规划作了简要的说明。大家围绕规划进行了认真的讨论。几位专家业务水平高，评审经验丰富，工作认真负责，他们从指导思想、总体目标设计、建设项目的遴选、方案设计、实施步骤、经费安排、预期成效等诸多方面都发表了很好的意见建议。主要有：要充分考虑省里对职业院校的分类指导意见和分类考核指标，要对标对表，切合省里指标体系的要求；在发展目标设定上，要结合学校实际，不能过低也不能过高，要有一定高度、难度，不能是常规工作，但又是经过努力可以达到的，要处理好常规工作与建设目标的关系；将标志性建设成果列表，尽可能量化，以便检查、考核；根据学校目前的情况，可以增加现代学徒制和课程思政两个建设项目，这应该是学校的长项；要与地方产业发展紧密结合，在发展新质生产力、服务地方方面有所突破；建设经费要认真测算，符合实际；内容要精简，200 多个页码，感觉分量太大，文字上要精练；体例、格式上要统一、规范。

我非常感谢各位专家认真工作、辛勤付出，感谢各位专家提出的真知灼见。会后，我们一定认真吸取专家意见，认真修改，把规划做好，使之成为学校今后几年高质量发展的蓝图。我也相信，在各位专家的指导下，我们一定会交出一份满意的答卷。

最后，专家组组长刘群慧教授宣读了专家组的论证意见并给出了总结性建议。

✏️ 3月28日

# 产学研合作

今天下午，学校召开产学研合作工作会议。会议的主题是，回顾总结上年度产学研工作，分析学校产学研面临的形势，部署本年度特别是本学期产学研工作。各二级学院院长及有关职能部门负责人参加会议。

产学研合作处负责同志就学校有关产学研情况作了通报，传达了上级部门相关文件、会议精神。分管产学研合作的李晓豁副校长就自己分管的校企合作、科研工作、科研团队和平台建设等工作作了全面系统的回顾总结，既充分肯定了成绩，也查找了不足。李校长是忠厚长者，他是二级教授、博士生导师，有着很高的学术造诣，为人做事踏踏实实，严谨认真。他的讲话也像学术报告一样，严谨周密。

我在会议最后讲了话。

首先，我对去年产学研合作取得的成绩表示充分肯定。老师们的科研工作热情空前高涨，大部分教师科研意识、产学研合作意识不断增强，学校科研氛围越来越浓厚。去年申报并获批教育厅特色创新项目8项，与岭南师范学院合作申报并获批了11项省级项目，这是历年所没有的。我们还与岭师一起申报并获批了"湛江市绿色精细化工工程技术中心"，这是我校第一个市级工程技术平台。我们还与廉江经济开发区一起联合申报科技中心。教师发表论文数量不断增多。我们举办了多场讲座，帮助老师申报项目，提升科研水平。

我说，在看到成绩的同时，也要看到我校在科研、产学研合作方面存在的不足。部分教师科研意识、产学研合作意识不强，满足于一天上好几节课，科研氛围不浓；部分教师科研能力较弱，不会设计选题、不会写论文，甚至不会写项目申报书；相当多的老师与企业联系不多，到企业寻找课题、为企业解决难题的能力较差；申报课题不积极，有的老师几年未申报过任何项目，学校获得的高层次课题较少；校企合作还停留在浅表层次，真正合作的企业少，合作的知名企业、龙头企业更少，深度合作的、富有成效的少之又少；科研产出效率低下，高水平成果少，缺乏标志性成果；教师搞科研还处在"散养"阶段，缺乏有组织的科研；学校对科研工作、产学研合作工作的支持力度还有待进一步加强。

其次，我说，要压实二级学院的主体责任，推动学校科研工作和产学研合作工作开创新局面。要营造氛围，增强广大教师从事科研、产学研合作工作的主动性、积极性，在全校形成重视科研、重视产学研工作的良好氛围。要扬长避短，选准方向，有所为，有所不为。以我校目前的条件，在基础科学领域，我们搞出原创性的科研成果的可能性很小，可是，我们要利用职业院校与企业结合紧密的优势，围绕企业需求，在技术的创新及应用，新工艺、新方法的采用上多下功夫，既能出成效，又能为企业服务。特别是要围绕学校董事会所属企业所需，把成果体现在企业效益上，突出我们的特色。要打造科研团队，组建多学科、多专业交叉的科研队伍。我们是一所小学校，更不适宜搞单兵作战，必须联合多学科的力量集体攻关方能有所成效，要以科研、产学研合作的成果进一步提高人才培养质量。提高人才培养质量是我们永恒的主题，要把最新的科研成果、产学研合作的成果尽快运用到教学过程中，使学生接触到最新的知识、最新的方法、最新的工艺、最新的技能。我还特别强调，在座的各位院长，一定要切实负起责任，要积极推进有组织的科研，不能放任自流。要加大引导、组织力度，采取措施有效提升科研水平，提升产学研合作水平。

最后，我说，学校将出台新的措施和办法，加大支持力度，为科研、产学研合作提供良好条件。学校会将科研工作、产学研工作列入重要的议事日程，对科研奖励办法进行修订、完善，采取有效措施鼓励、奖励先进个人和先进学院，同时通过职称评审等对没有科研成果的老师采取约束措施。学校还将为老师从事科研工作、产学研合作工作提供经费支持和其他便利条件。

# 清明节祭祖

这两天适逢清明假期，我向董事长告假，回河南信阳老家祭祖。

刚到信阳，天气突变，从在湛江穿着短袖衫到信阳又换上了毛衣、棉衣，一下子仿佛又回到了冬天。这本该是万物复苏的时节，可寒风一刮，一片萧杀。阴雨连绵，寒冷的天气，为给父母扫墓又增添了分外悲凉的气氛。

自父母相继去世之后，我几乎每年清明节都回家乡为他们扫墓。我祖上世世代代都是穷苦人，母亲娘家也是穷人。我深知，越是穷苦的家庭养育孩子就越是艰难。我能在20世纪80年代初考上大学吃上"皇粮"，算是"成才"，可谁知父母付出的艰辛！做子女的，无论怎么做都难以回报父母的养育之恩！每年清明节回来，跪在父母的墓前，父母生前对自己的疼爱、牵挂和期待，仿佛就在昨天，历历在目、言犹在耳。

我是1970年春节之后到生产大队刘湖小学上小学一年级，当时学校里没有多余的教室，我这个班在生产大队的榨油坊上课。我对榨油设施很感兴趣，这也是我一生中唯一一次真实地见到榨油设施（此后再未见过），我对过去的油坊的认识就一直停留在儿时的记忆中。我们趴在石碾盘上读书写字。天气寒冷，外面漫天飞雪，教室里没有窗户，同学们穿着单薄的衣服瑟瑟发抖，嘴里哈着白气，拼命跺脚，教室里咕咚咚乱响。后来学制调整，我从1970年的9月开始正式上小学一年级。1975年7月小学毕业后面临上初中的问题。当时有两个选择，一是到公社中学——肖王中学，一是到与邻邦公社交界处的一个山坡上农业中学。我当然想到公社中学上学，离家近上学方便，又是公社驻地，有集市。然而，当时公社将我这个生产大队的学生全部划片到农业中学。9月开学了，我在家里呆了近两周，后来通知我说，再不去报到就取消入学资格。这样我才极不情愿地到农业中学——王大寺五七农中报到上学。王大寺五七农中位于肖王公社梅黄大队西侧约 2 公里的小山顶上。这个小山顶以南都是连绵起伏的丘陵，以北靠近淮河，一片平原。这个山叫王家大山，山上有座寺庙，因而叫王家大寺，简称王大寺。寺庙何时所建已失考，据说明朝时又重建，"文革"时已毁于一旦。说是一个中学，其实就两班学生，一班初一，一班初二，全校学生不足百人，教职工一共 7 人，一个校长，5 位老师，一个临时聘请帮助做饭及照顾农活的老大爷。我到学校报到当天，班主任饶心亮老师就让我当班长，使我受宠若惊。两年初中毕业，我很希望到公社中学读高中。但当时上面有新的精神，初中学校都要"戴帽"招高中生。因学校校舍不够，只能停办初中，转为办高中。这样，我就只能就地由初二的学生变为这个学校的高一学生。学校还是两个班的学生，一班初二，一班高一，之后全部转为高中，学校连校长在内依然是 6 位老师。这 6 位老师，校长赵凤歧和饶心亮、黄守和、朱天碧是信阳师范学校毕业的，都 40 多岁，还有一个张明义老师是民办教师。原教化学和政治课的邹积芝老师是因政治原因受牵连来学校当老师的，她因简陋住房倒塌受伤抢救无效而去世，令人痛惜！她去世后又来了一位知青老师接替。我就在这样的中学读了 4 年书，读了所谓的初中、高中，基本上都是半天上课、半天务农，干了很多农活，学了很多农业知识。学校还养有两头牛，同学们要两人一组，每天轮流放牛，暑假也不例外。山下有一口水井，由于帮忙做饭的老大爷年事已高，师生用水也是同学们一担担挑上来。晴天还好，碰到下雨天，黄泥路一陷很深，我们都是光着脚板，中间一人挑水，前面一个拉的，后面一个推的，这样才能把一担水挑到学校。也许是我老实本分，凡是老师交代的事我都认认真真去做，凡是老师布置的作业我都认认真真完成，因而老师都喜欢我。特别是黄守和老师和张明义老师。有一次我因故迟到，教我们数学的张明义老师一直等到我到了教室才开始讲授新课。临近高考时复习紧张，张老师让我在他宿舍搭一个简易床铺与他同室而居，辅导功课更是常事，可见张老师对我的关爱。

我家离学校有近 4 千米，都是乡间小道，且要过河，特别是阴雨天泥泞不堪，步履维艰。父母又要到生产队上工难以照顾，对我很是担忧。每天上学，母亲一直目送我从视线中消失，放学时一直在家门口守候。此情此景，每每想起，无不动容，也促使我把父母的这份情和爱传递给我的孩子。父母对孩子的爱，真的是无以复加，无人能比。

1979 年高考，我以两分之差未能考上大学。也是这一年，王大寺中学也走到了它的终点，学校停办，老师并到公社中学，我也随之到肖王公社中学复读。在肖王中学，老师依然对我关爱有加，除原来的老师外，学校校长唐学用、教导主任曹彧老师、班主任张多勤老师等都特别照顾我。我牙龈发炎，曹彧老师亲自带我上医院看病，看病拿药也是他出的钱；班主任张多勤老师有时不在学校住宿，便让我夜晚睡在他的床上。现在想来，真的是无以回报。值得欣慰的是，我是公社中学考取的第一个本科生，也算是为学校争了光。

无论在哪里上学，父母都倾注了全部的情和爱。很是抱愧，父母在世时自己尽孝不够，使父母受了委屈。现在，斯人已逝，留在心底的永远是父母的大恩大德。清明节的一炷香火、一叠纸钱，缕缕清烟里寄托着我对父母永远的思念！

每年清明节回来，我都要与刘文东、刘文新两兄弟一起吃顿饭、聊聊天，说说心里话。我与他们是本家，同一宗族，按辈分他们叫我叔。刘文东与我同一村子。他兄弟六人，可以想见，在农村是真正的儿多母苦，小时候受穷自不必说，他中学毕业就出来打工，慢慢地自己做起了生意，后来一直从事建筑行业。他为人本分，忠厚老实，特别讲义气，是宁愿别人有负于我而自己绝不有负于别人的人。他育有一子二女，大女儿与我女儿同年读同一所大学，巧的是，她俩虽不是同一个专业，但却分配在同一个宿舍，成了极为要好的朋友。儿子留学海外，工作、定居在海外，两个女儿都各有事业。

刘文新的老家与我老家直线距离不到 2 公里。他家也是兄弟姊妹多，四兄弟三姐妹。正因为如此，父母负担尤其重，小时候生活异常艰苦，能吃饱饭已是幸事。初中毕业不得已就去街上摆摊。信阳最知名的特产是信阳毛尖，可是由于我们的家乡在淮河西岸信阳有名的"东大岗"上，这里寸茶不生。但是，他家大姐却嫁到信南有名的茶乡，这是刘文新与茶结缘的缘由。他凭着过人的机敏和超常的韧性，从走乡串户到开设门店再到开办公司，而后使文新信阳毛尖扬名天下，家喻户晓，其间经过多少难、吃过多少苦，只有他自己知道了。他曾当选为第十二届全国人大代表、中华全国工商业联合会第十三届执行委员会委员，现任信阳市文新茶叶有限责任公司党总支书记、董事长，河南省总商会副会长。现在，他还是一位"网红"，粉丝有上百万。他倾力打造的文新茶村，是国家 4A 级旅游景区，也是"一、二、三产业融合发展"和乡村振兴的新型产业典范，辐射带动周边 10 多个村、4000 多农户、1.8 万多人在茶旅融合发展中受益。他是信阳毛尖的代言人，为信阳毛尖品质的提升、品牌的推广做出了历史性的贡献。他虽然是信阳有名的"大老板"，但从无大老板的做派。他心中有大爱，爱茶、爱信阳、爱毛尖，一生专注毛尖茶这一件事；他为人和善，对人谦和，无论贫富贵贱，他都一视同仁亲爱有加；他乐善好施，亲朋好友左邻右舍有了难处，他都是能帮尽帮。他对子女的教育极为重视，儿子就读北京政法大学，志向远大；女儿在中学亦是品学兼优。

每到快放假时，文东、文新兄弟俩都主动联系我，一回到信阳，他们就立即张罗请我吃饭，一定要一起坐坐。他们说是向我汇报他们的情况、向我请教，这既让我感激，更让我感动。其实我从他们身上学到更多。我 2004 年就离开家乡到外地工作，老家的很多事情都是他们帮助我处理，有了他们，我才能安心工作。他们是我了解信阳的一扇窗口，信阳的发展变化，我从他们企业的经营情况就能略知一二，更从他们的言谈中了解到信阳社会发展的方方面面；他们也是我联系亲朋故旧的一扇窗口，茶余饭后的聊天让我知道许多乡邻、亲朋的近况，有些更是与他们一起吃饭才得以相聚；他们更是我对家乡的一种牵挂，他们的事业、他们的生活、他们的家庭都在我心底留下深深的挂念，寄托着我对家乡的情感。

这次回来，我与文东、文新兄弟又聊到小时候的情况。我们都回忆起少年时生活的艰难，感慨党的政策好。今天我们过的生活是小时候做梦都不敢想的，要好好珍惜今天的生活，不能忘了过去，任何时候都不能"发癫狂"而骄奢淫逸；感慨勤劳和智慧创造了美好生活，有付出才有收获，任何时候都不能忘本，都不能丢掉我们农村人吃苦勤劳的本色；感慨时光流逝，转眼间我们的父辈均已作古，他们兄弟也已年过半百，而我则年过花甲，都要保重身体，健康生活。

祝福他们！

# 港澳高校交流

　　4月9日至12日，我与学校副校长宣依娜、党委副书记刘春杰、教务处长张佐营、品牌中心主任陈培锋、港澳台事务办公室科长林俊烨一起赴香港、澳门、珠海，分别访问香港大学、香港中文大学、香港高等教育科技学院、香港职业训练局、澳门镜湖护理学院、澳门中西创新学院、珠海科技学院等粤港澳大湾区知名高校，并就合作办学、人才培养、师资培训、师生访学及学术交流等议题进行深入交流，进一步深化我校与粤港澳大湾区高校的全方位合作。

　　在香港，我们走访了香港大学、香港中文大学、香港高等教育科技学院等高校，并与香港职业训练局及相关高校代表进行座谈交流。在交流中，我们向香港同仁介绍了广东文理职业学院的发展历程、办学成果及对外合作交流情况。我们希望依托国家战略及粤港两地政策东风，进一步深化与香港高校在多方面的交流合作，共同培养大湾区社会经济发展需要的人才，为两地高质量发展做出更大贡献。香港职业训练局内地及国际事务处主任罗俊文、内地及国际事务处助理经理周伟琳以及香港高等教育科技学院副校长曾伟基博士、系主任蔡惟真博士、助理教授文浩然博士等对我们的到访表示热烈欢迎，他们特别希望双方在合作办学、师资培训尤其是学生毕业留港计划等方面加强合作。

　　由于疫情的影响，我已经几年没有来港澳了。这次到香港，我几天前已联系了田家炳先生的大公子田庆先先生和田家炳基金会的总干事戴大为博士，拟再一次拜访香港田家炳基金会，也看望老朋友。这次到访田家炳基金会受到田立仁行政总裁、戴大为总干事、萧开廷副总干事等的热烈欢迎。田立仁行政总裁是田庆先先生的公子，年轻帅气，谦和儒雅，举手投足颇有其祖风范。他们打开电脑，找出我前几次拜会田家炳先生的照片，每一张看起来都格外亲切。

我最近一次到田家炳基金会是 2015 年 12 月中旬。田家炳先生听说老家大学来人，又是老朋友，特意从家里赶到基金会办公楼见我们。他拿着手杖，穿着深蓝色西服(据说这身西服已经穿了几十年)，系着红色领带，足见对我们的高度重视。他与我们一一握手，亲切交流。他谈的最多的就是两个主题，一是中国的希望在教育，二是必须抓好德育教育。他说，没有教育，就不能提高人的素质，人的素质不高，一个国家是发展不起来的。世界上凡是发达国家，也一定是教育发达的国家。对个人也是如此，一个人不接受教育，没有科技文化知识，个人也没有很好的发展。因此，田家炳先生一再强调："中国的希望在教育。"我们一进入田家炳基金会办公大厅，首先映入眼帘的就是"中国的希望在教育"这八个大字。从这里也可以找到他一生情系教育的深层动因。搞教育，他又认为，最重要的是德育，培养人具有良好的思想品质比什么都重要，如果人的品质不好，能力再强也是没用的。因此，田家炳基金会成立后，特别重视对学校德育项目的资助。回忆起这些，仿佛就在昨天，田家炳先生和蔼亲切的面孔、慈祥柔和的目光、温柔低缓的声音，在我的脑海里久久盘桓。先生已逝，留给我们的是无尽的精神财富和永远的景仰。

田家炳，1919 年生，祖籍广东梅州大埔县，香港企业家、慈善家，田家炳基金会创办人，被誉为"中国百校之父"。他早年在越南经商，后转赴印尼经营橡胶工业；1958 年移居我国香港，创办田氏化工厂有限公司；历任京华银行董事、新安企业公司及华安置业建筑公司董事长、田氏塑料厂有限公司董事长、田氏化工工厂有限公司总经理、田家炳基金会董事会主席。2018 年 7 月 10 日，田家炳先生与世长辞，享年 99 岁。截至 2018 年 7 月，田家炳在中国范围内已累计捐助了 93 所大学、166 所中学、41 所小学、约 20 所专业学校及幼儿园，捐建乡村学校图书室 1800 余间、医院 29 所、桥梁及道路近 130 座，以及其他文娱民生项目 200 多项。

田立仁先生表示，田家炳基金会将坚持"中国的希望在教育"的理念，继续致力于提升中国教育水平和质量，期待双方凝聚共识，拓展合作。田家炳基金会是田家炳先生于 1982 年在香港注册成立的非营利慈善机构，以"兴学育才，推广文教，回馈社会，贡献国家"为创会宗旨，至今已从事慈善公益及教育事业 40 余年。在田家炳基金会，我们看到田家炳先生的慈善事业后继有人，必将进一步发扬光大。

在澳门，我们走访了澳门镜湖护理学院、澳门中西创新学院等。

澳门镜湖护理学院创办于 1923 年，至今已有 101 年办学历史，是澳门历史最悠久的护理教育机构。我们参观了校园环境、生命体验馆以及教学设备、高仿真教具等，与校方人员进行了深入的座谈交流。我介绍了广东文理职业学院的基本情况，特别提到大健康类专业群与澳门镜湖护理学院的课程体系有着密切关联，两校的合作空间很大，希望两校充分发挥各自的办学特色和人才培养模式优势，开展合作办学、联合培养、师生互访、学术交流及交换生项目等方面的合作。澳门镜湖护理学院尹一桥院长在交流中介绍说，学院致力于推动课程向多领域及多层次迈进，同时与本地及全球的高校、医疗机构等构建紧密联系。

澳门中西创新学院是经教育部确认、澳门特区政府批准的具有"本、硕、博"学位及副学士法律资格及学术资质的澳门 10 所高校之一。新任校长仲伟合教授原是广东外语外贸大学的校长，我们是多年的老朋友。这次到澳门来，也是特意来拜访他。他介绍了澳门中西创新学院 20 多年的办学历史及未来发展概况。他表示，在新领导班子的带领下，学校确立了"数字+"的办学方向，培养具有中西跨文化素养及数字时代竞争力的卓越人才，致力于成为粤港澳大湾区具有数字化特色的高等学府。我期望两校加强沟通交流，为拓展粤港澳教育资源、共同促进粤港澳大湾区教育发展贡献力量。我也完全相信，在仲校长带领下，澳门中西创新学院必将迎来更好的前景，未来可期。

在澳门，我们还拜会了澳门湛江同乡总会，受到麦国斌理事长的热情接待。我们对澳门湛江同乡总会长期以来关心支持家乡教育事业表示衷心感谢。澳门是内地联通海外的重要桥梁，近年来，广东文理职业学院不断扩展对外交流合作，提升国际化办学水平，希望澳门湛江同乡总会一如既往地关心家乡发展，常回广东文理职业学院看看，共同促进两地文化交流和教育事业发展。

12 日，我们在珠海还顺访了珠海科技学院。

✍ 5月8日

# 湛江科技学院

今天下午，我和副校长薛芳、宣依娜及人事处、教务处、学生处负责同志一起到湛江科技学院访问交流。

湛江科技学院于 1999 年由广东海洋大学与湛江寸金教育集团合作创办，2006 年经教育部批准为独立学院，定名为广东海洋大学寸金学院。

"寸金"这个名字源自"寸金桥"。寸金桥位于湛江市赤坎区文章河（又称赤坎河，今月影湖）上，始建于 1925 年，是为纪念湛江人民抗击法国侵略者侵占广州湾，驱逐外来强敌，并取得斗争胜利而修建的。1898 年 3 月，法国向清政府提出租借广州湾（即湛江）的无理要求，并悍然于 4 月 22 日派兵攻占广州湾，自拟租界，四处烧杀掳掠。法军的暴行激起了湛江人民的极大义愤。南柳、海头一带人民在吴帮泽等率领下首揭抗法义旗，誓师起义，用长矛、大刀、棍棒等为武器，予敌迎头痛击。湛江人民抱着"寸土当金与伊打"，誓与国土共存亡的信念，与敌战斗十余次，打退了装备精良的敌人的数次进攻。慑于湛江人民的反抗，法国不得不将租界西线从万年桥（今遂溪县新桥糖厂处）退至赤坎桥，租界范围从纵深一百几十里缩小至三十里。为了纪念这次长达一年半之久的抗法斗争，当地群众便将赤坎桥改名"寸金桥"。1959 年人民政府重修"寸金桥"，桥头东西有董必武、郭沫若的题词，董必武题书"寸金桥"，郭沫若题"一寸河山一寸金"。接着，路改名为寸金路，公园改名为寸金桥公园，车站和酒家均以"寸金"命名。我长期工作过的岭南师范学院坐落在寸金路上，与寸金桥公园相通相连，寸金桥就在学校东门右侧。

寸金学院以"寸金"命名，体现了旅泰华侨、学校创办人李敏先生浓浓的爱国情感。学校 2021 年经教育部批准转设为独立设置的民办普通本科高校。据说，在学校转设定名时，李敏先生仍有意用"寸金学院"的名字。当时的湛江市相关领导征求过我的意见，我说，"寸金"名字固然好，但是学校转设后将面向全国招生，从全国来看，"寸金"这个名字知道的人还是太少，不利于学校的长远发展，还是叫"湛江科技学院"好。

湛江科技学院原校区在麻章区，2014 年建新湖校区，新湖校区目前是主校区。校长彭寿清、副校长李嘉龙及相关部门负责人热情接待了我们，带领我们参观了优美的校园并进行了深入的座谈交流。彭寿清校长介绍，新湖校区规划用地近 2000 亩，目前逾 3 万师生在新湖校区工作学习，大气典雅的教学楼、湖光山色的校园环境令人赏心悦目。

座谈会上，彭寿清校长向我们介绍了学校的发展历程和近年来的办学成果。他说，现有麻章、新湖两个校区，校园占地面积 1980 余亩，校舍建筑面积 73. 79 万平方米。新湖校区 2020—2023 年均被列入广东省重点建设项目，按照"现代化、智慧型、书院式"的建设目标，匠心独运打造中西合璧、湖光秀色的巍巍学府，将中国传统书院理念贯穿始终，以校园中轴线为脊，以文理湖为翼，延伸轴线尽端景观为头，校舍建筑布局犹如大鹏展翅的雄鹰，表达了学校展翅腾飞、实现跨越式发展的办学愿景。学校在 25 年的发展历程中，经历了三次"开疆拓土"，形成了"一校两区"的办学格局，夯实了办学的硬件基础；接受了三次大考大评，提升学校内涵建设水平，促进了办学实力稳步提高；经过三次脱胎换骨，跨越了三个办学层次，实现了学校的战略性发展。学校现有教师 1300 余人，其中高级职称 311 人，有海外留学背景的博士、硕士近 200 人。广大教师扎根杏坛、严谨治学，教学科研成果丰硕。

彭校长着重介绍了办学治校的新思路，即"质量立校、人才兴校、特色强校、服务荣校、文化名校"的办学思路；坚持"应地所需、依地而建、为地所用、因地而兴、受地所托、顺势而为"的基本方略；进一步强化人才培养的中心地位、专业建设的龙头地位、教学条件的保障地位、师资队伍的关键地位、党建工作的核心地位、依规治校的基础地位，沉心静气抓好教学基本建设，积极稳妥推进教学改革，严格规范做好教学管理，凝心聚力提高人才培养质量。学校转设后，进一步明确了新的发展定位：根据本科院校建设发展规律，学校在深入研究区域经济社会事业发展规划的基础上，从办学目标、服务面向、办学类型、学科专业、人才培养目标五个维度形成了学校发展的新定位，努力建设具有鲜明应用特色的创新创业型大学。他期待两校通过深入交流，进一步激发办学智慧，实现两校共同进步，为推动广东省民办高校的高质量发展贡献力量。

彭寿清校长曾经在长江师范学院做过校长、党委书记，既是教育理论专家，又有长期的教育教学管理经验。相信在他的带领下，湛江科技学院一定会越办越好。

5 月 10 日

# 人才培养方案

今天下午，学校召开 2024 级人才培养方案制定工作会议。薛芳副校长主持会议，教务处张佐营处长对 2024 级人才培养方案制定工作做出安排部署。

我最后谈了关于制定人才培养方案的一些想法。

我从任职教务处长起，就对人才培养方案特别重视。后来，分管学校教学工作，更是格外重视人才培养方案。我也曾经发表过《关于人才培养方案制定修订的几个问题》一文，在网上得到广泛传播。

对职业教育人才培养方案的制定工作，教育部非常重视。2019 年，教育部发布了《关于职业院校专业人才培养方案制订与实施工作的指导意见》（教职成〔2019〕13 号），对职业教育人才培养方案的制定与实施提出了非常具体而明确的要求。

我说，大家一定要认真学习领会教育部的文件要求，特别是要认真学习、准确把握教育部牵头制定的国家职业教育教学标准。依据国家职业教育教学标准进行人才培养方案的制定、课程资源和教学条件等的建设，可以确保我们各专业的准确定位，大家要严格按教育部文件要求做好人才培养方案的制定工作。

我为什么这么重视人才培养方案的制定工作？这是由人才培养方案在人才培养中的重要地位和作用决定的。

专业人才培养方案是指在一定的教育理论、教育思想的指导下，按照特定的人才培养目标和人才培养规格，以相对稳定的教学内容、课程体系、培养环节、质量标准、管理制度等，实施人才全过程培养的系列政策方案。专业人才培养方案是专业人才培养工作要遵循的"根本大法"，在专业人才培养工作中具有无可比拟的重要地位，对专业人才培养质量的提高起着决定性的作用。

　　专业人才培养方案决定了一个专业"培养什么人"和"怎样培养人"这个专业建设的基本问题。我们之所以要设置一个专业，首先是基于经济社会发展的需要，也就是我们通常所讲的，高等教育要为地方经济社会发展服务，而为地方经济社会发展服务的根本途径和形式就是为地方经济社会发展需要培养合格的人才。随着经济的发展、社会的进步，各地方的经济社会发展越来越摆脱统一的模式，发展的层次、方式、模式，发展的重点，发展的阶段，突破的领域等都具有各自的特点，这必然使地方经济社会发展需要越来越呈现出多元性、多样性、多层次性，需求的个性特征越来越突出。因而，高校专业人才培养必须对地方经济社会发展的这种情况进行深入研究，并采取有效的措施，才能满足地方经济社会发展的需要。那么，研究的成果体现在何处？采取的有效措施落实在哪里？这些都需要制度化在专业人才培养方案中。我们要培养什么样的人？涉及专业定位、专业人才培养目标和专业人才培养规格；怎么来培养这样的人？涉及课程体系的构建和人才培养环节的安排，这都是人才培养方案首先要解决的重要问题，更是我们人才培养工作首先面临的重要问题。这个首要的问题不解决好，我们的专业人才培养工作就没有方向和目标，我们所采取的提高人才培养质量的措施也只能是无的放矢。

　　专业人才培养方案决定了专业教学内容和人才培养环节。专业人才培养方案决定了专业人才培养目标和专业人才培养规格，从而也就决定了专业教学内容和专业人才培养环节。在专业人才培养方案中，专业教学内容体现为专业课程体系，而专业课程体系如何设置是专业人才培养方案的重要内容。专业课程体系是由专业人才培养目标和专业人才培养规格决定的，它要保证专业人才培养目标和专业人才培养规格的实现，但它也反过来体现专业人才培养目标和专业人才培养规格，并在一定程度上对专业人才培养目标和专业人才培养规格进行微调和修正。课程体系的设置除了受专业人才培养目标和专业人才培养规格的决定之外，还要受到学校师资队伍等资源条件的影响，在课程体系的实际设置过程中，后者的影响往往更大。因此，如果说专业人才培养目标和专业人才培养规格体现着一定的专业理想，那么课程体系的设置决定着这种理想能否变为现实。专业人才培养环节也是如此。专业课程体系在不同的高校相同的专业之间很容易借鉴和模仿，因而也很容易趋同化，但专业人才培养环节则不然，各高校间可以借鉴但很难照搬。因为专业人才培养环节所涉及的学校资源远较课程体系多，它虽然同样受专业人才培养目标和专业人才培养规格的决定，但它更多地要受到学校各种资源条件、办学传统、办学理念、规章制度、管理习惯等方面的影响。因此，由专业人才培养方案所决定的专业人才培养环节是一所学校办学理念、办学传统、资源条件、教学管理水平等因素的综合体现。也正因为如此，在专业人才培养环节上也最容易形成专业的人才培养特色，甚至一个学校人才培养的特色。

专业人才培养方案是组织教学的基本依据。专业人才培养方案为专业人才培养工作提供了一个总体框架。"教师教什么""学生学什么""教师怎么教""学生怎么学"都应该而且也可以在专业人才培养方案中找到答案。教师可以通过专业人才培养方案，根据专业人才培养目标和专业人才培养规格来科学合理地安排教学内容，同时根据所教课程在专业课程体系中所给予的学时、学分和开设学期及与前后课程之间的关联等，精选教学内容和教学方法以达到最佳的教学效果。同样的一门课程，专业人才培养目标和人才培养规格不同，所教授的内容和方法不同；学时、学分不同，说明这一课程在专业课程体系中的地位不同，所教授的内容和方法也应不同；开课学期不同，说明这一课程在前置与后继课程中的地位不同，既要注意教授内容与前后课程的衔接，更要注意避免重复不必要的内容。同样，学生通过专业人才培养方案，首先会明确我这个专业是学什么的？学了之后是做什么的？能够做什么？还能怎么发展？我是否适合学习这个专业？进而明确我可以选学什么课程？我可以选择哪些老师？最后学生会根据专业人才培养方案来制定自己的职业生涯规划。可见，专业人才培养方案既是教师教什么、怎么教的基本依据，也是学生学什么、怎么学的基本依据。离开专业人才培养方案就无法科学合理地组织教学。

专业人才培养方案还是确定教师编制的基本依据。专业人才培养方案决定教师教什么和学生学什么，这就首先决定了需要哪些课程教师。同时，方案中所规定的专业人才培养各环节也都需要一定的专业教师。为了保证教学质量，同时考虑到实验场地、仪器设备台(套)数的限制，同一专业同一年级的学生要分成若干个教学班，这是确定专业教师编制的最基本的依据之一。再如，学校的进人计划，学校要引进什么样的人，引进多少，什么时间引进，都要依据于专业人才培养方案，离开了专业人才培养方案人才引进工作也是盲目的。

　　制定并执行专业人才培养方案是高校教学管理的首要内容。教学工作是高校经常性的中心工作，在高等学校的管理中，教学管理是高校管理工作中最重要的内容之一。教学管理工作稳定有序，学校整体工作就稳定有序；教学管理工作失序紊乱，学校整体工作一定陷入混乱状态，因此教学管理工作对高校工作的重要性不言而喻。教学管理工作又是一个复杂、有机的系统。一般而言，教学管理工作包括教学计划管理、教学运行管理、教学质量管理和教学基本建设的管理。在教学管理工作这四项最基本的内容中，教学计划管理是第一位的。教学计划管理就是人才培养方案管理。可见，人才培养方案在教学管理过程中的重要地位。

📝 6月8日

# 任职一周年

今天，是我在广东文理职业学院正式任校长满一周年的日子。

去年的今天，宣承志董事长给我颁发聘书的情景，仿佛就在眼前，历历在目。董事长对我的殷切期望言犹在耳，时刻回响。

这整整一年时间，我在民办高职院校经历了一个完整的周期。从开学到放假，从开学典礼到毕业典礼，从招生到就业，从春季学期到秋季学期，高校的工作就是这样循环往复、周而复始。因而，从某种意义上说，一年就是十年，用心去体味这一年，就能深切地感受到民办高校的人间百味。

这一年的校长当得怎么样？如果自评的话，能给自己打多少分？

我只能给自己打 70 分，也就是勉强及格。在我看来，70 分已经是一个不低的分数。教育需要"慢功夫"，高校人才培养的内涵建设尤其需要一步步地积累，不可能指望一年的时间就能做出惊天动地的成绩。但是，一年，这一个周期，在学校董事会的领导下，我和我的同事们是努力的，学校各方面的工作也有一点小小的进步。

这一年，我下功夫做了四件事：

我着力最多的第一件事就是学校的规范管理，我将 2023 年定为学校的"规范管理年"，期望能在推进学校治理体系和治理效能现代化方面向前迈进一步。

这不是我个人的兴趣使然，而是贯彻落实党的二十大精神的必然要求。习近平总书记在党的二十大报告中针对教育工作指出："统筹职业教育、高等教育、继续教育协同创新，推进职普融通、产教融合、科教融汇，优化职业教育类型定位。加强基础学科、新兴学科、交叉学科建设，加快建设中国特色、世界一流的大学和优势学科。引导规范民办教育发展。"①我国民办教育的发展已走过了40年的路程，一直以来，党和政府对民办教育都采取鼓励、支持、引导的政策，调动全社会各方面的资源积极投入民办教育事业，从而促进了我国民办教育的大发展，才有今天教育三分天下有其一的可喜局面。越是发展越需要规范，规范一直伴随着民办教育的发展历程。党的十七大报告关于民办教育的表述是："鼓励社会力量兴办教育"；十八大报告关于民办教育的表述是："鼓励引导社会力量兴办教育"；十九大报告关于民办教育的表述是："支持和规范社会力量兴办教育"；二十大报告关于民办教育的表述是："引导规范民办教育发展"。从鼓励、支持到引导、规范，既是对民办教育发展进程的写照，也是政府对民办教育政策调控的新走向。

从这一过程我们也可以看出，进入新时代，民办教育发展的形势发生了很大变化，高质量发展成为民办教育发展的主旋律。要实现高质量发展，必须走规范发展之路。民办高校高质量发展的出发点是坚持社会主义办学方向，依法规范办学，提高办学治校基本功；关键点是坚持中国共产党的领导，贯彻党的教育方针，为党育人、为国育才；着力点是加强高素质教师队伍建设，不断提高学校治理能力；落脚点是坚持教育公益性原则，维护受教育者的利益，"五育并举"促进学生全面发展，全面提高人才自主培养质量。2023年，教育部印发的《关于深化新时代高等学校评估改革方案》明确提出：实行分类评估，对高水平大学，重在"以评促强、争创一流"；对新建院校，重在"以评促改、兜住底线"；对其他高校，重在"以评促建、服务发展"。"引导"就是发挥政府、社会、举办者等多元主体共同治理，特别是政府要通过政策发挥牵引作用。"规范"就是督促民办高校依法依规办学，适应新发展阶段，主动求变，把学校的工作重心转移到内涵建设上来，尽快从规模效益转向质量效益。"发展"是引导、规范的落脚点。发展需要规范，引导、规范是为了发展；引导、规范是手段，发展是目的。

广东文理职业学院办学虽然已经快20个年头，但是对于一所大学来说，还处在起步阶段。初创时期的大学，至关重要的问题是如何生存下去，对于一所民办大学而言就更是如此。征地拆迁、开疆拓土；办理各种基建手续，建设教学

---

① 《习近平著作选读》第一卷，北京：人民出版社2023年版，第28页。

楼、实训楼、学生宿舍、图书馆、学生食堂、教师公寓、体育场等；招兵买马、人才招聘、组建队伍；搭建学校的基本框架，立起大学的"四梁八柱"；开设新专业，购置专业实验实训设备和图书资料，所有这些事情不仅需要大量的经费支持，不仅要耗费巨大的心血，还需要耗费较长的时间。同时，还要面对各种检查、评估、考察等。因而，这些年学校最主要的精力是在如何保持学校的正常运行上，如何使学校在初创时期立稳脚跟，打牢基础。学校的规范管理虽然被时时提起，也曾下大力气来抓，但往往被迫在眉睫的工作任务所冲击。

因此，规范管理不仅是国家对民办教育发展提出的政策要求，也是学校高质量发展的内生要求。

我认为，民办高校的规范管理最重要的就是尊重学校章程、理解学校章程、落实学校章程、按学校章程办事。为此，我来到学校之后，对 2022 年经教育厅审核批准的新修订的学校章程进行了认真的学习研究，将章程中的规范要求作为学校各项管理工作、办学治校的必要依据，并落实到各项具体工作当中。我经常讲，学校章程就是学校根本的办学"大法"，是学校的"宪法"，在学校管理工作中具有不可动摇的至高无上的地位。薛芳副校长是法学教授，又长期在政法战线工作过，法治观念强，法学理论水平高，法学实践经验丰富，我们请她在学校机关中层正职干部会议上连续作了 5 场关于学校章程的专题讲解。这次讲解，既是对学校办学章程的普及，更是一次联系学校办学实际、管理实际的案例分析，强化了学校章程在学校管理工作中的重要地位，增强了大家按照学校章程办事的意识，为依法办学、依法治校、规范管理打下了很好的思想基础。

学校的规范管理仅仅有办学章程还是远远不够的，学校章程只是学校管理的基本框架，很多具体的管理内容和管理规定都需要进一步细化为具体的管理制度、管理细则。为此，我们将"规范管理年"的主要工作任务定为修订和完善学校的管理规章制度。学校的管理规章制度在 2018 年之前已经汇编成 3 册，2018年之后再无更新。有的规章制度是学校刚创办时就制定的，一直延续至今，可谓"历史悠久"。时过境迁，一些规章制度不能再适应教育发展的新环境、新形势，也与现行的教育法律法规相冲突、与学校的办学章程相矛盾。因此，必须进行大范围的修订。去年，我们下大功夫认真抓这项工作，历时几个月，新制定、修订、废除规章制度 100 余项，为规范管理打下了良好的基础。

除建立健全规章制度外，我又对职能部门职责作进一步明晰，减少职能交叉重叠现象，弥补职能"真空"，杜绝责任缺失，厘定责、权、利边界，为提高工作效率和工作质量打牢基础。改进 OA 办公系统，加强督查督办，提高办文办会质量。

我着力最多的第二件事是研究职业教育规律，按职业教育规律办职业院校。

首先从思想上转变观念，打牢办好职业院校的思想基础。我不遗余力地强调必须坚持职业教育类型定位，必须培养高素质的技术技能型人才。通过会议、调研各种形式学习职业教育的相关政策，弄清楚职业教育的类型定位、内涵和基本特征，让全体教职工都清楚，我们是一所职业院校，不能按办普通高等教育的理念、方式方法来办高职教育，高职院校最大的特点就是职业性，职业教育是类型教育，本质是教育，核心是职业，职业教育与普通教育是两种不同教育类型，因此，职业教育一定要体现自身的特点，贴近职业，服务就业。

其次从组织形式上，建构起职业院校的框架体系。对二级学院进行重组，对专业结构进一步优化，对职能部门的职能进行调整，都旨在强化高职教育类型定位，使高职院校更像高职职校，突出职业院校的特色。

最后将职业教育类型定位、特色落实到人才培养的全过程。我进一步推进学校专业设置更加适应产业结构转型升级需要，扩大现代制造业、战略性新兴产业和现代服务业等相关人才培养规模，切实做到"学科跟着产业走、专业围着需求转"，专业设置必须与产业需求对接，课程内容必须与职业标准对接，教学过程必须与生产过程对接，真正实现校企育人双重主体，学生学徒双重身份，企业深度参与专业设置、人才培养方案的制定过程。引进有企业背景的教师，对教学方式方法进行改革，加大实习实训力度，将技能培养作为首要任务，真正培养高素质的技术技能型人才。

我着力最多的第三件事，是关于二级学院重组及专业结构的调整优化。

来到这个学校之后，我立即着手对二级学院及专业设置情况进行调研。因为二级学院的设置和专业的设置及结构决定着这个学校人才培养的目标定位，也决定着这个学校的办学特色，简单地说，就是我们培养的是什么样的人才？我们培养的人才走上社会之后干什么？我们怎样培养这样的人才？经过深入了解，很多干部、教师认为二级学院的设置存在一定缺陷，有很大的改进空间；专业结构也需要进行调整优化。经过 3 个多月的校内外认真调研、征求意见、分析论证，在尊重学校发展历史的基础上，我们将原来的智能制造学院、建筑与艺术学院、鼎利学院(信息工程)、国际教育与文法学院、生物与健康学院、经济与管理学院、体育与艺术学院这七个实体性学院重新调整为智能制造学院、建筑工程学院、鼎利学院(信息工程)、文法学院、生物与医药学院、健康学院、经济与管理学院、艺术与传媒学院和体育学院九个实体性学院，在思政部的基础上成立了马克思主义学院，国际教育学院单独建制，统管全校国际教育工作。由于坚持"以群建院"的原则，二级学院重组不是仅仅换一个名称，而是对专业结构进行了调整和优化，资源配置更加合理，资源使用效率更高，也提高了专业的集中度，凸显了专业特色，为高水平专业群建设创造了良好条件。

我着力最多的第四件事是加强队伍建设。

我在高等教育界工作了一辈子，深知办大学就是办教师。如果没有一支师德高尚、素质优良、结构合理的教师队伍，想把大学办好那是没有任何可能性的。民办高校由于没有政府生均拨款，基本上是靠学生的学费来维持其运行，办学经费与公办高校相比相对紧张，教师的福利待遇与公办高校教师相比也存在一定的差距，因此，教师队伍建设存在着更大的困难。如何吸引人才？如何发挥人才的作用？如何留住人才？这都是我来到学校后面临的问题和困难。2023 年下半年，我向董事会建议，适当提高教职工的工资待遇。董事会从善如流，宣承志董事长决定为全校教职工普涨工资。在我国各行各业都面临经济困难而纷纷降低待遇、缩编裁员的情况下，学校反而逆势而上给教职工提高待遇，实属难能可贵！同时，我们召开教师座谈会，虚心听取教师的意见建议，帮助他们解决实际困难。对教师的管理更加人性化，努力增强教师的归属感，对成绩突出的教师进行奖励，特别是在 2023 年的教师节，表彰了在学校工作 10 年以上的教职工，激励他们为学校做出更大贡献。在抓好教师队伍建设的同时，更加重视管理干部队伍建设。在董事会的大力支持下，充实了学校管理层，新任命了薛芳和宣依娜两位副校长及刘春杰党委副书记。这三位校级领导都是具有丰富的高职院校管理经验的年富力强的干部，他们责任心强，年轻有活力，日常做事有方法，攻坚克难有勇气，是我工作中的好帮手。在中层干部保持整体稳定的前提下，对个别责任心不强、工作敷衍塞责的干部也作了一些调整，少数干部直接解聘，给管理干部以警醒。对一些工作认真、责任心强、能力突出的干部予以提拔，有的放在重要岗位上使用，为管理干部的使用树立风向标。

一年的时间，虽然经历过民办高职院校的一个完整周期，但是，这一年也只是一个见习期、试用期，对于民办高职院校的办学特点及规律的认识和把握还远远不够。

这一年来，还有许多工作没有来得及做，已经做了的工作还留有很多不足和遗憾。

比如，专业结构的调整优化还没有完全到位，专业建设的特色还不突出。由于学校办学的历史还不长，专业设置如何才能更好地适应区域经济社会发展还处在摸索之中，我的办法是先增设一批专业，然后对专业结构进行优化重组，再逐步形成自己的专业特色和人才培养特色。湛江"面朝大海，春暖花开"，具有全国地级市最长的海岸线，海洋资源得天独厚，我们国家要建设"海洋强国"，广东省提出要建设"海洋强省"，作为高职院校，我们完全可以向海而生、因海而兴，打造具有海洋特色的高职院校，这都需要一个过程。我相信，经过我们的不断努力，广东文理职业学院一定会形成自己鲜明的办学特色。

再如，学校人才队伍建设这个短板还没有补上。怎么样吸引人才、留住人才、用好人才，还缺乏有效的措施，教师队伍不仅存在数量上的不足，更存在高层次人才的缺乏。没有人才高原，更缺乏人才高峰。民办高校教师队伍普遍存在的"一老一少"即银龄教师和刚入职的教师占主体的状况没有得到根本改变。

再比如，抓产教融合、校企合作缺乏真招实招，学校的人才培养与企业的结合还不紧密，深入到企业不多，与先进行业、骨干企业没能建立紧密的合作关系，没有真正实现专业设置与产业对接、教学内容与生产标准对接、教学过程与生产过程对接，产学合作尚停在浅表层次，制约了人才培养质量的提高，产教融合、校企合作还有很多工作要做，还有很长的路要走。

还有，抓学风还不深入，干部队伍工作作风与学校发展的迫切需要还不适应。部分学生学习目的不够明确，学习动力不足，主动性、积极性有待提升，有负学校良好的办学条件。抓师德师风成效不明显，个别教师敬业精神缺乏，不能为人师表。也有个别教师专业素质堪忧，教育教学方法欠妥，影响人才培养质量。部分教师的职业自豪感、荣誉感、成就感、归属感较差。对干部教育培训不够，标准不高，要求不严。个别领导干部责任心缺乏，不担当、不作为，工作不在状态，遇到困难讲客观原因的多，讲主观作为的少。有的干部缺乏主人翁的担当精神，"打工"意识强烈，认为这是个民办高校，学校发展不发展跟自己没关系，自己就是打一份工，没有胸怀和境界，没能把自己的这份"工"上升到事业的高度，没能意识到自己从事的是教育事业，是为党育人、为国育才的伟大事业，是培养社会主义现代化的建设者和接班人的伟大事业。

在民办高校工作的这一年，是我职业生涯中的重要一站，搞民办职业教育也是我职业生涯的最后一站。

今天下午，岭师教师教育学院王林发院长和廉江中学张旭校长来学校看望我，刚好我今天任校长满一周年。王林发院长是研究基础教育的专家，成果颇丰。张旭校长是岭师校友，他是基础教育管理专家，他来廉江中学当校长这几年创造了学校历史上的最好成绩。我与他们交流收获颇多。我们都认为，要把一所学校办好，取决于最重要的几个因素：生源、师资、管理、条件。他们让我谈谈一年来的感受，我总结了一下，工作了这一年，我有"三个没想到"：

第一个没想到：民办高校办学这么难。

一是资源获取渠道单一，办学经费紧张。学校办学经费 95% 以上来自学生的学费、住宿费，生均经费不到两万元。像广东文理职业学院这种高职层次，又处在粤西欠发达地区办学，学费的上涨几无空间。来自政府的补贴少之又少，对于学校办学来说是杯水车薪。学校的主办方，为建设学校已投入大量资金，再投入巨额资金维持学校运行勉为其难。社会上，没有形成对民办教育的捐助机制，总是认为，民办教育有老板支持，如果有赢利也是老板的，所以与公办学校相比，民办学校得到的社会捐赠是极少的。民办学校的支出却随物价的上涨、人力资源成本的上升、办学硬件设施水平的提高以及办学标准的提高而不断增长，从而进一步加剧了办学经费的紧张。

二是政府支持少，各种要求多。当前，政府不承担对民办高校的生均拨款职责，专项经费支持不仅总量有限，而且并不是所有民办高校都能受益。民办教育经过一个时期的发展之后，的确存在良莠不齐的现象，引导和规范势在必行。在实际操作的过程中，规范重于引导。与公办高校相比，民办高校面临的各种检查、调研、督导、考核，各种材料的上报，显得更多、更频繁。比如，有民办高校年检、创新强校考核、办学条件达标考核、教学检查、实习实训检查、高水平专业群检查、安全检查、党建考核等，有许多是公办高校所没有的，当然这体现了政府对民办高校的高度关爱和高度重视，但也从另一个方面看出来政府对民办高校的担忧。派到民办高校的检查组成员大多来自公办高校，很少有民办高校的干部、专家参与。这就使一些检查的标准和做法，有形或无形地使民办高校向公办高校看齐，从而失去了民办高校的个性和特色。

三是社会认可度低，政治地位不高。社会大众、学生家长对民办高校缺乏应有的认知，认为民办高校办学条件差，师资水平低，学风不好，只讲经济效益，不讲社会效益。有的对民办高校存在极大的偏见，对民办高校各种抹黑吐槽，甚至"妖魔化"民办高校。无论是社会形象，还是政治声誉方面，与公办高校相比都有很大的落差。

四是与公办学校同台竞争，生存环境堪忧。政府的各种项目，在申报条件上对所有高校都一视同仁，所有高校都在同一个平台上竞争。公办学校由于办学历史长，积淀深厚，整体实力强，在项目申请方面占绝对的垄断地位。民办学校能够争取到的项目极少，得到的经费支持也极少。

第二个没想到：民办学校的社会贡献这么大。

上面所说，民办学校办学的确艰难，但是，就是这么难，也为社会进步和社会发展做出了自己可贵的贡献。

一是民办教育是我国教育事业的重要组成部分。我国实行以公有制为主体、多种所有制经济共同发展的经济制度。在教育领域，随着改革开放的深入推进，民办教育的发展打破了公办教育一统天下的局面。民办教育为我国教育发展提供了另一种样式，丰富了我国教育生态，是我国教育事业的重要组成部分。

二是民办教育在实现老百姓"有学上、有书读"方面贡献巨大。孩子有学上、有书读，是我国老百姓几千年的梦想，也是重大的民生工程，是中国共产党执政追求的民生目标。习近平总书记说："人民对美好生活的向往就是我们的奋斗目标。"①随着经济社会的发展进步，社会和个人对高等教育的需求不断增加，迫切要求扩大高等教育规模。改革开放以来，党和政府不遗余力增进人民福祉，在提

① 《习近平著作选读》第一卷，北京：人民出版社2023年版，第221页。

高高等教育毛入学率方面，为让更多老百姓的孩子能读大学，可以说是想尽千方百计，吸收社会资金、鼓励民间资本投资兴办高等学校，是利国利民的大好事。据统计，目前民办高校在校生人数占我国整个高等学校在校生人数的近 1/4。民办高校的兴办，圆了许多孩子的"大学梦"，成就了这些孩子的辉煌人生。同时，近 1/4 孩子在民办高校接受教育，也为我国高等教育的普及做出了重要的贡献。

三是民办教育在扶贫、乡村振兴等方面发挥着重要作用。民办学校贴近乡村、贴近基层、贴近贫困人群，直接为乡村振兴提供人才支撑和智力支持，在基层治理、技术服务等方面发挥着不可替代的作用。人才振兴是乡村振兴的基础，职业教育在乡村人才培养、小康社会建设、乡村振兴中发挥着不可替代的作用。民办高等教育的主体是职业教育，职业教育更接地气，能够更好地适应农村经济社会发展对各类人才的需求。此外，在一些地方，一个家庭如果有一个孩子读了大学即使是读了民办高校，也可以使这个家庭很快脱离贫困。

第三个没想到：民办高校教职工这么苦。

一是民办高校教师真累。民办高校教师工作任务量大，他们承担着繁重的教学工作任务，据调查了解，大多数教师周平均课时在 20 节以上，少数在 25～30 节。学校管理人员极为精简，"上面千条线，下面一根针"，应付各种检查、评比、上报材料、协调关系等，加班加点、节假日不休息实为常态。

二是民办高校教师真难。难在待遇不高，生活困难。与公办高校教师相比，民办高校由于受制于办学经费的紧张，教师待遇普遍偏低，在物价上涨，特别是在高房价面前，生活压力巨大，少数教师经济困难。难在发展平台受限，职业发展困难。民办高校缺乏高层次平台，难以申请高层次项目，由于教学工作繁重，也少有时间和精力开展高水平研究，难以产出高水平成果。

民办高校教师这么累、这么难、这么苦，可是他们许多人在民办高校几十年坚守如一日，兢兢业业，无私奉献。他们中有人有机会可以到公办高校，可以到公务员队伍，可以去经商办企业，但是，他们仍然选择留在民办高校。如果没有对教育事业的忠诚，没有对学校和学生的热爱，这是很难做到的。所以，我说，他们是真伟大！榜样就在我们身边，他们就是我们学习的榜样！

今后，学校发展的路怎么走？最近一段时间我也一直在思考这个问题，我有这么几个想法。

第一，坚定信心，迎难而上。

坚定信心，信心来自哪里？

信心来自高等教育大发展的 10 年"窗口期"。我们国家 2015 年放开二胎政策，2016 年人口出生率达到高峰，之后逐年下降。通过测算可以看出，2035 年以前，我国高等教育人口呈持续增加的态势，2035 年以后将会出现拐点，高等教育人口将会逐年递减。广东由于流入人口较多，出现拐点的时间可能稍迟。接下来的这 10 年，是我国高等教育大发展的黄金期，抓住这 10 年，就会为未来的发展奠定坚实的基础。

信心来自我国民办教育发展 40 年积累的丰富经验。民办教育从无到有、从小到大、从弱到强，有快速发展的经验，也有过波折和教训。这些经验和教训，都是我们发展的宝贵财富，能够使我们在前进的道路上走得更快些、更顺利些。同时，国家对民办教育的政策也越来越清晰明朗。从《民办教育促进法》的出台，到《民办教育促进法实施条例》的实施，再到省级详细管理办法的落实，这些政策法规的相继出台和施行，既为民办教育的发展保驾护航，也为民办教育的发展指明了前进的方向。

信心来自学校自身办学经验的积累和办学条件的逐步完善。广东文理职业学院已经有近 20 年的办学历史，积累了丰富的办学经验，办学的客观条件已经基本完善。学校已经搭建起了相对完善的大学基本框架，制度体系也已健全，立起了现代大学制度的"四梁八柱"。据最新的统计，学校占地面积近 1600 亩，建筑面积 50 多万平方米，校园环境优美，四季鸟语花香；仪器设备估值 1.3 亿元，图书馆藏书 130 万册，专任教师近千人。学校具备提质升级的良好基础。

信心还来自学校董事会的坚强决心和有力保障。董事会有办好学校、发展学校的决心，我们就有把学校建设好、发展好的信心。多年来，无论顺境逆境，董事会都初心不改矢志不渝办学，持续加大办学投入，全力提供教学保障。同时，还抓住有利时机谋划扩大办学规模，提升办学层次，推动学校实现跨越式发展。董事会的决心，就是我们的信心；董事会的支持力度大，我们就信心足。

迎难而上，难在哪里？

难在办学层次不高。在目前的中国高等教育界，高职高专的发展受到的约束和限制更多。如果要总结学校办学经验教训的话，我觉得，我们成也"机遇"，败也"机遇"。我们成功的经验之一就是抓住了历史的机遇，创办了广东文理职业学院；那么，失败的教训，恰恰也在于没有能迅速抓住转瞬即逝的"升本"的历史机遇，学校仍然停留在高职层次办学上。在高职层次，学校难以引进高层次人才，缺乏高水平平台，从而使学校的办学质量和水平难以提高，进一步的发展受到极大制约。

难在标志性办学成果的缺乏。标志性办学成果是专业内涵发展的重要体现，是办学质量所达到的水平性标志。比如，我们还没有国家级教学成果奖、国家级高水平专业群、国家级教学名师等，离"双高"高职院校还存有一定的距离。

难在鲜明办学特色的凝练。质量与特色是高职院校的生命，没有质量的高职院校一定会被社会所淘汰，没有特色的高职院校也不会得到很好的发展。广东文理职业学院在发展的过程中，虽然在专业建设、人才培养等方面十分注重凝练办学特色，但是，鲜明办学特色的形成，无论是工科特色还是海洋特色的形成都是一个长期的实践过程，不可能一蹴而就。此外，在现代职业教育理念的指导下，要有意识地打造什么样的办学特色，也是一个非常值得研究的问题。

难在高水平教师队伍的打造。师德高尚、学养深厚、结构合理的高水平教师队伍是学校发展的根本保证。学校发展至今，虽然有一支非常敬业的教师队伍，但是，与学校要提升办学层次及未来发展的要求相比，还有很大的差距。优秀教师在数量上还有较大差距，在质量上差距更大，缺乏大师、名师，也缺乏能工巧匠、大国工匠。

必须化难为易，化危为机。

要坚定信心，迎难而上。既要看到我们的长处，又要看到我们的短处，还要增强我们的信心。我们不能盲目乐观、盲目自信，尤其要看到我们还存在许多不足，必须增强忧患意识、危机意识，正如孟子所言，"生于忧患，死于安乐"，只有居安思危，才能规避风险。一个国家是如此，个人是如此，一个组织也是如此。但在实际工作中，我们又不能因此而畏首畏尾、缩手缩脚，要清醒地认识困难，还要找到解决困难、克服困难的办法。一定要看到，难中有易、危中有机，我们必须化难为易、化危为机。任何时候，危与机都是相伴而生的，处理得好就是机遇，处理不好就是危险。对于今后高等教育 10 年发展的"窗口期"，抓住了机遇，就是黄金发展期，学校就能化茧成蝶、凤凰涅槃；失去了机遇，学校发展将面临巨大风险。

第二，扬长避短，错位发展。

对于学校发展存在的不足、短板，我们已有比较清醒的认识，但是，对我们的长处、优势，我们认识还不够、挖掘还不够，或者说优势没能完全发挥出来。我们是民办高校，本身就具有体制机制灵活的优势。公办学校的经验我们可以吸收、借鉴，但是绝对不能照抄照搬，照抄照搬公办高校的做法，就会失去体制机制的灵活性，公办高校由于体制的约束不能做的事我们可以做，而且可以做得更好。比如在师资队伍建设方面，我们民办高校没有编制限制，在薪酬待遇上也可以具有更大的灵活性，因而在引进急需的特殊人才方面，更加方便快捷。再比如，我们学校坐落在廉江高新区，是典型的园区大学，学校周边工厂林立，为产教融合、校企合作提供了得天独厚的条件，我们应充分利用好这一条件，实现校企资源共享。还有，我校是粤西唯一的一所民办高职院校，本科高校不能做的我们可以做，公办高校不能做的我们也可以做，这种定位也是我们的重要优势。因此，充分挖掘我们的优势，就是寻找我们存在的价值，寻找我们不同于别的高校的发展策略，这种策略就是错位发展。

错位发展就是要走有别于其他学校的差异化发展路线，扬长避短，规避劣势，以错位优势来实现学校发展。我们不做广东海洋大学能做的事，我们不做广东医科大学能做的事，我们也不做岭南师范学院能做的事，我们做它们不做的事，我们要"求异存同""立特色"，专心致志谋特色发展。

要实现错位发展，必须处理好以下五对关系。一是要处理好规模、质量、结构、效益的关系，特别是规模与质量的关系。学校正处于快速发展中，扩大办学规模仍然是重要任务，但与此同时必须紧抓质量不放松，应对好扩大规模与提升质量双重叠加的挑战。必须一手抓规模，另一手抓质量，绝不能搞所谓先上规模再抓质量的事，没有质量的规模最终一定是没规模。二是要处理好处延建设与内涵发展的关系。外延建设要保证办学基本条件达标，内涵发展要注重形成专业特色和提升办学质量，内涵发展比外延建设更重要、更艰难，必须下大力气抓好内涵发展，这是学校持续发展的根本。三是要处理好质量与特色的关系。质量与特色互为依托，相辅相成，质量是根本，有质量的特色才是特色，离开质量谈特色就失去了意义。有特色的质量才有丰富的内涵，没有特色的质量不可能持久和稳定。四是要处理好量变与质变的关系。没有量变就没有质变，量变积累到一定程度才能引起质变。"合抱之木，生于毫末；九层之台，起于垒土。"迅速提升办学质量，迅速提高学校办学水平，这是我们良好的愿望，但是，一定要注重量的积累，也就是注重平时一点一滴的努力，如果没有平时的积累，就不可能有突出的标志性的成绩。五是要处理好学校内部环境与外部环境的关系。在信息时代，尤其要"开门"办学、开放办学，无论是产教融合、校企合作，还是自身的专业发展，都离不开与社会的联系，必须营造良好的发展环境和氛围，广泛争取社会资源，为学校的快速发展创造条件。

第三，突出重点，攻坚克难。

一是坚定"升本"目标不动摇。升格为本科职业院校，是学校一直以来努力的方向，也是学校前进发展的动力。学校升格为本科职业院校，是办学质量的显示，是办学层次的提升，是办学空间的扩大。因此，必须"对标对表"，采取有效措施，坚持内涵发展，坚定不移地走好"升本"路，早日实现学校"升本"目标。

二是尽快形成更多更高质量的标志性办学成果。标志性成果蕴含学校的办学理念和精神，凝聚了学校领导力量、行政力量、教育教学力量及学术力量等不同群体的智慧结晶，展示了全校上下各组织和部门协同创新、携手共进的精神风貌，体现了学校的总体办学实力和核心竞争力。标志性办学成果是我们办学质量的突出显示，也是"升本"的客观需要。要准确把握职业院校的特点和规律，高度关注新方法、新技术、新工艺、新标准等在教育教学实践中的引入和应用，共同围绕核心课程、优质教材、教师团队、实践项目等关键能力培育系列标志性成果。

三是凝练鲜明的办学特色。每一所学校都应该办出自己的特色，在特色中求生存、求发展。办学特色的灵魂是具有适应国家战略需求、社会发展和校情的教育思想与办学理念，表现为一所学校与众不同的学科专业、教学与研究方式、校风、学风等。办学特色不仅仅是一种理念，更是一种实践，是学校长期办学实践的经验总结，是学校历代师生智慧和心血的结晶。因此，我们必须丰富我们的办学实践，在办学实践中凝练鲜明的特色。

四是推进毕业生高质量充分就业。促进高质量充分就业，是新时代新征程就业工作的新定位、新使命。毕业生就业工作是系统工程，既需要政府、高校、企业、毕业生同向发力，也需要全社会各领域、各方面加强协同，共同形成支持高校毕业生就业的良好局面。从学校来说，必须坚持高职院校的就业导向，提升人才供需"适配度"。通过引进企业师资、共建实习基地、联合开发课程等形式，面向市场行业前沿有针对性地培养技术技能型人才；通过组建行业产教融合共同体，推进供需对接项目建设；通过打造内外互补、专兼结合的就业指导教师队伍，强化学生生涯发展与就业指导课程建设，提供个性化、精准化、便捷化的就业指导服务等暖心举措，全力提升毕业生就业能力。只有高质量的充分就业，学校才能得到学生及其家长的认同。

五是提供高质量的社会服务。服务社会，是高校的重要职能。服务区域经济社会发展，更是广东文理职业学院的重要责任。有为才有位，有对社会的贡献，才有学校的社会地位；对社会的贡献越大，就越能得到社会的高度认可，社会知名度、美誉度就越高。必须将学校资源由单纯的教学资源转化为既是教学资源、育人资源，又是服务社会的资源。要找准服务社会的切入点、着力点，优化服务方式方法，优选服务路径，增强服务能力，提高服务质量和服务水平。深度开展产教融合、校企合作，在服务企业、服务政府、服务社会的过程中，增强学校的办学实力。我们是廉江市唯一的一所高校，要把学校打造成为廉江的教育中心、科技中心，使学校成为廉江的首善之区、文明高地，成为廉江的一张靓丽的名片。

# 怎样当好机关职能部门中层干部

## 一、定位

怎样来定位中层干部？可从三个不同角度来理解：

第一，从学校层面上来定位，中层干部有"4个靠"：一是立德树人根本任务靠中层干部来落实；二是学校发展战略靠中层干部来执行；三是学校理念、校园文化要靠中层干部来传承；四是学校发展成效要靠中层干部来彰显。

第二，从队伍结构层面来定位，中层干部承上启下，是桥梁、纽带、协调任务的枢纽。如果把学校方方面面的工作比作一张网，中层干部就是纽结，对上对下、对左对右，处于关系网之中。有了纽结，这张网才能支撑、牢固。

第三，从中层干部功能来定位，中层干部是谋事的主体、干事的骨干、成事的关键。中层干部是学校的脊梁所在，是学校的"腰"。中层强，学校强；中层胜，学校胜。学校管理，赢在中层，胜在中层。中层就是学校的未来。

## 二、理念

我的体会是，中层干部不管做什么事，应该秉持4个最重要的理念。

（1）执行为本。"天下难事必作于易，天下大事必作于细。""作"就是执行。执行力是中层干部的第一能力。从定位上讲，中层干部本职就是执行。上层做正确的事，中层正确地做事，基层把决定的事做正确。上层着力选择方案，中层着力落实，基层着力体现（落实的成效）。执行的过程，重在实，谋实事、务实功、求实效。做到"三实"：谋事要实，措施要实，效果要实。执行什么？执行的是学校决策和校领导安排。怎么执行？执行可以主动，可以被动，但千万不能滥动、妄动。滥动是滥作为、妄作为，比不作为危害更大。不要自以为是，千万不要干自以为领导满意，却让群众失望、怨声载道的蠢事。

（2）大局为上。中层是学校的中层，一定要在学校全局中定位自己，在学校大局中行动。要懂得"小道理服从大道理""不谋全局者，不足以谋一域"。要在大局中体会担当的工作意义、价值，不能不到位，也不能过头。评价一个人胸怀是否宽广、境界是否很高，从哪里评价？就是看大局意识。

（3）效率为基。效率就是生命，没有效率就没有一切。我们经常讲，一切以时间、地点、条件为转移。一项工作离开了时间、空间，就失去了本身的意义，也无法评价。我们强调效率，就是强调时间。因为我们的工作是在一定的时间、空间的限定范围内进行的，必须在效率的基础上开展才有意义，脱离了时间和空间的工作安排是没有意义的。没有效率的所谓完善，没有意义；没有效率的所谓完美，也是没有意义的。

（4）总结为要。干事业，要善于总结。既总结成功，也总结失败。如果说失败是成功之母的话，那么，善于总结就是成功之父。不总结，一味失败，哪里还有成功？我经常讲，工作要有"三法"：事先有想法，事中有做法，事后有说法。聪明人有点子，就是有想法，有想法，就要事先有谋划；困难没有办法多，能解决问题，处事有方法，就是有做法；有说法，就是把成功的做法上升为经验、模式、制度，可以复制推广，也可以吸取教训，避免重蹈覆辙。从某种意义上讲，总结要比做的过程还重要。

### 三、工作方法

（1）拟定工作方案。处理重大任务时，要事先拟定工作方案。拟定工作方案要注意4个方面：一是领会意图。要领会学校意图，不仅对"国之大者要心中有数"，还要对"校之大者要心中有数"。如果你不知道学校的奋斗目标，不知道学校的重点工作，你这个方案就没有方向。二是掌握政策。学校工作政策性强，方方面面都涉及党的教育方针政策。中层干部对政策规定的底线、红线、高压线都要很清楚，这样才能知进退、不逾矩，才能增强干事的底气。三是调查研究，掌握实际情况。情况不明，一片茫然，"盲人骑瞎马，夜半临深池"，不可能有好的效果。四是制定方案。方案的起草、论证、报批等工作很少是"单打一"的，牵头部门往往需要其他部门协调配合。

（2）组织实施。组织实施是执行的主要环节，要把握几个关键点。一是明确任务并进行任务分解，做到责任到部门、责任到人。二是要明确时间节点。任务布置下去，要明确完成的时间，强调效率为先。三是要明确工作标准。事情干到什么程度、达到什么要求才行？标准高、要求高，质量就高，就能使干部在干事中进步；标准低、要求低，工作就不会取得圆满的成效。四是要明确救济渠道。当事情遇到困难时怎么办？该找谁？该怎么处理？要有补救措施。没有补救措施，总会出意外。要明确补救的措施，使事情办得周全。

（3）督促检查。开展督促检查，有三点要提醒注意：一要明确检查的目的；二要明确检查方式；三要明确检查结果的运用，该督促的督促，该表扬的表扬，该批评的批评，使干好干坏不一样。

（4）总结反馈。工作做完了，要总结。一要及时总结，一项工作做完了，不要等很久才总结，这样没有现场感；二要总结正反两方面，既肯定成绩，也查找不足，要找到进一步做好该项工作的方向、方法；三要运用总结成果，总结成果要善于运用，从个别到一般，升华为经验，便于推广。

### 四、中层干部的沟通和协调

有人说，中层干部有"三好"，搞定领导就好活，搞定同事就好过，搞定下属就好干。搞定领导、同事和下属，就要求同领导、同事和下属协调好关系。

（1）处理好与领导的关系。这是中层正职最头痛的关系。当副职一般不直接面对领导，当正职想回避都回避不了，你不想找领导，领导还要找你。中层干部要花很大的精力去处理好与领导的关系。有的专家指出，处理好与领导的关系，中层干部大约要花80%的精力，有的说是70%的精力。我经常讲，领导各有各的脾气、各有各的风格，我们不能选择领导，作为下属你又很难去改变领导，遇到什么样的领导是我们的命运，遇到好的领导是我们的幸运！遇到好领导比找个好对象还难。找对象，还有得挑，遇上什么领导，没得挑，只有你去适应他，不能反过来让领导来适应你。可以说，与领导的关系处理得好不好，决定着你是否成功。这里我有4点建议：

第一，对领导忠诚，为自己立下忠诚的招牌。你对领导忠诚，就会产生品牌效应，下属对你也忠诚。人的忠诚从哪里来？首先体现在对党的教育事业的忠诚，我们都是在为党育人、为国育才，在这个共同的目标下工作。其次体现在对学校事业和岗位职责的忠诚。忠诚是职责所在，是忠诚于职业，而不是忠诚于个体的人。比如，我是学校的党委书记，我们是工作上的关系，而不是人身依附的关系。我们是党的干部，不能把学校变成个人的私有领地。对领导忠诚，就要对领导交办的事尽职尽责，尽心尽力去做。这"4 个尽"字用好了、做到了，就问心无愧。对领导提出的问题，要尽其所能回答，不遮掩、不敷衍、不投其所好，不文过饰非、不糊弄领导、不误导领导等，对领导交办的事情认认真真落实好，做到了这些，才是忠诚领导。如果敷衍领导、糊弄领导、误导领导，或者领导本来有错了，还继续奉承领导，把领导往错里推，这是坑领导、害领导，是背叛，不是忠诚。

第二，优秀的中层干部必须从学会服从开始。对高校来讲，高校很多中层干部是博士、教授，这一点跟其他单位不一样。因而有些中层干部自视甚高，觉得自己比领导高明，事事总是要显示自己高明。用这种心态做学问，我觉得未尝不可，做中层干部则要不得。你是中层，就说明还有上层，上层领导都是从中层过来的，你那点"小九九"都是人家玩过的。因此，做中层，就必须从学会服从开始。要学会服从，就要记住这么几句话：一是"不要给领导提条件"，要自己想办法创造条件。领导安排任务，你这不行那不行的，要钱要人还要物，到底是服从还是不服从?! 二是"会听能干"。能干肯干，不找借口找方法。前面说的是条件，这里特别强调会听，要听得懂领导在讲什么，听得懂弦外之音，听得懂话中之话。不仅会听还要能干，要把领导交代的事情办好。三是"不要认为你比领导高明"。你和领导站的角度不同、信息不对称，你认为不对的未必不对，你认为对的未必对。领导讲了一部分，后面还有大部分没有讲，你是知其一、不知其二，后面还有其三、其四，所以不要轻易下论断否定领导。四是"委屈才能求全，忍辱才能负重"。要正确地对待领导的批评，不能要求领导的批评都是正确的。没有一个领导能保证自己永远是正确的，领导也是人，你要允许领导犯错误。领导批评得对，虚心改正。领导委屈我了，就当作考验磨练，受不了委屈哪有"全"？就比如，人人都希望一年 365 天天天都是阳光灿烂、风和日丽，但是，月有阴晴圆缺，一年四季总有风霜雨雪，这就是自然。一个人，受点委屈，内心会变得更强大。内心不强大，还想当领导？趁早不要当。五是"没有付出就没有回报，但付出未必都有回报"。不是每个付出都有对等的回报，也不是付出之后就立即得到回报。领导的奖励肯定是以多种方式来体现的，也要有合适的时机，组织上是不会忘记你的贡献的。

第三，积极服从分管领导的指挥并坚决执行，当然，前提条件是不违法违纪、不流血不送命。这里涉及中层干部最头疼的问题。我的观点是：首先，最有效的方法是直接向分管领导请示报告工作，重大问题要与分管领导一起向书记、校长请示报告。其次，向领导汇报工作要讲究技巧、艺术，要找合适的时机、合适的地点。再次，要注意怎么提出问题。建议要有方法、措施，你要给领导准备好选择题，而不是出填空题，也就是说每一个方案最好都有备选方案供领导选择。又次，请示问题一定要得到明确的答复，不要自以为领导是同意还是不同意。最后，服从领导指挥一定要准确把握领导意图。一定要理解领导、读懂领导，要理解领导的不理解、读懂领导的不懂。意见不一致时，以领导的意见为准。但要把自己的意见说出来，说出来之后，如果领导还是坚持他的意见，要按领导意见办。这些是有前提条件的，前提条件就是不能违法违纪，如果明知违法违纪，甚至会造成重大流血事件，涉及师生生命财产重大安全，则不能执行，要向上级报告。

第四，学会感恩，与分管领导结下深厚友谊。领导为你指明工作思路，为你整合资源，在你有困难时，为你遮风挡雨、要资源。所以，要感恩领导。一是要推功揽过，办事到位不越位。领导也需要发展，要为领导的发展创造条件。二是要原谅领导的过失。领导也会犯错误，不要揪住领导的错误不放。领导也不是万能的，你不要寄希望于领导能把所有的事情都搞定。三是适时鼓励领导、肯定领导。领导也是需要表扬、肯定与鼓励的。对领导少提意见，多提建议。少说这不行那不行，多说怎样做才行。四是有事要跟领导讲明白，少让领导生气、生闷气。你让领导生闷气，领导可能让你"穿小鞋"。

（2）与同事处理好关系。一要真诚合作，部门之间要相互支持；二要坚持对等原则，涉及部门的整体工作时，处长要出面沟通，给别人以尊重；三要换位思考，多理解别人、肯定别人，自己多主动承担责任；四要多帮助别人，我经常讲，"帮别人就是帮自己"。比如，2003 年，湛江师范学院要申请硕士学位授予权，当时我在信阳师范学院任校长办公室主任，湛师找到我帮忙，我一个外省高校的办公室主任带着湛师的校领导到教育部请求支持。哪里知道，13年后我来这个当时的湛师做校长，却依然在为申硕工作而努力！13年前的事不是正为自己而做?! 与同事之间有意见分歧也很正常，但是如果发生了矛盾，一定要克制，别把事情闹大了，否则两败俱伤，没有赢家；千万不要拿自己的长处去比别人的短处，也千万不要动不动就撂担子、不干了。

（3）与下属处理好关系。总的说来，与下属的关系体现的是工作作风问题。我讲三点：一要做下属的榜样，言传身教，让别人跟着你干，要让别人学到东西，让人在你手下工作有进步有长进。二要善待下属、关心下属，让下属有归属感、安全感。要关心下属的成长进步，从政治上、工作上、生活上关心，用心培养干部，干部是自己干出来的，也是培养出来的。我经常说，我们当领导的，要立起身子当伞，为群众遮风避雨；伏下身子为牛，鞠躬尽瘁死而后已。我们就是群众的"靠山"，我们就要为群众主持公道。我们只有把群众放在心里，群众才能把我们放在他们心里。有的干部老是埋怨在评优评先、晋升时教职工不投自己的票，我说，你自己扪心问一问，平时你心里有这些教职工吗? 你心里没有别人，怎么能要求别人心里有你呢? 三要讲究工作方法，批评，要站在对方的立场上批评下属，多用"我们"，少用"你"，不要盛气凌人、得理不饶人，让人下不了台、颜面扫地。要懂得"处级干部无功就是过，科级干部无过就是功"。

最后，我想特别提醒三点。

第一，要热爱学习、善于学习，勤于思考、善于思考，特别是要学懂弄通做实习近平新时代中国特色社会主义思想。希望大家把学习落实到行动上，把学习变成一种生活态度、当成一种生活习惯。我们湛江气候好，东北的人都愿意来，面朝大海、春暖花开。但是，年轻人不要在春风里睡大觉，不要辜负春风，要努力学习。不仅要学，还要思考，"学而不思则罔"，学习而不思考是没有意义的。

第二，要摆正位置，远离团团伙伙。我们绝不要搞拉帮结派那一套。邓小平同志讲过，"小圈子害死人"，摆不正位置的人终究没有位置。

第三，要廉洁修身，模范遵守党纪国法。如果你脑子里有发财梦，我劝你远离官场、趁早远离。如果你想把手中的权力当作谋取私利的工具，有点权力后急于变现，我说这是通向党纪国法制裁的最快通道，也是通向党纪国法制裁的不二法门。

我是河南人，河南话最典型的一个字就是"中"。"中"就是行、可以。中层干部一定要"中"。我们岭南师范学院的中层干部不"中"，我们学校就不"中"；我们岭南师范学院的中层干部"中"了，学校就一定"中"！

——2020 年 6 月 23 日在岭南师范学院二级单位主要领导干部培训班（第一批）上的讲话（节选）

## 📝 附录二:

# 怎样当好二级学院党委书记、院长

在过去的工作中,我们发现个别的二级学院不知道党委会、党政联席会怎么开,开会的时候连议题都没有,开会之前没有进行任何形式的协商。到头来,要么是书记一个人说了算,要么是院长一个人说了算,要么就是谁说的都不算,严重影响了二级学院的发展。二级学院工作长期上不去,我想,这跟怎么当好二级学院书记、院长有很大关系。

### 一、二级学院在学校中的地位

二级学院的地位可以用两句话来概括:二级学院是学校的办学实体、主体,是高校立德树人根本任务的落实者、实施者。这体现在四个方面:

第一,二级学院是人才培养的主体。人才要靠学校来培养,学校要靠二级学院来培养。

第二,二级学院是科学研究的主体。根据学科的不同,科学研究、学科建设要具体落实到相应的二级学院来开展。

第三,二级学院是社会服务的具体实施者。

第四,二级学院是学校办学特色的具体体现者。

我们强调教学工作在学校工作中的中心地位,就是肯定二级学院的地位。二级学院的党委书记和院长要有信心、有责任办好学院。

### 二、二级学院党委书记、院长的职责

第一,贯彻落实党的教育方针,执行上级党委、政府的决定,保证社会主义办学方向。

第二，组织制定并实施学院发展规划，拟定并实施资源配置方案。

第三，主持制定并实施人才培养方案。要特别提醒这一点，很多二级学院党委书记、院长都认为，人才培养方案是分管教学的副院长来搞的，这是不对的。院长一定要参与人才培养方案的制定和实施。我们的书记能参与的也要尽量参与。

第四，组织制定并实施学科建设规划，推动科技创新，开展社会服务。

第五，抓好党建，做好师生思想政治教育工作，确保安全稳定。各二级学院党委书记和院长要承担起政治安全的职责，敢于担当，敢于负责，认真履职尽责。

第六，完成学校交给的其他任务。

### 三、二级学院党委书记、院长的基本工作方法

（一）坚持一切从实际出发

一切从实际出发，大家耳熟能详，但熟知不等于真知，做起来更难。首先，从什么样的实际出发。我觉得有三点需要好好考虑：第一，要真实。你从实际出发的"实际"一定是一个真实的实际，你不能搞个虚假的，我们对于实际情况的了解一定要真实，不能被假象所迷惑。不能把假象当真实、把现象当本质。比如，出台一项政策，学院50人中，47个人都同意，但有3个人意见特别大，四处去反映。一听3个人意见很大，有教授、副教授、讲师，各层面的都有，这还了得？其实分析对比一下，绝大多数都没意见。如果老是被个别意见干扰，则什么事都干不成。第二，要全面。你了解的情况一定要是全面的，不要从片面的实际情况出发。第三，这个"实际"还得是一个变化的实际。实际不是不变的，你不能一成不变地看待，这个实际要用运动的眼光看待，一定要根据变化做出调整。"一切从实际出发"说起来容易，做起来是非常难的。这是最根本的工作方法，我们的工作方法脱离实际一定是要失败的。

（二）坚持用联系的观点看待问题

这是唯物辩证法的根本观点之一。用联系的观点看问题，用什么联系，联系什么？我觉得至少要联系几个方面。

首先，联系大局。我们在分析问题的时候要联系大局，二级学院是学校的二

级学院，你要知道学校在干什么，学校的目标是什么，我能够为学校实现这个目标做什么，这样才不会使我们的工作跑偏。要心往一处想，劲往一处使，上下合力拧成一股绳，合力实现我们的目标。各二级学院要对校之大者，做到心中有数。学校领导在讲什么？学校的年度重点工作是什么？学校党委常委会、校长办公会研究了什么问题，我们都要做到心中有数，要配合学校完成学校的总目标，这就叫联系大局。

其次，联系历史。任何事物的发展都是一个过程。今天我们看到的现实是从昨天发展而来的，它不是突然出现的，每件事情都有来龙去脉，所以，二级学院的领导在处理问题的时候一定要有历史的眼光。对学院的历史应该了解，对学院专业的发展史应该了解，对老师的情况应该了解。特别是在涉及人际关系的时候，老师的待遇、个人的诉求等方面存在的一些矛盾，都有一个历史的演变过程，你把这些东西摸清楚了，你处理起来就好办了。情况会发生变化，所以要历史地去看待。你不能用今天的条件去要求过去的领导怎么样，这对我们现在的书记、院长处理好内部的关系非常重要。老书记、老院长绝大多数还没有退休，还在位置上，我们要妥善处理好这个关系。

再次，联系现实。要联系历史，也要联系现实。联系现实的时候要特别注意两个问题：第一是可能性，第二是可行性。重大的决策，书记、院长必须反复琢磨：做这个事情是不是可行？可行，能不能具体操作？理论上可行的，在现实中可能没法操作。一件事情，你想做也要考虑它是否可行。联系现实，就是要从实际出发，在实际工作中操作不了的事情，你不要去做，如果硬要去做，也一定会失败。现实也是不断变化的，现实改变了我们的观念，方式方法也要随之而变，要记住"昨天的太阳晒不干今天的衣服"，因此我们不能抱着昨天的理论不放。

最后，联系未来。联系未来就是说你在作这个决策的时候，一定要有一个预判。这个事情，你实施了之后，预估它会带来什么后果。你要把后果尽可能考虑得充分些，并且负面后果考虑得多一些。这样我们的方案会更完备，一旦实施起来，遇到的阻力也会小一点。所以，我们不能光做今天的事，不考虑明天的事。有些事情，你还得考虑一下左邻右舍的态度。这很重要。我经常和职能部门的同志讲，省里发一个文件要求做什么事，这个事情该怎么做？搞不清楚。虽然搞不清楚，但也不要紧，可以把脖子伸长一点，看看我们的左邻右舍，他们怎么做的？跟他们联系联系。我们面临着这个问题，他们也可能面临这个问题，我们跟人家商量商量。我们的二级学院在开展工作时，是不是也要考虑一下左邻右舍？孤立地考虑问题，有时候，你会因为解决一个小问题，惹出大麻烦，最终可能难以收场。

（三）坚持突出重点，集中精力解决主要矛盾

我们经常讲，"打蛇要打七寸""牵牛要牵牛鼻子"，就是要集中精力解决主要矛盾。不是所有的事情都值得我们花同样的力气去做。二级学院的事情，千头万绪，二级学院是一个小社会，这么多学生，这么多老师，一定要分清楚轻重缓急。如果抓不住主要矛盾，你主要的精力都耗费在那些无关紧要的小事上，最终一定没有大的成效。

二级学院最核心的业务是什么，教学科研就是我们的核心业务。二级学院是立德树人的地方，教学科研搞不好，还能叫二级学院吗？没有立德树人，二级学院的根、本就都没有了。像我们学校也是一样的，如果我们书记、校长不把最主要的精力投入到学校最核心的业务——教学科研等人才培养上，而是天天忙于养花种草，学校能办好吧？！

（四）坚持用改革的方法解决发展中的问题

改革是一个很重要的工作方法。在工作当中，我们会发现，如果这个问题只是个案，那一定是工作方法上出了问题。如果说这个问题是普遍性的问题，出了一单又一单，屡禁不止，层出不穷，那这就不再是个方法的问题了。你就要意识到，这一定是个政策性、制度性的问题。我们当书记和院长的，要有这种认识判断。当解决问题的所有招数都用完了，在原来的治理框架下已经走入了"死胡同"，那么，改革的时机就到了。这是非改革不可的时候了，不改革就无法破解这个"死循环"。

改革特别要注意三点：第一，改革的力度；第二，改革推进的速度；第三，教职工的承受程度。这三者要做到有机统一。不是说改革的力度越大越好，或者说越快越好。改革，一定要考虑到教职工的承受程度问题。我们在二级学院工作，有这么多老师，这么多学生，要考虑他们的承受程度。教职工也好，学生也好，他们承受不了，你这个改革必败无疑。不能靠主观的想象认为这个改革对谁都好！如果教职工不理解，学生不支持，你这个事情怎么能够做得成？改革，能

靠我们几个领导改吗？改革靠的是群众，你不要忘记了，群众不参与改革，绝对要失败。要等大家思想认识统一了，你再推进，才能顺利进行，否则，改革就会半途而废。

（五）坚持不断总结，升华经验

善于总结是我们党的一个优良传统。我们一定要及时总结工作，总结正面的经验，总结失败的教训，这样，我们的工作才会越来越好。不然，你这项工作做得好，也不知道它好在哪里，不知道为什么好；该肯定的没有肯定，该表扬的没有表扬，经验也没有总结出来，这不利于今后的工作。工作没做好，也要及时总结，避免再犯类似的错误。所以，我经常讲，我们的工作要有"三法"，开始要有想法，中间得有办法，最后还得有个说法。怎么说？就是要善于总结正面经验和反面教训。成功的经验可以介绍给人家，供别人来学习。这样我们的工作就会不断进步。

### 四、二级学院党委书记、院长需要处理好的几对关系

（一）与校领导的关系

（1）与主要领导的关系。处理好与学校党委书记、校长的关系，就是要"得到认可"。你说你的工作做得好，你怎么得到大家的认可、怎么得到学校书记和校长的认可？你不仅要在事上做得好，而且要大家认可你做得好，给你一个正确的评价。领导认可你了，他就放心、放手让你干。怎样处理好和主要领导的关系？我觉得这很简单，你也不需要大事小事都报告，但是重要的事情，该报告的还是要报告。请示报告制度是我们党的一项重要的政治纪律，重大方针政策的贯彻落实情况、重大改革措施、重要工作举措以及苗头性倾向性的问题都要按规定请示报告。比如，你要采取重大的改革措施，你要知会一声，知会了他心里就有数了。万一你中间出了点差错呢，那这个事我知道了，你的责任也会减少一些。你要采取重大措施，你从来都没有讲过，那你出了乱子，就得你自己收场。还有一个，一学期你至少要跟书记、校长报告一次工作，一定要落实请示报告制度。年终，二级学院都要给学校写工作总结，这就是报告，也是跟学校党委报告。

（2）与分管领导的关系。与分管领导处理好关系的主要目的，就是把自己的建议变成学校的政策。你这个二级学院要做什么事，你要得到政策上的什么支

持，就要求助于分管领导。千万不要认为教学方面就是分管教学的副院长的事，跟我这个院长没有关系。教学科研是我们的主业，需要我们院长出面。你不出面谁出面?!

(3)与联系领导的关系。我们二级学院都有一个联系的校领导。联系你这个学院的校领导不是分管领导，不是大事小事都要向联系领导请示报告，联系领导不分管我们二级学院具体事务。我们与联系领导沟通，目的是反映意见、解决难题。你有什么想法、意见，通过这个渠道来出面协调。

当然，学校领导在解决问题的时候要找二级学院，会麻烦二级学院。我们的书记、院长千万不要怕麻烦。我经常说，麻烦的事情找不到你，好事也绝对找不到你。

(二) 与职能部门的关系

(1)职能部门是为全校人才培养服务的，并不只是为你某个学院服务的。为二级学院服务，也不等于只是为我们这个二级学院服务。所以，你要多体谅职能部门的工作。

(2)多些建议，少些意见；多些理解，少些指责。无论是日常工作，还是开会征求意见，多提一些正面建议，多谈怎么做，少一些指责。你对待别人工作怎么样，别人对待你的工作就怎么样。不要把职能部门置于自己的对立面。

(3)争取职能部门对学院工作的具体指导。市场经济条件下，资源是争取来的，不能等、靠、要。不仅校内资源要争取，校外资源也要争取，比如校友资源、企业资源、行政资源等。

(4)以优异成绩为职能部门增添业绩，你为人家的工作增光添彩，人家就会更加支持你的工作。

(三) 与兄弟学院的关系

(1)多为"兄弟"说好话。学院之间要建立和谐的关系，相互支持、帮助。评比也好，日常工作也好，可以说自己好，但不要说别人不好，不要做有损兄弟感情的事。

(2)多向"兄弟"学习。取长补短，多交流。有些二级学院工作做不好，就是和兄弟学院交流特别少，好榜样就在身边，可以"抄作业"学习借鉴啊!

(3)拉"兄弟"一把。老的学院、做得好的学院要对新的学院多扶持、多关心、多厚爱，要提供指导，毫无保留地扶一扶、带一带，共同把工作做好。

(四)学院领导班子的内部关系

(1)牢固树立大局意识。学院书记、院长是班子的核心、主心骨，也是班子的一面旗帜。"老大"要有"老大"的样子，绝不能搞书记、院长"两张皮"。不要搞某某是谁的人，某某又是谁的人。谁的人？都是党的人、组织的人！有的学院(包括个别职能部门)一个学期没开过一次会，党的路线方针政策怎么传达贯彻？重大问题如何决定？我们是要精简会议，但并不是不要会议。学院的党政联席会议题怎么确定？谁来主持？议事规则如何定？这都有明确的规定。要慎重其事开会，不要很随意地开会。

(2)相互尊重，求同存异。书记和院长要相互沟通，求同存异，尊重对方，去掉私心，换位思考。要多补台，不要相互拆台。书记和院长应该互补，有问题不要推脱责任。要做到推功揽过，大事要讲原则，小事要讲风格，讲风格就是学会妥协，妥协即各退一步。我们说"距离产生美"，后退一步就美了，不要步步紧逼。

(3)加强沟通，建立友谊。书记和院长在一起合作共事，要珍惜缘分，要使沟通成为习惯，除了节假日外，书记和院长最好能做到天天见面和沟通。沟通到位，就不会产生矛盾。我有个深刻的体会，凡是工作中心情不舒服的时候，往往是因为沟通不到位。有些事情他不同意，就是因为很多事情他事先不知道，本来同意的，但是由于沟通不到位就不同意了。沟通，也要讲方法，要用商量的口气沟通。不能用通知、命令的口气，那是让他执行不是商量。以前，嘉应学院的老书记教我"事缓则圆"。缓一缓，不要太着急，缓一下，条件成熟了，事情解决起来就圆满了。不要急于让别人同意，让别人先考虑考虑，了解清楚情况，允许别人想一想。

(4)坚持原则，清正廉洁。该管的事一定要管起来，该严的事就要严起来。公权力是用来更好地为师生服务的，而不是用来谋取私利的工具。要坚持"一岗双责"，坚守底线。在二级学院，书记、院长的学问不一定是最好的，但一定要公道正派，有人格魅力，有威望。业务能力只是干部选拔当中的一条。你有没有号召力？有没有组织能力？有没有奉献精神？是否公道正派？我们是从这些方面来看的，希望大家当好榜样。

(五) 与师生的关系

与师生的关系，这是个工作作风的问题。

(1) 要摆正位置，为师生服务。书记、院长就是为师生服务的。摆不正自己位置的人终究没有位置。有的人老是想炫耀自己的权力，想着我要管你，"你不听我的话试试看"。越是这样的人，就越没有威信。我们高校，特别是二级学院，我们的管理更多地是靠我们的人格魅力。

(2) 要凝聚师生共识，增强团队意识。一定要想办法把大家凝聚起来，有两个东西很重要，一个是共同的价值观，另一个是共同的目标。要靠这个把师生凝聚起来。要增强团队意识，建设好教学团队、科研团队、管理团队，不要搞团伙，不要搞小圈子。

(3) 要努力实现"两个转变"，即从领导到引导的转变，从管理到服务的转变。我们二级学院不能只强调领导，还要引导教职工、引导学生。对书记、院长来说，老师不是你的下属，干部才是你的下属。你要求老师不能像要求管理干部那样。管理要靠规章制度管，要为老师服务，关心、关爱老师。你心中有老师，老师心中才有你。如果你不把师生放在心里，师生心里怎么会有你呢?

(4) 要把尊师重教落实到实际行动中。如果连我们二级学院的书记和院长都不去落实尊师重教，你还指望谁去落实? 要善待老师、善待学生，尊重老师、关爱学生。对有个性的老师和有个性的学生要包容。你千万不要把老师、学生搞得整齐划一，其至把学生穿什么服装都规定得好好的，整个创新精神都被你扼杀了。个别学院的领导对老师非常苛刻，对教师说话毫不客气，根本没有尊重可言。大家想一下，这样的领导，老师怎么会尊重你?!

——2020 年 7 月 1 日在岭南师范学院二级单位主要领导干部培训班 (第二批) 上的讲话 (节选)

# 怎样当好高校中层副职干部

大家到新的工作岗位之后怎么做，昨天我给大家提出 4 点希望和要求：第一点要提高政治站位，要讲政治；第二点要坚持学习；第三点要履职尽责，干事创业；第四点要清正廉洁。今天我想从思维方法和工作方法上来讲，我们应该怎样当一个合格的、称职的、优秀的中层副职干部。

## 一、中层副职的定位

与中层正职相比，中层副职更累、更苦、更难，难在他"做事不做主，权在正职手"。怎么样来给副职定位，我觉得可以从职、责、权、位这 4 个方面来给副职定个位。

（一）中层副职之"职"

中层副职的"职"，这个"职"是什么职呢？是"辅助之职"，这就是定位。什么是"辅助"？就是辅助正职，提建议，谋全局，服从工作安排，不固执己见。换一句最通俗的话来说，正职与副职的关系，就是领导和被领导的关系。对副职来说，正职就是你的领导，副职在班子当中是配角，是个助手。但是，副职在分管工作当中是主角、是主管，在班子里讨论问题的时候，你是集体领导的一员，在党内决策时是平等的一票，这就是中层副职的"职"。

（二）中层副职之"责"

一是耕好"责任田"。副职都分管一个或者几个方面的工作，所以副职必须耕好自己的"责任田"，守好自己的一段渠。

二是要主动提出建议，谋好全局，主动服从工作安排。前面说了"提建议"，这里是讲"主动提出建议"；谋好全局，不是谋全局，是"谋好全局"；主动服从工作安排，不是被动服从。这里面就暗含着你服从谁对你的工作安排，你为谁提出建议，当然是正职。

三是要尽责。要能理解和体谅正职拍板时的难处，正职与副职站的角度是不一样的，所以副职应该体谅正职拍板的不容易。副职一定要在工作中尽责，首先要想到你是班子当中的成员，其次才是分管领导，这是一个重要的工作原则，这一点就能够体现出你这个副职有没有大局观念、全局观。副处长不能当大科长，不能当你分管的几个科的代言人。副职还要守土尽责。该负责的要负责，该担当的要担当，不能当老好人，不能推卸责任。

(三) 中层副职之"权"

首先，副职的权力是有限的，当然所有人的权力都是有限的，哪有无限的权力。这个"有限"是指副职相对于正职来说，他的权力更是有限的。因为副职的很大一部分权力，来自正职授权，正职授予你这个权力，你则有；他收回这个权力，你则没有。因为副职很多权力是来自正职的授予，所以副职就不能够任意用权，不仅要合规合法，更不能超越职权，超越正职的授权，也不能利用手中的权力来谋取私利或者优亲厚友。我们一定要慎重用权。

(四) 中层副职之"位"

在集体的荣誉当中，在正职的政绩当中，很大程度上要取决于副职的工作落实，要取决于副职在工作落实中的指挥、管理、协调、组织能力。班子整体优秀，副职自然有"位"；班子整体不行，副职的地位很难显现。衡量一个副职的地位我们是从班子整体来衡量的，如果一个班子都不行，很难说班子的某一个成员特别行。副职要有"位置"，必须有"为"。"有为才有位"，你有作为才有"位置"，有"为"了，副职才有存在感，才有存在的价值。

## 二、中层副职作用的发挥

在工作当中，中层副职要发挥什么样的作用？主要是发挥 4 个方面的作用：助手作用、参谋作用、执行作用和协调作用。

(一) 助手作用

副职是正职的助手，副职发挥助手作用，要注意以下三个方面。

一是要以正职为核心，维护正职的形象。

我们经常讲，正职很重要。俗话说"兵熊熊一个，将熊熊一窝"，一头狮子带领的一支绵羊的部队，能够打败一只绵羊带领的一支狮子的部队，这就是讲一把手的重要性。正职就是一个部门的形象，维护正职的形象，就是维护这个部门的形象，要从这个角度上来理解，所以正职太重要了。

但光靠一个正职行吗？那不行，大家要齐心协力才行！事业发展需要大家齐心协力，但搞坏一个单位、搞垮一个部门，有一个正职就够了，他起的破坏作用相当大，从这个方面也说明正职真的很重要。所以我们要维护正职的形象，维护正职的核心地位。该正职讲的话，我们副职自己不要讲；该正职表的态，我们不要表；不要讲过头话，不做过头事；不与正职争座次、争权力，也没必要与正职比待遇、比排名。这个问题说高一点，是政治站位的问题，说低一点，是工作纪律的问题、规矩的问题。我们大家一定要清楚，决策往往都是多数人参与、少数人讨论、一个人拍板，这句话值得我们记住。在工作中作为正职的助手，特别还要谨记不要把权力搞过了界，要多听别人的意见，少一些发号施令，发号施令的事，最好由正职来做。

二是要围绕正职的思路来开展工作。

要围绕正职的思路来开展工作，实现正职的意图，在坚持原则的前提下形成合力，避免意气用事，也就是说正职和副职，应该都有共同的工作目标，虽然职责不同，但工作目标是一致的，应该心往一处想，劲往一处使，拧成一股绳，不能各吹各的号，各唱各的调。在工作中一定要形成合力，不能闹无原则纠纷，要避免意气用事。

三是要积极纠偏救弊，巧于善后。

在工作当中难免会出现失误，出现失误了怎么办？跑偏了赶紧纠偏，有错误的地方赶紧去弥补，造成损失了，挽救损失，把损失降到最低，这才是真正的负责任的态度，不能让损失继续扩大。尤其是在网络时代，要避免引起舆情，造成负面影响。

(二) 参谋作用

副职要给正职当好参谋。正职拍板定案，但是决策的大部分事项都是分管副职工作领域的重大问题，所以副职一定要起到重要的参谋作用。要责无旁贷地拿出自己的意见建议、办法、设想，主动地把你的想法和盘托出，来保证一把手在决策的时候能够得到最充分的信息、最可靠的资料、尽可能多的选择方案。也就是说当一把手拍板的时候，你给他提供的信息要充分，你千万不能藏着掖着，搞信息不对称。在作决策讨论的会议上，你一定要做到知无不言、言无不尽，该讲的话你一定要讲，绝不能会上不说、会下乱说。

(三) 执行作用

决策能不能落实，很大程度上就在于副职是否指挥有力。执行实施的过程，是副职展示才能创造实绩的机会，也是副职锻炼成长、树立威信的重要时机。决策一旦形成，要按照工作分工，副职去执行去实施。决策是正确的，但是由于你协调指挥不当，决策得不到实施，责任就在副职。政策方案再好，也需要有人去实施，副职就是具体的实施者。

副职要熟悉政策，精通业务，敢于负责。工作要有布置、有检查、有总结，要善始善终，同时还要及时反馈。在工作当中往往是我们有布置，但不能因为自己布置了就认为落实了，安排了就等于任务完成了。要亲自深入一线去看一看，要有检查跟进。工作做了之后还要有一个总结，你才能知道这个工作做的成功在什么地方，失误、教训在哪里，这样在下一个工作中才不会犯类似的错误。

(四) 协调作用

一是对上协调。就是对正职，要争取正职的理解、肯定和支持。副职是在正职的领导下工作，一定要取得正职的理解、肯定和支持。要善于跟正职沟通，越不沟通，工作越难开展，到最后你跟正职的关系也搞得很僵。我在工作中发现这么个道理，副职越请示，正职越让你来定；副职越汇报，正职越是将事情交给你来办；副职越通气，一把手越支持。反过来副职越不请示，正职越想过问；副职越不汇报，正职越想听；副职越不跟正职通气，正职越想管。有的副职埋怨正职什么事都插手，手伸太长，你要考虑这是什么原因？是不是你平常和正职通气少了？你通气越少他越想管，你越不汇报他越想听，你越不请示，他越不放心，是不是这个道理？所以跟正职沟通请示汇报工作非常重要。

二是同级协调。同级的协调包括跟职能部门、兄弟单位之间的协调及部门内部的协调。一个部门内部有两个副处长或者三个副处长，二级学院有两个、三个副院长，之间的关系怎么协调，我这里只是说原则。第一点要确立共同目标。如果没有共同的目标，各是各的目标，那是协调不成的。第二点要坦诚相见，坦诚地陈述自己的观点，不隐瞒，不藏着掖着。第三点要求同存异。不可能让别人完全同意你的观点，实际上协调的过程，本身就是一个妥协的过程。第四点还要发扬风格，推功揽过。把功劳归功于别人，失误归于自己，千万不要反过来。

三是下行协调。下行协调是你作为分管的副职，怎么来协调你下属的工作。下属之间有矛盾，我们要真心实意认真疏导，既要"疏"还要"导"，要坚持原则，不能和稀泥，但也要讲究工作的方式方法。我多次强调，在学校，老师不是我们的部下，而是我们的服务对象。我们是为老师服务的，不要把老师当作一个管理对象来对待。你既然是为老师服务的，"顾客就是上帝"，怎么能够对"上帝"疾言厉色，怎么能用命令的方式来对待"上帝"呢？要善待老师，绝不能在态度和工作方式方法上粗暴任性。

### 三、中层副职的工作要求

**(一) 到位不越位**

"到位"就是有主见，能够独当一面，就是对工作要想到位，讲到位，做到位，总结到位。"想到位"就是谋划到位，"讲到位"就是安排布置到位，"做到位"就是你执行落实要到位，还有"总结到位"。不能空位，不能缺位，空位和缺位都是不负责任的表现。"不越位"就是对未经正职授权的工作或自己职权范围之外的工作不随意表态，不随意插手。不是你分管的工作，你不要轻易说行或不行，正职未授权的工作，不要随便去做，否则就是越权、越位。

**(二) 补台不拆台**

班子是一个整体，要注意维护班子的整体形象，注意维护正职的威信。当决策失误的时候，要敢于担责，要能够挺身而出。你要有为正职遮风挡雨的勇气，有错误难免，要承担责任，要负责帮正职把问题解决。"不拆台"，就是意见不一致的时候，要以班子的集体决策为主。虽然这个决策你个人不同意，但班子形成了集体决策，你要坚决执行，并且一定要往最好的目标推进。一定要有"功成不必在我，但功成必定有我"的境界。

**(三) 创新不标新**

副职要积极进取，不满足于现状，也就是说我们要在工作当中不断地进行一些创新，如思想观念上的创新，思路的创新，工作方法的创新，制度上的创新等。创新是必然的，但是创新是为了推动工作，为了落实工作，为了把工作做得更好，不是为创新而创新，不是为改革而改革，所以我们搞创新不是要搞标新立异。我们不是"为改而改"，不是"为创而创"，没有实质内容的创新，没有实质内容的改革，宁愿不要。

（四）成事不多事

副职分管一方面的工作，一切都要以实际效果来说话，要想干事、能干事、能干成事。能成事能干事的前提条件是服从工作安排。首先是服从工作分工，这是遵守工作纪律、组织纪律的第一条，还有服从日常的工作安排，这都是做好事的基础。在做事的问题上，我们经常说"大事讲原则，小事讲风格"，这中间我想再补充一句话叫"不大不小的事，班子内部讲妥协"。对事情既要敢于负责、尽职尽责、尽心尽力去做，遇事不推诿，矛盾不上交，该管的要管，该抓的要抓，对难办的事、辛苦的事，要敢于承担。不要怕"麻烦事"，不要怕领导找你的麻烦。"麻烦事"找不到你，"好事"也绝对找不到你。

但是，又不要"多事"。不要超越职权做事，超越职权做事，就是"多事"。不要自作主张做事，"千万不要做那些自以为领导高兴而让群众失望的蠢事"，蠢事也是多事。不要没事找事，不要画蛇添足。

（五）有为不胡为

我们讲了"有为才有位"，要有作为。你分管的工作要让领导放心，要做出成绩，要有亮点。一学期下来，你分管的工作，你能不能有一两件事觉得很自豪，值得欣慰。有没有这个感觉？有这种感觉，就是"有为"。有为，就能够得到大家的认可。但是有为而"不胡为"，怎么才"不胡为"？

第一，要正确理解正职的意图。你要理解正职的"话中话"，要理解正职的"弦外之音"，要理解正职的"不理解"，要读懂正职的"不懂"，也就是说，你对正职要很了解。你要知道他想做什么，他想怎么做，这样你才能配合他去做。

第二，要服从正职的工作安排。重大工作事项，要得到正职的授权，涉及人、财、物等重要事项，不能擅自做主。

第三，不以权谋私，要清正廉洁。手中有点权力，就想着赶紧利用这个权力搞点什么名堂，这是走向违规违纪的捷径、最快的道路，想犯错误，这是最近的路，所以要慎用自己手中的权力。我经常想，为什么有些人要争权呢？争权是为了谋利。如果不想谋利，大家想一想，有必要去争那个权力吗？

第四，在班子内部绝不能闹无原则的纠纷，不要去搞亲亲疏疏、团团伙伙，不要搞小圈子。组织就是我们最有力的靠山，党组织是最靠得住的。不要一提拔上来，刚走上领导岗位就去搞这个东西，搞得很圆滑、很世故，这很不好。

能够从科级到副处级干部，是人生很重要的一个起点。对刚提拔的同志来说，副处级是我们今后进步的一个新的起点、新的境界。有的干部很年轻，今后的路子会很长，一定要走好每一步。我们这一次提拔的也有一些年纪大的同志，到临界点了，有不少同志的任期是这一辈子当中最后一个任期，我希望这样的同志要珍惜党委给予的机会，把工作做好。

总之，我们这一批新提任的同志，包括一些老同志，这 8 个字希望大家一定要记住："心怀感恩，倍加珍惜。"你要永远带着对党组织的感恩之心来做工作，我相信你的工作一定会做得好。党委给了我们这个平台，党委给了我们这个机会，党委给了我们机遇，给了我们为大家服务、创造业绩、展示自己才能的条件，一定要"心怀感恩"。第二个就是你要"倍加珍惜"，倍加珍惜组织对你的肯定和信任，倍加珍惜同事对你的信任和支持，倍加珍惜组织给你的干事创业的平台，倍加珍惜组织给你的服务师生、服务学校发展的大好机会。只有珍惜，你才能走得长远，才能做得久，才能经得起考验。无论是年长的还是年轻的同志，都要倍加珍惜。

——2020 年 7 月 15 日在岭南师范学院中层副职干部培训班上的讲话（节选）

# 跋

党的二十届三中全会和全国教育大会对职业教育改革发展提出了新的更高要求。面对新时代、新征程、新使命，广东文理职业学院与全国其他民办高职院校一样，迫切需要寻找科学、规范、可持续的高质量发展路径。

就在这个关键时期，广东文理职业学院校长刘明贵教授的新书《跨越：从公办到民办的教育守望——一个民办大学校长的 365 天》出版面世了。在书中，刘校长从民办大学校长的视角，以日记的形式，详细记录了其正式就任广东文理职业学院校长一年来的工作与思考。这是一位校长的日常，是一所民办高职院校的全景式实录，也是中国职业高等教育的一个缩影。

近水楼台先得月。得益于工作关系，我有幸成为这本著作的"提前批"读者。刘校长让我代写书跋，作为晚辈与下属，我甚感惶恐。但拜读完毕，我感悟颇多，收获丰厚，故写此读后感受，与大家分享。

## 一、时代的缩影

刘校长经常开玩笑说："我是个生性愚钝的读书人，一辈子只做教育，不会做其他事情。"这当然是刘校长的谦逊之词。实际上，他是管理学博士、哲学教授，学术造诣深厚，运筹能力出众，是一位名副其实的高等教育领域的战略家和管理者。

在书中，刘校长从不同角度记录了其从业 40 年来的经历。他大学毕业后就从事高等教育工作，从河南到宁夏、从宁夏到广东，从广州到梅州再到湛江；从信阳师范学院到宁夏固原师专(今宁夏师范大学)再到仲恺农业工程学院，从嘉应学院到岭南师范学院再到广东文理职业学院；从普通教师到学校中层干部，再到学校领导，他为高等教育倾注了一生的真情与热爱！

刘校长是很重感情的人。在这本书中，他深情讲述了工作以来的许多动人故事：培养他成才的母校，为他提供舞台的工作单位，发现他、栽培他的领导，陪伴他、帮助他的同事朋友……我能深深地感受到，他在字里行间对故人故事的感谢之情、感恩之心。正因如此，刘校长受组织委任，从中部到西北再到广东，每到一处，每到一校，他都能深受同事们、老师们和学生们的信任与拥戴，都能团结群众、凝聚力量，都能引导和整合优势资源，从而高效而科学地为高等教育事业服务。

每每读到这些内容，我都深受感动与鼓舞。参加工作以来，刘校长将一生中的美好时光都献给了高等教育，他每一段经历都镌刻着时代发展的印记，闪耀着教育工作者的光荣与梦想，这是我国高等教育改革与发展的一个时代缩影，也是高等院校管理与建设的一笔可贵财富。

如今，刘校长带着 40 年公办大学的实践经验与研究成果，全身心投入民办职业教育领域，带领广东文理职业学院奔赴更远大的前程。这不仅是广东文理职业学院的福气，亦是中国民办职业高等教育的幸事！

**二、独特的视角**

在较长一段时间内，社会大众、学生家长对民办高校缺乏应有的认知，对民办高校存在较大的偏见，存在对民办高校各种抹黑，甚至"妖魔化"民办高校的情况。出现这些问题，很大程度是因为民办高校与社会各界缺乏有效沟通所致。

刘明贵校长从公办大学卸任后，受宣承志董事长的邀请，立马就任广东文理职业学院校长，几乎没有"间隔期"。这意味着，刘校长一直身处高等教育这个场域之中，对于高等教育的体感是"热"的，关于高校管理的经验是"鲜"的。

更难能可贵的是，他到任之后，马上主动观察和着手研究民办高职院校的特点与规律，投入到一项项具体工作中。不论是在日常工作，还是在本书中，我都能领略到刘校长洞察问题与运筹帷幄的才华。有时候，他以哲学教授的身份，运用哲学原理分析复杂情况，引导大家从本质上认识问题和解决问题；有时候，他是管理学博士，通过经济学、心理学、社会学、统计学等多学科理论和方法，高效地指导具体工作；更多时候，他是一位智者，在我们面对纷繁复杂情况而无从下手时，经过他简要的分析与点拨，我们都有醍醐灌顶之感。

刘校长经常说，广东文理职业学院将是他职业生涯的最后一站，他要把激情献给这里，把理想留在这里。虽然是退休的年纪，但也正是人生经验最丰富的时候。他经常是最早到办公室、最晚离开办公室的，他每天都以饱满的精气神投入工作，状态拉满，激情澎湃。他以身作则的行为和雷厉风行的作风，也深深影响着我们每一位同事。

仅一年，广东文理职业学院各部门、各二级学院的同事们，都能从刘校长身上学到很多行之有效的方法和方案。而这些宝贵的经验与方法，刘校长都毫无保留地写进这本书里，慷慨地与广大读者共享。作为一名读者，我衷心地向刘明贵校长的高尚品格与无私情怀表达敬意与感谢。

这本书，通过民办高职院校校长这一独特视角，为社会各界了解民办高校打开了一个窗口，也为民办高校与社会大众、学生家长的有效沟通提供了一个平台。

### 三、生动的样本

一位民办大学校长的一年，实际上，也是一所民办大学的 365 天：从春季学期到秋季学期，从招生入学到毕业就业……一年就是一所学校的一个完整周期。

刘校长通过日记形式，记录了他在一年周期内的所行所思，也多角度展现了一所民办高职院校的日常运转：如何贯彻落实党和国家的教育方针？如何落实省委省政府和教育厅的决策部署？如何做好学校建设？如何做好教育管理？高等职业人才应如何培养？产学研合作应如何开展？怎样更好地为社会经济发展提供服务？刘校长将关于这些问题的研究与思考，与实际工作结合起来，一一诉诸笔端，有对问题的分析，也有对问题的反思，还同时提出解决问题的有效方案，思想深刻，内容丰富且详实。

从某种意义上说，一年就是十年。通过本书，读者可以近距离感受一所民办大学校长的工作与生活，可以全方位了解一所民办大学的运行与发展，本书也为民办高职院校的管理、建设与发展提供了一个生动而具体的案例样本，为民办高职院校的规范与发展提供有益的借鉴。

掩卷覃思，余味无穷，难免有言辞未达之处，望各位读者海涵。

广东文理职业学院董事、副校长　宣依娜

2024 年 10 月

# 后　记

　　三尺讲台，半生烟雨。说来也惭愧，这一生，似乎只做了教育这一件事。说是执着好听一些，说是无奈也无不可。因为不会做其他的事，只能在教育领域摸爬滚打一辈子。在我看来，校园是读书的净土，更是育人的圣殿。大学毕业后即从事高等教育工作，从河南到宁夏、从宁夏到广东，从广州到梅州再到湛江；从做普通教师到做学校中层干部，再到做校领导，校园就是我最熟悉的地方，我不仅工作在学校，也一直把家安在校园里，因为觉得住在校园里心里踏实；学校的老师、学生是我最熟悉的人也是最亲的人。校园里的一砖一瓦、一草一木，早已融入血脉；师生们的笑语读书声、晨钟暮铃，亦成了心底永不褪色的风景。在我看来，同学们一张张青春灿烂的笑脸、老师们课堂上专注教学的神态，是学校最美的风景，没有之一！校园里朗朗的读书声和上下课的铃声，是学校最动听的声音，没有之一！见不到他们，我的心里会空落落的；听不到读书声和上下课的铃声，是我无法忍受的寂寞。我最好的朋友也是老师、学生，我与他们一起聊天，总有说不完的话，总有一种倾诉的欲望，我也会把自己的一些心得与他们一起交流、分享。可以说，校园、老师、学生，倾注了我一生的情和爱。

　　我为能在教育战线工作一辈子而感到满足，当然也有不少的遗憾。说"满足"，是因为校园是读书的地方，而我热爱读书，一生只有读书这么一个"爱好"。我生性愚钝，别无所长，篮球网球羽毛球，我啥球不会；民歌戏曲流行曲，于我皆是曲曲不通。我只会认些汉字，权把读书作爱好。校园就是读书的圣地、学习的天堂，我因此而满足。更为重要的是，学校是育人的地方，一代代新人在这里茁壮成长，自己能亲眼看到一批批学子从这里走向社会，走进农村、企业、机关各个岗位，为国家的现代化建设添砖加瓦，心里是由衷的高兴。十年甚至几十年以后，学生还能想起我，想起我上课的情境，想起我的批评和鼓励，还能叫我一声"老师"，此刻，我的成就感和虚荣感同时得到满足。说"遗憾"，是因为由于自己才薄识浅，教学生没能教得更好，搞管理没有大的创新，即使是做了学校的主要领导，也未能使学校发生翻天覆地的变化。遗憾，只能留给后人去弥补了。

2023 年 4 月，我正式办理了退休手续。承蒙宣承志董事长邀请，我来到广东文理职业学院开始新的工作。非常感谢宣董事长给了我一个继续效力教育事业的机会，让我回归到温馨而又美丽的校园。广东文理职业学院是宣承志董事长出资兴建的一所民办高校，也是一所职业院校。我原来只在公办高校工作过，也没有职业院校的工作经历，来到文理学院后既新鲜又忐忑，我以"学徒"之心，日察其制，夜思其道，很自觉地观察和研究民办高职院校的特点和规律。我每一天都竭力工作，用心去体会和把握民办高校与公办高校、职业院校与普通高校的异同，力求找到其特点和规律，力求用民办高职的思维方式去思考、分析问题，力求用民办高职的方式方法去处理问题、解决问题，力求用民办高职的语言与广大师生、社会各界交流。我想把这个学习、领悟的过程忠实地记录下来，《跨越：从公办到民办的教育守望——一个民办大学校长的 365 天》一书(从我 2023 年 6 月 8 日正式就任校长写到 2024 年 6 月 8 日任校长满一周年止)就是这样来的。我想通过民办高职院校校长这一独特的视角，用心体会这一年，真实记录这一年的所思所想所为，既为社会了解民办高校打开一扇窗口，也是对民办高校、职业院校办学规律的反思。一年，对于高校来说就是一个完整的周期，所有的一切一年中都经历过。第一年才来，也最敏感，最容易找到民办高校与公办高校、职业院校与普通高校的异同。书中实录了这一年学校的主要工作与生活，有话则长、无话则短。同时，在书中，也间接地记录了我本人从事高等教育 40 年的经历，这是我国高等教育发展的一个缩影。

在这本书中，提供了我国民办高职院校人才培养、产学研合作、服务社会、日常运行全景式实录。学校怎么办，人才如何培养，产学研合作如何做，怎么为社会提供服务，大到贯彻落实党和国家的教育方针，中到落实省委省政府和教育厅的决策部署，小到学生管理及吃喝拉撒，思想如何统一，会议怎么开，工作怎么安排，都有写实性的真实记录，是学校正常运行的真实样本。

在这本书中，提供了我国民办高职院校在新时代规范与发展的经典案例。目前对民办高职院校而言，最急迫的工作就是规范与发展。脱离了规范的发展，必将给发展埋下隐患；离开发展谈规范，就失去了规范的意义。规范是手段，发展是目的，规范是为了更好的发展。如何处理好二者之间的关系，书中提供了诸多真实的案例。

在这本书中，展示了民办高校办学的艰辛历程。民办高校办学少有政府资金支持。书中再现了学校董事会为提高学校办学水平，不计回报，不断加大办学投入的艰辛历程，既是资金的投入，更是教育情怀的投入。

在这本书中，还展现了民办高职院校管理者的心路历程。学校管理层受董事会重托，全面负责学校人才培养、产学研合作和社会服务各项工作，我们怎么想，工作怎么做，情绪如何释放等，这些在书中都有充分的展现。

因此，我竭力想让本书为民办高职院校的管理、建设与发展提供一个生动样本，同时对民办教育（含职业教育）的特点和规律做出生动而具体的诠释，以期为民办高职院校的规范与发展提供有益的借鉴。能否达到这样的一个目的，敬请读者指正。

我要感谢宣承志董事长！没有他的盛情邀请，我就没有重新工作的机会，也根本无从体会民办高校、职业院校的办学实践；没有他的充分信任和大力支持，我在学校的工作就不会顺利开展；没有他的宽容、理解和支持，我也无法写出这本书来。也是在他的支持下，董事会出资赞助，本书才得以正式出版与读者见面。他还为本书写了热情洋溢的序言，使本书大为增色。

我要感谢宣依娜副校长！这本书也是在她的鼓励下写出来的。写出一本什么样的书来？她以海归青年宽广的视野和敏锐的视角，给出了许多合理的、可以采纳的意见建议。她还不辞辛苦为本书写了跋，给本书以高度的评价，实际上是对本书观点的再引申、再升华，也为本书增色不少。

我要感谢广东文理职业学院我的同事们！我来到这个学校工作，一切都不熟悉，是他们帮助我了解学校的一切，帮助我了解民办学校、职业院校的办学特点，让我熟悉民办高校、职业院校的工作规则及工作方式方法；是他们，特别是我们党委、行政班子一班人能宽容我、包容我的不足，使得我能够放开手脚大胆工作；是他们的大力支持，才使大家紧密团结协作，一年来做成了一些事情，学校的发展才有今天欣欣向荣的局面；是大家不辞劳苦为教育事业辛勤奉献的生动实践为这本书提供了丰富的养料来源，这才有这本书的忠实记录。

我也要感谢我的老伴儿胡国荣！我多年来离开广州的家在外地工作，孩子的培养教育、家庭事务的处理、亲戚朋友往来，都是她劳心费力扛起家庭生活的重担。来校这一年间，我白天工作，晚上写作，日常生活起居全有赖于她。此书字字句句，皆染其辛劳。如果没有她的支持，我是没有时间与精力写出这本书的。向老伴儿致以由衷的谢意！

感谢武汉大学出版社及聂勇军副编审！聂勇军老师从极专业的角度对本书加以润色，提出了许多非常合理的修改建议，使得本书才能以今天这个面貌呈现在大家面前。

在本书中，我还加了三个附录。这三个附录是 2020 年岭南师范学院中层干部换届之后，我作为学校党委书记给中层干部培训讲话的记录稿（节选），我觉得其对学校中层干部如何做好工作有一定的参考价值，故附录于后。

搁笔临窗，日月湖水潋滟如眸。遥望教学楼灯火如昼，读书声隐隐随风入耳。此心安处，仍是校园。

刘明贵

2024 年 10 月于广东文理职业学院日月湖畔